CAMBRIDGE LIBRARY COLLECTION

Books of enduring scholarly value

Printing and Publishing History

The interface between authors and their readers is a fascinating subject in its own right, revealing a great deal about social attitudes, technological progress, aesthetic values, fashionable interests, political positions, economic constraints, and individual personalities. This part of the Cambridge Library Collection reissues classic studies in the area of printing and publishing history that shed light on developments in typography and book design, printing and binding, the rise and fall of publishing houses and periodicals, and the roles of authors and illustrators. It documents the ebb and flow of the book trade supplying a wide range of customers with products from almanacs to novels, bibles to erotica, and poetry to statistics.

Physiologie de la lecture et de l'écriture

Physiologie de la Lecture and de L'Ecriture (1905) was Émile Javal's seventh book. Initially trained as an engineer, Javal turned to medicine and to ophthalmology when he saw his sister suffering from defects of vision. He became a renowned ophthalmologist, developing the Javal-Schiøtz ophthalmometer, treating strabismus, and founding the Sorbonne's ophthalmology lab. Tragically, Javal developed glaucoma and was blind by 1900. His work investigates the 'physiology of reading and writing', undertaking historical, theoretical, and practical approaches to his subject. Javal's work first examines the history behind reading and writing; he discusses epigraphy, writing, typography, stenography, musical notation, and 'ecriture en relief', a writing system for the blind, before turning to theoretical considerations and concluding with practical deductions. Physiologie represents Javal's interest in advancing a writing system for the blind by studying how the eye reads; his was one of the first works to do so.

Cambridge University Press has long been a pioneer in the reissuing of out-of-print titles from its own backlist, producing digital reprints of books that are still sought after by scholars and students but could not be reprinted economically using traditional technology. The Cambridge Library Collection extends this activity to a wider range of books which are still of importance to researchers and professionals, either for the source material they contain, or as landmarks in the history of their academic discipline.

Drawing from the world-renowned collections in the Cambridge University Library, and guided by the advice of experts in each subject area, Cambridge University Press is using state-of-the-art scanning machines in its own Printing House to capture the content of each book selected for inclusion. The files are processed to give a consistently clear, crisp image, and the books finished to the high quality standard for which the Press is recognised around the world. The latest print-on-demand technology ensures that the books will remain available indefinitely, and that orders for single or multiple copies can quickly be supplied.

The Cambridge Library Collection will bring back to life books of enduring scholarly value (including out-of-copyright works originally issued by other publishers) across a wide range of disciplines in the humanities and social sciences and in science and technology.

Physiologie de la lecture et de l'écriture

Émile Javal

CAMBRIDGE
UNIVERSITY PRESS

CAMBRIDGE UNIVERSITY PRESS

Cambridge, New York, Melbourne, Madrid, Cape Town, Singapore,
São Paolo, Delhi, Dubai, Tokyo

Published in the United States of America by Cambridge University Press, New York

www.cambridge.org
Information on this title: www.cambridge.org/9781108009140

© in this compilation Cambridge University Press 2009

This edition first published 1905
This digitally printed version 2009

ISBN 978-1-108-00914-0 Paperback

PHYSIOLOGIE

DE LA LECTURE

ET

DE L'ÉCRITURE

SUIVIE DE DÉDUCTIONS PRATIQUES RELATIVES A L'HYGIÈNE
AUX EXPERTISES EN ÉCRITURE
ET AUX PROGRÈS DE LA TYPOGRAPHIE, DE LA CARTOGRAPHIE
DE L'ÉCRITURE EN RELIEF POUR LES AVEUGLES, ETC.

PAR

ÉMILE JAVAL

Membre de l'Académie de médecine
Directeur honoraire du laboratoire d'ophtalmologie à la Sorbonne

Avec 96 figures dessinées par M. Charles Dreyfuss

PARIS

FÉLIX ALCAN, ÉDITEUR

ANCIENNE LIBRAIRIE GERMER BAILLIÈRE ET Cⁱᵉ

108, BOULEVARD SAINT-GERMAIN, 108

1905

DU MÊME AUTEUR

Helmholtz. Optique physiologique, traduction française par Javal et Klein. Paris, Masson, 1868.

Hygiène des Écoles primaires. Paris, Masson, 1883.

Mémoires d'ophtalmométrie, in-8º, Masson, 1886.

Méthode Javal — Méthode d'enseignement de la **lecture par l'écriture**, deux petits livrets in-8. Paris, Picard et Kaan, 1893.

Physiologie de l'écriture, brochure in-8º. Picard et Kaan.

Manuel du strabisme, vol. grand in-18, avec collection d'images stéréoscopiques. Paris, Masson, 1896.

Entre Aveugles, in-16, Paris, Masson, 1903.

En ce qui concerne ce volume, se rapporter aux années 1877 à 1881 des *Annales d'Oculistique* et aux articles des 18 octobre et 22 novembre 1879, 21 mai et 25 juin 1881 de la *Revue scientifique*.

Le Mans. — Imprimerie Monnoyer, 12, place des Jacobins. — 1905.

TABLE ANALYTIQUE DES MATIÈRES

DEUXIÈME PARTIE.

CONSIDÉRATIONS THÉORIQUES.

TROISIÈME PARTIE.

DÉDUCTIONS PRATIQUES.

Au Docteur ZAMENHOF

Mon Confrère en Ophtalmologie
Auteur de la langue internationale auxiliaire « Esperanto »

Je dédie ce livre
en témoignage d'admiration et d'estime

Émile JAVAL

INTRODUCTION [1]

———

Depuis plus de trente siècles, les caractères employés par l'homme pour noter sa pensée ont évolué presque sans méthode, au gré des circonstances. Il en résulte que nos écritures modernes, depuis celle du jeune écolier jusqu'à la typographie la plus élégante, constituent une offense au bon sens et ne sont tolérées que grâce à la routine séculaire qui les transmet de génération en génération.

Sous le rapport de l'hygiène oculaire, notre typographie et surtout notre écriture à la main présentent de sérieux inconvénients. La nécessité de lire, avec une assiduité toujours plus grande et depuis un âge de plus en plus tendre, des caractères dont la dimension n'a pas cessé de diminuer, a eu pour résultat de provoquer l'apparition de plus en plus fréquente de la myopie parmi les écoliers.

Avant de proposer des réformes qui aient quelques chances d'être adoptées, il convient d'avoir des notions de ce qui a été fait jusqu'ici C'est pourquoi, dans une première partie, on trouvera l'exposé de l'évolution séculaire de l'écriture traditionnelle et de la typographie; on y trouvera aussi des indications relatives à trois écritures artifi-

(1) Cette introduction est composée en *dix* interligné de deux points. Le corps de l'ouvrage est en *neuf* interligné d'un point, et les citations intercalées sont en *huit* plein. Ces divers caractères de la Maison Deberny sont tous les trois de lisibilité identique. Ils ont été gravés conformément aux indications formulées dans le chapitre XVII (p. 226).

cielles plus récentes: écriture sténographique, écriture musicale, écriture en relief.

Les chapitres qui constituent la deuxième partie, présentent un ensemble d'aspect assez disparate parce qu'il fallait chercher, de divers côtés, des bases théoriques sur lesquelles il fût possible de fonder des règles utiles, soit pour améliorer l'hygiène, soit pour faciliter la tâche du lecteur et de l'écrivain.

Il a fallu analyser le fonctionnement de la main qui écrit et de l'œil qui lit; de plus, les livres et les méthodes de lecture et d'écriture ne devant pas être faits exclusivement pour des yeux irréprochables, il faut, pour les discuter, connaître les principaux défauts optiques de l'œil, et pénétrer, par suite, dans le domaine de la physique.

Ces sujets sont traités plus complètement dans celles de mes publications antérieures dont la liste figure ci-dessus.

Dans le présent travail, j'ai limité mes excursions hors du domaine scientifique, défini par son titre, au strict minimum nécessaire, pour légitimer les conclusions auxquelles j'aboutis dans la troisième partie.

J'appelle l'attention du lecteur sur le chapitre XIV. Il renferme des détails et des chiffres comparatifs qui me paraissent jeter quelque jour sur les conditions intellectuelles et matérielles favorables à la rapidité de la lecture et de l'écriture.

Faciliter et accélérer la lecture et l'écriture, c'est améliorer les communications entre les hommes; et, le nombre immense de ceux qui profitent d'un progrès dans cet ordre d'idées, justifie les plus grands efforts. J'estime que celui qui parviendrait à débarrasser l'humanité des confusions, qui, dans les écritures rapides, s'établissent entre les *u* et les *n,* n'aurait pas à regretter sa peine, même si sa vie entière avait été consacrée à la conquête de ce progrès, si minime en apparence.

Qu'est-ce donc que la durée d'une vie, en comparaison des siècles que représente une minute par jour épargnée à cent millions d'êtres humains?

Dans toute la mesure du possible, j'ai fait des applications du *principe d'utilité* ou *de moindre effort.*

Dans certains cas, il peut être *opportun* de réclamer des réformes *radicales*, comme je l'ai fait avec succès pour la numérotation des verres d'optique. Le radicalisme est à recommander quand les choses à remplacer sont extrêmement mauvaises. Le changement complet des habitudes est alors accepté avec moins de répugnance.

La plupart du temps, il faut se borner à poursuivre des réformes transactionnelles, ainsi que je le propose dans mes déductions pratiques, pour la mesure de l'acuité visuelle, pour l'écriture des enfants, pour la forme des caractères typographiques, etc.

Afin d'illustrer ici ces idées par un exemple facile à suivre, examinons la première lettre de l'alphabet, en indiquant ce qu'il convient de tenter pour en améliorer le graphisme.

Il est utile de diminuer l'effort qu'elle nécessite à la lecture et à l'écriture. Petite sera l'utilité pour chacun, grand l'effort d'innovation, mais innombrables les bénéficiaires de la réforme, si elle réussit. Il ne faut donc pas hésiter à l'entreprendre, si, après avoir supputé et pesé au préalable ses chances de succès, on est amené à espérer un résultat favorable.

Or, pour obtenir la suppression du trait horizontal qui complique inutilement notre A majuscule, il faudrait commencer par exposer comment l'hiéroglyphe égyptien qui représentait, de face, une tête de bœuf avec ses cornes, a

donné naissance à la lettre *aleph* de l'alphabet sémitique,
d'où est issu l'*alpha* des grecs, pendant que l'élégant *lameth*
phénicien se transformait en lambda (Λ), dont l'analogie
avec l'A nécessitait dans ce dernier la conservation du
petit trait horizontal, moins dangereux mais aussi inutile
que l'appendice de notre gros intestin, si durement qua-
lifié de vestige nuisible par les médecins modernes. Après
cette démonstration, les archéologues consentiraient peut-
être à simplifier notre A, mais le public ne les suivrait
pas. Jusqu'à la fin des temps, sans savoir pourquoi, on
conservera la barre de l'A, et ce serait folie de faire effort
pour en obtenir la suppression.

Si, au contraire, pièces en main, nous démontrons que
la tête de notre a minuscule typographique a été augmentée
graduellement, par les graveurs en caractères, et que cette
lettre serait plus lisible en diminuant cette partie, on peut
espérer que, tout au moins pour les petits caractères, les
graveurs se rendront à nos arguments, et s'inspireront du
modèle (fig. 69 à 74) (p. 229 à 233) dessiné par M.
Dreyfuss.

Ma cécité a rendu plus difficile la tâche de ce précieux
collaborateur qui a dû faire des prodiges pour exécuter,
d'après de simples indications verbales, les nombreux dessins dont il a enrichi ce volume.

Peut-être mon infirmité n'a-t-elle pas été sans compen-
sation, car elle m'a conduit à rédiger avec plus de compétence les parties relatives à l'écriture des aveugles.

J'ai résumé, dans un petit chapitre final, les indications
nécessaires à ceux de mes lecteurs qui, voués par profession ou par goût à l'éducation de l'enfance et de la jeunesse, voudraient utiliser, dans leur pratique journalière,
les résultats de mes études.

Ce livre s'adresse encore aux personnes qui désireraient recueillir des préceptes pour la conservation de leurs yeux, aux éditeurs qui auraient à cœur de ne mettre en circulation que des livres irréprochables au point de vue de l'hygiène oculaire, aux architectes chargés de construire des écoles, aux experts en écriture, et, en général, à tous ceux qui s'intéressent aux questions de graphisme.

PREMIÈRE PARTIE

NOTIONS HISTORIQUES

Cette partie se compose de six chapitres, où l'histoire de l'écriture est envisagée sous deux aspects très différents.

Dans les trois premiers, il est question de l'évolution naturelle de l'écriture à travers les âges, tandis que les trois derniers traitent de trois écritures, sténographique, musicale et anaglyptographique ou en relief, toutes trois de création récente et artificielle.

L'historique contenu dans les trois premiers chapitres est restreint à l'exposé des faits dont la connaissance peut jeter du jour sur les considérations théoriques et les déductions pratiques qui font l'objet de ce volume. Les indications renfermées dans les chapitres IV, V et VI sont également réduites à ce qui est nécessaire pour l'intelligence des déductions contenues dans la troisième partie.

CHAPITRE PREMIER.

ÉVOLUTION DE L'ÉPIGRAPHIE.

Les spécimens d'écriture les plus anciens que nous possédions sont des inscriptions gravées dans la pierre; bien que l'on puisse attribuer à l'action destructive des siècles l'absence de documents écrits sur des matériaux plus fragiles, il n'en paraît pas moins fort vraisemblable que l'inscription d'un fait important se pratiquait principalement, dans l'origine, sur des matières dures, et par gravure en creux; c'est ainsi, du moins, que les choses paraissent s'être passées en Egypte, car les papyrus les plus anciens reproduisent assez fidèlement les hiéroglyphes des monuments, et il est possible de remarquer les simplifications successives par lesquelles l'écriture à l'encre a passé pour prendre peu à peu l'aspect d'une cursive. A l'exemple des épigraphistes, nous dirons qu'une écriture est cursive, lorsque la forme des lettres dénote sa destination à l'usage courant; une écriture anglaise ou bâtarde est *cursive*, fût-elle gravée dans la pierre la plus dure, et les lettres *capitales* modernes sont *épigraphiques*, alors même que nous les traçons rapidement à la main sur le tableau noir.

Les caractères épigraphiques les plus anciens, cunéiformes d'une part, hiéroglyphiques de l'autre, présentent cette particularité qu'ils ne sont pas formés de traits d'épaisseur uniforme.

Les cunéiformes sur pierre ou sur brique doivent leur nom à la forme des éléments qui les composent : supposez qu'on presse sur une argile molle des clous analogues à ceux qui servent à ferrer les chevaux, un petit nombre de ces empreintes se coupant entre elles, les unes verticales, les autres horizontales, et un plus petit nombre dans une position oblique, forment, par leur réunion, un groupe de l'écriture cunéiforme. On conçoit que la facilité d'exécution par gravure sur pierre ait pu faire adopter ce genre de carac-

tères dans un temps primitif, mais il n'est que juste
d'ajouter que ce principe d'écriture était des plus ingénieu-

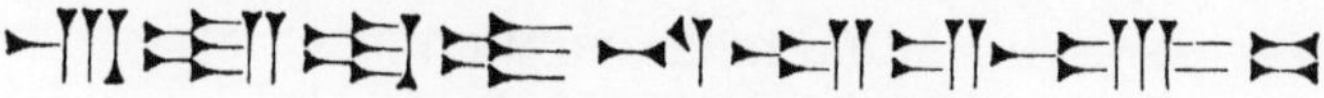

Fig. 1. — Variété cunéiforme.

sement choisis. Les groupes cunéiformes présentent de très
grandes variétés de combinaisons au moyen de l'emploi
d'un signe unique ; il n'est fait usage ni de courbes difficiles
à tracer purement, ni, le plus souvent, de lignes obliques
dont les inconvénients seront signalés plus loin ; enfin la
visibilité des différents groupes est à peu près la même,
et c'est un mérite que tout système d'écriture doit rechercher soigneusement.

Tout comme les cunéiformes, les hiéroglyphes égyptiens
ne sont pas formés de traits dont l'épaisseur soit constante :
la représentation d'un oiseau, par exemple, n'est pas faite en
gravant seulement le profil du modèle : l'artiste, après
avoir tracé le contour, enlevait une couche uniforme de
pierre dans tout le périmètre de la silhouette qu'il voulait
obtenir.

Sauf peut-être les deux exemples précédents, les inscriptions antiques sont formées de traits uniformes : pas de
pleins ni de déliés : tous les caractères sont constitués par
des traits de même épaisseur et de même profondeur, et,

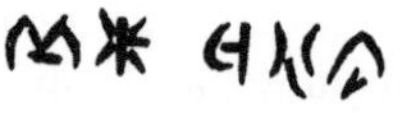

Fig. 2. — Variété cypriote.

si l'on excepte le cypriote, dont les traits affectent toutes
les orientations possibles, nous voyons les hiéroglyphes et
les cunéiformes céder la place à des caractères formés,
comme nos capitales actuelles, de traits verticaux et horizontaux, accompagnés d'un petit nombre de courbes et
d'obliques.

Tel est, par exemple, le caractère de l'épigraphie phénicienne ; mais avec cette réserve que, dans la variété sido-

nienne de cette écriture, les traits offrent une inclinaison analogue à celle de nos *italiques*, et qui peut atteindre de 15° à 30° ; le musée du Louvre en offre un exemple sur le

Fig. 3. — Variété sidonienne.

célèbre sarcophage d'Echmounazar, roi de Sidon : il y a là une exception d'autant plus singulière que, dans les inscriptions tyriennes de Carthage, bien postérieures, les traits ont repris la position rectangulaire et que dans la fameuse stèle de Mésa, antérieure de cinq cents ans à ce sarcophage, l'obliquité des verticales est à peine sensible.

4.✗4Ƴ.ɣ4w.w4.✗4.ɟ4.ɟᴡ

Fig. 4. — Variété tyrienne de Carthage.

On voit donc que, depuis l'époque où les hommes adoptèrent l'écriture phonétique, les caractères épigraphiques ont été formés principalement de traits horizontaux et verticaux, tous de même épaisseur. Cette dernière remarque a même valu le nom de caractères **ANTIQUES** à ceux dont on vient de lire un spécimen.

C'est en Grèce qu'il nous faut chercher les types les plus beaux de caractères épigraphiques. — Ceux de la meilleure époque sont assez grêles et de forme aussi carrée que possible, la largeur des lettres étant à peu près égale à leur hauteur, ce qui prête à la disposition στοιχηδὸν, c'est-à-dire telle que toutes les lettres d'une inscription sont non seulement disposées en lignes horizontales, mais aussi en files verticales.

Peu à peu, l'influence de l'écriture onciale est venue

ΙΗℚΘῚΓΚΟΛΟℰS̄ΗΛℳΟSΡΚΓΚJΛ·

Fig. 5. — Écriture onciale.

modifier le type des caractères épigraphiques ; deux ou trois siècles avant J.-C., on voit apparaître le Σ semi-lunaire, qui a la forme d'un C, l'ε semi-lunaire de forme analogue; l'Ω prend la forme ω; la simplicité antique, attribuable, dans l'origine, à la facilité d'exécution, s'altère peu à peu et l'on voit apparaître des complications de forme dont la plus fréquente est l'emploi des *apices* (pluriel d'*apex*).

On désigne sous ce nom ces petits traits horizontaux qui délimitent les jambages des lettres et qui font leur apparition, en Grèce, à l'époque alexandrine. Les *apices* droits sont les plus anciens; un siècle plus tard se produisirent les *apices* triangulaires.

Les causes qui donnèrent naissance aux *apices* sont complexes. Quelques personnes veulent y voir une facilité plus grande d'exécution. Il nous paraît plus probable que les artistes ont voulu éviter ainsi l'aspect disgracieux que prennent les traits obliques dépourvus d'*apices* quand leur épaisseur est un peu notable. Prenons, par exemple, un V dit *antique*, il est certain que les angles aigus et obtus qui terminent par en haut chacun des traits de cette lettre, ont un aspect désagréable qui est atténué par l'emploi d'*apices* comme dans **V**.

Quant aux *apices* triangulaires, il semble que leur usage découle de l'emploi du genre de gravure qui donnait au creux des lettres ce profil triangulaire, fréquent en Italie, tandis qu'en Grèce la profondeur de l'entaille était la même sur toute sa largeur.

C'est également chez les Romains que nous voyons se développer graduellement l'usage des déliés, en partie par imitation de l'aspect de l'onciale manuscrite ou de la cursive, en partie par des raisons qui seront développées plus loin, en partie par le motif que voici : tandis que les traits verticaux, sans cesse lavés par la pluie, ne se distinguent guère que par l'ombre portée qu'ils produisent, les traits horizontaux conservent l'enduit coloré dont ils peuvent avoir été remplis; ou même, s'il n'y a pas eu de peinture, ils retiennent de la poussière qui noircit avec le temps; pour que tous les traits restent également visibles, il convient donc de faire les horizontaux plus minces. L'adoption des déliés pour les horizontales a dû, par des raisons de goût, les faire employer aussi pour une partie de verticales.

D'autre part, avec les siècles, vient s'introduire un élément nouveau ; la lecture n'étant plus un laborieux travail, il ne s'est plus agi de voir distinctement tous les détails des lettres ; il suffisait de voir nettement les parties caractéristiques pour deviner le reste. Aussi voyons-nous apparaître successivement des caractères où le contraste des pleins et des déliés s'accentue de plus en plus, et dont les écriteaux des rues de Paris nous offrent un type des plus parfaits. Examinons des **LETTRES CAPITALES NORMANDES** (1) et nous constatons qu'à la distance où ces lettres sont encore lisibles, les LETTRES CAPITALES ANTIQUES, ou même les types intermédiaires des **LETTRES CAPITALES ÉGYPTIENNES** et des LETTRES CAPITALES ROMAINES, cessent absolument d'être lus. Mais, à cette distance, ces lettres dites normandes ne sont que *devinées*, car leurs déliés sont absolument invisibles.

La supériorité des lettres normandes est d'autant plus marquée que l'éclairage est moins bon ; c'est un point qui sera traité plus en détail dans la seconde partie de cet ouvrage, mais nous devons, dès maintenant, serrer d'un peu près la question du type des lettres, car nous aurons à en déduire des conséquences pratiques.

Tandis que les Grecs se contentaient de caractères d'une belle forme, dont toutes les parties étaient également visibles, les Romains, plus pratiques et moins artistes, semblent s'être posé le problème de produire, dans un espace donné, une inscription aussi lisible que faire se pouvait, et cette préoccupation se traduit par plusieurs particularités de leurs inscriptions lapidaires. Outre l'usage du délié, qui permet d'augmenter l'importance du plein, nous voyons à Rome les lettres perdre de bonne heure la forme carrée, si élégante, que les Grecs conservèrent plus longtemps ; à l'AN-TIQUE CARRÉE succède l'ANTIQUE ALLONGÉE, dénaturée encore par l'introduction de déliés et d'*apices* sans lesquels les déliés seraient d'un très mauvais effet. En même temps, la place réservée à chaque lettre varie, suivant sa largeur : Les INSCRIPTIONS LATINES *chassent* infiniment moins que les

---

(1) Il va sans dire que nous supposons ces quatre types de lettres exécutés en caractères identiques sous le rapport de la hauteur et de la largeur.

INSCRIPTIONS GRECQUES, où chaque lettre occupe
le même espace. Les Romains poussèrent l'économie de
place au point de faire quelquefois surplomber certaines
lettres : il n'est pas rare de voir ainsi la barre horizontale
des T passer au-dessus des deux lettres voisines, la queue
d'un Q s'étendre sous la lettre suivante, etc.

Il importe de bien distinguer entre ce que j'appellerai la
visibilité parfaite et la *lisibilité*. — La visibilité parfaite, d'a-
près laquelle chaque lettre est vue dans toutes ses parties
avec une égale précision, a été recherchée par les Grecs, qui
s'en approchèrent beaucoup avec leurs caractères grêles,
carrés et formés de traits bien égaux dans toute leur longueur ; mais si nous nous éloignons peu à peu d'une inscription tracée d'après ce système antique, au moment où cette
inscription cesse d'être lisible, nous la ferons réapparaître
en élargissant les traits qui répondent aux pleins ; puis, sans
augmenter l'espace occupé par l'inscription, déplaçons les
lettres pour égaliser, non plus l'espace occupé par chacune,
mais les intervalles qui les séparent ; il nous sera loisible
d'augmenter encore les pleins sans que les lettres se touchent, et, par suite, d'améliorer la lisibilité, et cela d'autant
plus que nous gagnerons de l'espace pour les pleins, en
amincissant les déliés. Mais alors, les déliés ne seront plus
vus, ils seront *devinés*, et l'amélioration de lisibilité nous permettra de déchiffrer encore l'inscription, en nous tenant à
une distance d'où l'inscription primitive serait absolument
invisible.

Comme corollaire de l'emploi des déliés, se présentent les
apices nécessaires pour marquer leur terminaison ; ces traits
terminaux améliorent incontestablement la lisibilité, en
accentuant et affirmant, pour ainsi dire, la position des
déliés. Quant aux *apices* qui terminent les pleins, ils n'ont
été introduits que par un besoin de symétrie.

Pour le but que nous nous sommes proposé, il est inutile
de rechercher à quelle époque tous les hommes, à l'exception des Chinois, se décidèrent définitivement à écrire par
lignes horizontales ; au point de vue physiologique, ce choix
était indiqué, car les mouvements horizontaux des yeux,
plus fréquents dans la vie ordinaire, commandés par deux
muscles seulement, me paraissent se faire avec une précision
et une vitesse supérieures à celles des mouvements verticaux.

Enfin, nous devons nous demander si l'on a bien fait d'a-dopter, dans chaque groupe de langues, une direction, tou-jours la même, pour la lecture. Il suffit d'avoir lu ou écrit bien peu de temps une langue sémitique, pour être certain que la lecture et l'écriture peuvent se pratiquer de droite à gauche, tout aussi bien que de gauche à droite. Cela étant admis, il me semble que l'écriture boustrophédon, où le sens alternait de ligne en ligne, n'était pas sans présenter de sérieux avan-tages. Toutes les personnes qui ont enseigné la lecture à des enfants, savent combien les jeunes écoliers ont de peine, après avoir terminé une ligne, à reporter le regard au com-mencement de la ligne suivante ; les adultes eux-mêmes, quand l'impression est fine et la justification un peu large, se trompent parfois de ligne et sont obligés de se rectifier ; avec l'écriture *boustrophédon*, ainsi nommée parce que le lecteur suit des yeux un chemin analogue à celui parcouru par un bœuf qui laboure, rien de pareil n'est à craindre : arrivé au bout d'une ligne, l'œil est tout transporté au com-mencement de la ligne suivante.

Il est curieux de remarquer, sur certaines coupes antiques du musée du Louvre, avec quel soin les noms des person-nages représentés sont inscrits, de telle sorte que, l'initiale se trouvant près de la tête, les noms s'en éloignent, écrits de gauche à droite ou de droite à gauche, suivant que l'es-pace disponible pour ces indications se trouvait à droite ou à gauche du personnage.

De tout ce qui précède, nous retiendrons simplement que l'épigraphie antique a subi une évolution logique, mais inconsciente, et que, sauf peut-être l'abandon de l'*écriture boustrophédon*, nous n'avons rien à regretter des transforma-tions successives qui nous ont légué le système actuel des capitales romaines.

Quant à la forme des lettres, prises une à une, il en est tout autrement : le groupe cunéiforme était supérieur, ce me semble, à la lettre capitale, dont nous sommes bien obligés de faire usage. Il est manifestement absurde d'avoir des let-tres aussi analogues que B et R, ou C et G, ou bien encore que V, et Y. Rien qu'en changeant la position des lettres, on aurait B et ⋈, C et ◡, ou V, et ⋎, qui seraient bien moins faciles à confondre, il serait aisé de créer des cen-taines de systèmes préférables à notre alphabet traditionnel,

au point de vue de la lisibilité, et sans nuire à la facilité d'exécution. Mais les caractères épigraphiques romains
n'étant employés en typographie que pour les lettres capitales, il n'y a pas à nous préoccuper de leurs défauts : leur
dimension plus grande permet toujours de les lire mieux
que les minuscules environnantes.

Ce chapitre a été écrit d'après l'aspect des inscriptions
qu'on peut voir au Musée du Louvre, et en se préoccupant
uniquement des particularités intéressantes au point de vue
physiologique.

Les personnes qui voudraient pousser cette étude plus
loin, consulteront avec fruit l'ouvrage de M. Philippe Berger,
Histoire de l'Écriture dans l'Antiquité, publié en 1891 avec
grand luxe de figures, par l'Imprimerie Nationale.

CHAPITRE II.

ÉVOLUTION DE L'ÉCRITURE.

Caractères manuscrits. — Tandis que, par une évolution dont il est sans intérêt pour nous de suivre les étapes, sur les manuscrits du moyen âge, la forme des lettres capitales est revenue à ce qu'elle était au siècle d'Auguste, nos minuscules cursives et imprimées résultent de transformations innombrables, qui se produisirent parallèlement en Italie, en Allemagne, en Espagne, en Angleterre, en France.

Dès avant notre ère, les Romains avaient pris l'habitude de modifier leurs lettres capitales lorsqu'ils écrivaient des manuscrits : c'est ainsi que se produisirent les lettres *onciales* (Voir *fig.* 5, page 5), où l'A, l'E, l'M par exemple, prennent des formes arrondies, telles que CIƆ pour l'M. Dans ces manuscrits, on voit aussi certaines lettres dépasser l'alignement, soit par en haut, soit par en bas.

En même temps se développaient diverses écritures cursives, qui, s'étant perdues rapidement, n'ont pas exercé d'influence sur notre écriture actuelle, et des notes *tironiennes*, sorte de sténographie dont l'usage persistait encore au IXe siècle de notre ère (Voy. p. 30).

Nous trouvons donc chez les Romains quatre types : capitales, onciales, cursives et tironiennes, correspondant à nos quatre types actuels : capitales, minuscules, cursives et sténographiques.

Au moyen âge, la première velléité de retour à une écriture correcte, grammaticalement et matériellement, est attribuable à Charlemagne, et se manifeste dans son capitulaire de 789 ; aussi voyons-nous, sous la direction d'Alcuin, l'abbaye de Saint-Martin de Tours produire, entre 796 et 804, des onciales magnifiques et de belles minuscules.

Cette tentative n'enraya pas le développement de diverses écritures nationales : irlandaise, anglo-saxonne, lombarde, etc,

Mais l'impulsion était donnée, et, au xiie siècle, l'écriture franque minuscule avait atteint un haut degré de perfection.

Parmi le chaos des écritures diverses qui se produisent ultérieurement, nous devons mentionner la gothique, dont l'origine n'est pas antérieure au xive siècle.

L'invention de l'imprimerie n'amena pas une simplification immédiate ; c'est ainsi que le moine Léonard Wagner, à Augsbourg, mort en 1522, se vantait de savoir tracer soixante-dix sortes d'écriture! Cependant, par bonheur, la Renaissance italienne, qui s'était traduite par un troisième retour à la minuscule franque, avait coïncidé avec la généralisation de l'imprimerie; retardez cette renaissance de quelques années ou faites venir l'imprimerie un demi-siècle plus tôt, et notre minuscule actuelle n'aurait jamais vu le jour ; l'humanité aurait été sans doute condamnée pour toujours à employer ces détestables caractères gothiques, dont l'usage, restreint d'abord aux pays les plus rebelles à l'influence de la Renaissance italienne, tend actuellement à disparaître de plus en plus.

D'ailleurs, la distinction entre l'écriture cursive et négligée des *notarii* et la belle calligraphie des *librarii* préparait la séparation entre les caractères manuscrits actuels et les caractères typographiques : la liaison entre les lettres a toujours été évitée par les *librarii* des bonnes époques ; indispensable pour la rapidité d'exécution, elle nuit nécessairement à la clarté.

La vie d'un homme ne suffirait pas pour étudier les variations que l'écriture a subies, depuis le siècle d'Auguste jusqu'à nos jours ; nous y renoncerons absolument, mais nous allons énumérer les causes matérielles qui, indépendamment des oscillations du goût et des retours systématiques à l'antiquité, nous paraissent avoir exercé sur ces variations une influence tout à fait prépondérante ; ces causes sont : les variations de prix du papier, les transformations de la plume et l'emploi des lunettes.

Le prix du papier a joué un rôle très important dans les transformations de l'écriture ; il semble qu'à la même époque on ait employé la cursive sur le *papyrus* des documents courants, tandis que le parchemin des *codices* ne reçoit que des onciales bien ramassées, tassées pour ainsi dire ; point de queues, pour pouvoir rapprocher les lignes davantage, abréviations de toute espèce pour ménager la précieuse peau, rien n'est négligé pour mettre l'espace à profit.

L'invention du papier de chiffon ne remonte pas au delà du xiiie siècle ; aussi, à de rares exceptions près, ne voyons-nous surgir que plus tard l'habitude de séparer largement les mots ; pour la même raison, les longues queues sont relativement récentes ; personne n'était assez riche pour se permettre d'imiter le luxe des longues lettres qui caractérisaient l'écriture de la chancellerie pontificale. Il n'existe guère d'objet dont le prix ait plus baissé que celui du papier. Il en résulte que l'écriture actuelle ne tient plus aucun compte de la place employée. Mais, tandis qu'au xixe siècle le gaspillage de papier est sans inconvénient pour l'écrivain, il en est tout autrement pour l'éditeur : ce gaspillage se multiplie par le chiffre du tirage, et cette circonstance suffit à expliquer pourquoi, depuis l'invention de l'imprimerie, pendant que l'écriture prenait constamment du large, les caractères d'impression diminuaient graduellement, de telle sorte que l'identité entre les caractères manuscrits et imprimés n'a subsisté que pendant quelques années après la découverte de Gutenberg.

La plume a notablement influé sur l'aspect de l'écriture. — Nous voyons la plume d'oie faire son apparition vers le milieu du viie siècle ; dans les premiers temps, c'est à peine si cette innovation modifie l'aspect de l'écriture. En effet, à l'imitation du *calamus*, la plume était taillée comme celles qui nous servent encore pour écrire la gothique ; son élasticité servait, tantôt pour accentuer plus fort le sommet des jambages, comme on peut le remarquer dans certaines écritures anglaises du viie siècle, tantôt pour renfler le milieu des pleins et donner aux lettres un aspect analogue à celui des capitales romaines ; mais, en somme, l'aspect général restait celui des manuscrits écrits avec le roseau des anciens.

La largeur du bec du calamus et de la plume a exercé une action déterminante sur la répartition des pleins et des déliés dans l'*onciale*, et, par un effet de retour, dans la *capitale romaine*. En effet, pour aller plus vite, le *librarius* de l'antiquité ou le moine du moyen âge tâchait de tracer les caractères d'un trait continu. De plus, pour éviter la pente

disgracieuse de la cursive, il fallait mettre le coude fortement en dehors ; dans cette situation, si vous tracez un M,
vous remarquerez que les déliés sont faits en remontant et
les pleins en descendant ; si vous tracez un O, vous n'évite-
rez pas de faire le premier plein plus bas et le second
plus haut qu'il ne conviendrait pour la symétrie. Rien ne
serait plus facile que de multiplier ces exemples, et, en prenant une à une les lettres de l'alphabet, de démontrer
l'influence que l'onciale a exercée sur la répartition des
pleins et déliés dans les capitales. Avec le coude éloigné du
corps, pour pouvoir aisément tracer des traits verticaux
par un mouvement du poignet, l'écrivain qui emploie la
plume à large bec est amené forcément à faire des déliés
pour les traits qui montent obliquement de gauche à
droite, et des pleins pour ceux qui descendent obliquement
de gauche à droite ; la répartition des pleins et déliés dans
les lettres telles que A, V, X en résulte nécessairement. Pour
les traits verticaux et horizontaux, l'écrivain reste maître de
prendre parti en faisant légèrement tourner la plume dans
ses doigts. Le plus habituellement il s'arrangeait pour faire
les pleins verticaux et les déliés horizontaux, mais, dans ce
choix, c'était l'imitation de la *capitale* qui influait. Certaines
époques du moyen âge nous fournissent de fort belle onciale
où les verticales sont toutes formées de déliés, et dont l'aspect
est cependant assez agréable.

C'est la forme carrée du bec de plume qui a donné naissance à l'écriture gothique ; pour s'en convaincre, il suffit
d'essayer de reproduire des lettres gothiques en se servant
d'un pinceau, d'un crayon ou d'une plume ordinaire :
malgré tous les efforts de l'écrivain, le résultat sera très
inférieur à celui qu'on obtiendra au moyen d'une plume à
large bec.

L'usage de la plume à bec large, mais taillé obliquement,
réalisa un progrès qui se traduisit par l'apparition de la
coulée et de la *bâtarde*.

Dans la *ronde*, les pleins sont exactement verticaux ;
d'après les calligraphes, en prenant pour unité la largeur du
bec de la plume, la lettre *u* doit être inscrite dans un carré
dont le côté mesure cinq becs, de telle sorte que le blanc
compris entre les deux jambages mesure trois becs. La différence entre les lettres *u* et *n* est presque insignifiante : les

jambages carrés du haut sont un peu plus arrondis dans le bas pour l'*u* que pour l'*n*.

La *coulée* ne diffère de la *ronde* que par l'inclinaison ou *pente* qui, dans les plus beaux modèles, est telle que le plein forme la diagonale d'un rectangle dont la largeur est de trois becs et la hauteur de quatre becs ; d'où il résulte que la longueur du jambage est $\sqrt{3^2+4^2} = \sqrt{25} = 5$. On voit donc que les jambages d'une coulée, écrite entre des parallèles distantes de 4 millimètres, sont égaux à ceux d'une ronde tracée entre des parallèles écartées de 5 millimètres.

La *bâtarde* diffère principalement de la coulée par la distribution des *arrondis* qui, au lieu d'être tous au pied des jambages, sont répartis comme dans la *minuscule italique* ou dans l'*anglaise* moderne.

Enfin, la taille pointue de la plume d'oie donna naissance à l'*anglaise*, si universellement employée de nos jours ; elle se distingue par la longueur considérable des lettres bouclées, et par l'absence totale de ce que j'appellerai les *pleins ascendants*, que nos fines plumes de fer ne permettent pas de tracer : la généralisation de l'écriture anglaise est une conséquence de l'invasion des plumes de fer.

Enfin, la hâte, qui est une des caractéristiques du xixe siècle, a eu pour effet de ramener la forme des lettres à la plus grande simplicité en faisant disparaître les fioritures ; les personnes qui écrivent vite et bien ne perdent pas leur temps à former des pleins et des déliés irréprochables, au moyen de variations de pression de la plume, et elles écrivent *penché* pour la raison qui sera donnée dans le chapitre XIII (mécanisme de l'écriture).

L'emploi des lunettes convexes inventées en 1299, mais dont l'usage ne s'est répandu que très lentement, et qui, on le verra plus loin, a exercé une influence capitale sur la diminution progressive de la grandeur des caractères typographiques, a sans doute contribué à l'apparition des fines écritures, dites *pattes de mouches*, si en vogue pendant une grande partie du xixe siècle.

CHAPITRE III.

ÉVOLUTION DE LA TYPOGRAPHIE.

Nous avons mis l'exécution facile et rapide au premier rang des conditions que doit remplir une écriture cursive (1). Pour les caractères typographiques, nous devrons nous placer à un point de vue tout à fait opposé. La gravure d'un *poinçon* est une opération longue et minutieuse ; une fois terminé, le poinçon d'acier qui porte la figure de la lettre sert à frapper, pendant des années, les matrices de cuivre creuses, dont chacune est employée par le fondeur pour couler des millions de caractères. À son tour, chaque caractère mobile subit des centaines de tirages avant d'être usé, et chaque tirage fournit de nombreux exemplaires. C'est donc par milliards qu'il faut compter les reproductions du caractère unique livré par le graveur. Dans ces conditions, on conçoit que nous trouvions utile d'apporter un soin méticuleux à la discussion des moindres détails de forme des caractères d'impression.

Nous rechercherons la forme générale qu'il convient de donner à chaque lettre ; puis nous examinerons successivement la question des déliés, celle des empâtements, et nous terminerons par l'étude des dimensions qu'il convient d'adopter pour les lettres, pour les lignes et pour les interlignes.

Pour jalonner le temps de siècle en siècle, rappelons quelques dates :

1440. Invention de l'imprimerie ;
1540. Caractères de Garamond ;
1640. Fondation de l'imprimerie royale ;
1740. Caractères de Luce ;
1840. (environ). Réapparition des caractères elzéviriens.

---

(1) Voy. *Revue scientifique* du 21 mai 1881, n° 21, p. 647 : *Le mécanisme de l'écriture*, et plus loin, dans le présent volume, page 145.

On est actuellement d'accord pour attribuer à Gutenberg l'invention des caractères mobiles, et pour faire remonter leur création à l'année 1440. Dès 1459, les lettres en métal avaient remplacé les lettres en bois dans l'atelier de Fust et Gutenberg et, peu après, Schœffer ou Schoyffer (1), de Mayence, inventait le poinçon ; dès cet instant, rien ne s'opposait à l'abandon des formes gothiques, mais, soit sous l'influence du milieu, soit parce que les lettres gothiques, composées de parties droites, étaient plus faciles à graver, nous voyons l'usage de ces lettres se perpétuer dans le nord de l'Europe.

(1) Je dois au correcteur des épreuves de cet ouvrage, M. Picard, chef de service à l'Institut de Bibliographie de Paris, les additions suivantes à l'évolution de la typographie.

M. Desormes, directeur technique de l'Ecole Gutenberg, dans son avant-propos sur l'origine de l'Imprimerie, de ses *Notions de typographie,* signale que l'attribution à Pierre Schœffer du *poinçon d'acier* servant à la frappe des matrices, ne repose sur aucun fondement précis.

« Notre opinion à nous, dit-il dans l'ouvrage précité, que nous basons « sur un examen attentif des ouvrages imprimés à la Sorbonne par Géring, « de 1470 à 1472, est que le poinçon n'a dû faire son apparition que « plusieurs années après l'impression de la *Bible* en 42 lignes, terminée « vers 1455 et que l'on croit avoir été composée avec des caractères fondus « dans des matrices frappées ».

Or, l'examen auquel nous nous sommes livré, nous a permis de faire d'importantes remarques, desquelles nous avons inféré que la première idée qui dut venir à l'esprit des proto-typographes, après l'abandon des planches xylographiques gravées en relief, fut de renverser l'ancien procédé en gravant les lettres en creux, dans du bois ou du métal, afin de pouvoir en prendre une empreinte en plomb.

Il est peu probable, en effet, que Géring ait ignoré, environ vingt ans après la création du poinçon, l'existence de celui-ci, car nous avons la certitude que les caractères ayant servi aux différents ouvrages imprimés par lui à la Sorbonne, n'ont été obtenus qu'à l'aide d'un système qui n'est qu'un essai de *stéréotypage.*

Supposons qu'ils se soient servis du poinçon d'acier, il est évident que tout en ayant eu plusieurs matrices de la même lettre pour accélérer la fonte, toutes les lettres eussent été semblables puisqu'elles auraient été frappées par un type unique. Il n'en est rien, et dans les éditions qui nous occupent, nous remarquons une foule de divergences qui ne peuvent provenir que d'une gravure multiple, ayant fourni pour la même lettre des matrices différentes.

Les caractères employés par les typographes de la Sorbonne étaient semi-gothiques et fondus grossièrement si on les compare à ceux que nous possédons aujourd'hui. L'approche en était défectueuse et très irrégulière; certaines lettres, entre autres, les *d,* les *p,* les *c,* les *a* majuscules ne semblent pas toujours appartenir au corps qui leur est propre; mais il ne faut pas se montrer trop sévère si l'on considère que l'on ignore encore de quelle matière se composaient les matrices servant à la fonte des lettres.

En ce qui concerne la question, si controversée, de l'origine des caractères typographiques, employés depuis un peu plus de quatre cents ans sous le nom de caractères romains, il suffit de l'examen le plus superficiel d'une bonne collection de manuscrits pour s'assurer que les imprimeurs, qui adoptèrent le type romain, se bornèrent à imiter non seulement les minuscules, mais aussi les capitales des manuscrits italiens ; dès le commencement du xve siècle, certains manuscrits présentent ces types, qui serviront de modèles aux imprimeurs de Subiaco, de Venise et de Paris.

Ainsi tombe la légende, si souvent reproduite, d'après laquelle Jenson n'aurait emprunté que les minuscules aux manuscrits de l'époque, et aurait gravé ses capitales d'après les monuments anciens. Dès 1465, Sweynheym et Pannartz, qui travaillaient à Subiaco, près de Rome, faisaient usage de ces caractères, qui ont reçu le nom de romains, et, peu de temps après, Jean de Spire les employait à Venise.

Reportons-nous à l'année 1470. Schœffer, à Mayence, continue à faire usage des types gothiques, gros, empâtés et alourdis encore par de nombreuses lettres liées ; à Venise, Valdorfer, dans le premier volume sorti de ses presses (Cicero, *De Oratore*) emploie des types supérieurs à ceux de Subiaco ; en même temps, l'imprimerie de la Sorbonne, à Paris (1), débute par la publication des lettres de Gasparinus, dont les caractères ressemblent beaucoup à ceux de Valdorfer, et qu'on peut voir, déformés par l'usage, dans l'exemplaire de la *Rhétorique* de Guillaume Fichet, conservé à la Bibliothèque Mazarine.

Cependant, dès 1458, Charles VII avait envoyé à Mayence Nicolas Jenson, graveur de la monnaie de France, pour

---

(1) C'est aux imprimeurs de la Sorbonne que l'on doit l'introduction, à Paris, des lettres doubles æ et œ, que beaucoup d'imprimeries ne possédaient pas et remplaçaient par un *e* simple, se conformant en cela à l'usage, établi par les copistes. Dans la fonte de Ulrich Guering, dont le buste orne le grand escalier de la Bibliothèque Sainte-Geneviève et à qui fut confiée la direction de l'atelier de Paris, en 1470, l'*i* et le *j* sont employés indistinctement, et l'*u* minuscule remplaça bientôt le *v* qui n'existait dans cette fonte que comme lettre majuscule. Le *J* et le *U* majuscules furent introduits en 1619 par Lazare Zetner. C'est Louis Elzevier, qui, établi à Leyde en 1580, a introduit en typographie la distinction entre les *i, j*, et *u, v*, minuscules. — Ce qu'on vient de lire est important à cause de la typographie de la langue Esperanto (Voir chapitre XXVI.).

étudier les procédés de Schœffer. On ne sait pour quel motif (1) Jenson allait s'établir, en 1469, à Venise, où il gravait des caractères qui me semblent supérieurs à ceux qui avaient paru précédemment. Les *Commentaires de César* (1471) nous offrent des types d'une régularité parfaite, les capitales sont moins lourdes que chez ses prédécesseurs, la forme des lettres est d'une élégante simplicité ; c'est aux caractères de Jenson que nous demanderons des modèles de goût, quand nous proposerons d'apporter des changements à la forme des caractères actuellement employés en typographie.

Quelques années plus tard, François de Bologne créait l'*italique* (2) ; on voit donc que la Renaissance italienne a fait sentir son heureuse influence lors de la création des deux types, le *romain* et l'*italique*, qui, suivant toute apparence, seront employés en typographie jusqu'à la fin des siècles.

Les caractères de Garamond, créés à Paris en 1540, précisément un siècle après l'invention de l'imprimerie, se distinguent par la grâce de leur forme et la perfection de l'exécution. Garamond devint bientôt le fournisseur de toutes les imprimeries où l'on se servait de caractères romains. Ces types apportés à Anvers par Plantin (né près de Tours en 1514), furent adoptés par les Elzevier, dont le premier eut deux imprimeries, l'une à Leyde, et l'autre à Amsterdam (1592-1617). Les éditions justement célèbres des Elzevier étaient imprimées en caractères de Garamond sur papier d'Angoulême ; les types de Garamond (3) n'en sont pas moins désignés partout sous le nom d'elzéviriens et le papier de Hollande doit peut-être sa célébrité à la belle conservation du papier d'Angoulême dont les Elzevier faisaient usage.

Voici les caractères de Garamond, fondus à l'*Imprimerie Nationale*, d'après les matrices du temps, et qui nous ont

(1) D'après M. Auguste Bernard, Jenson n'aurait été se fixer à Venise qu'en raison du mauvais accueil qui lui aurait été fait, à son retour d'Allemagne, par le fils et successeur de Charles VII.

(2) Cette création était jusqu'à ces temps derniers attribuée au premier des Alde, mais M. Th. Baudoire, l'érudit fondeur en caractères, a prouvé par des documents incontestables que la paternité de ce type appartient à François de Bologne.

(3) Et de Jean de Senlecque, son élève.

été obligeamment prêtés par M. Christian, directeur de cet établissement (voir *Fig. 6*).

Nous ne pouvons passer sous silence la création de l'Imprimerie royale sous Louis XIII par Richelieu, qui lui réserva, dans le Louvre, le rez-de-chaussée de la galerie de

GARAMOND.

CORPS 11.

Avant l'invention de l'imprimerie, la plus grande partie des hommes étaient ré-

CORPS 10.

Avant l'invention de l'imprimerie, la plus grande partie des hommes étaient réduits à des

CORPS 9.

Avant l'invention de l'imprimerie, la plus grande partie des hommes étaient réduits à des

CORPS 8.

Avant l'invention de l'imprimerie, la plus grande partie des hommes étaient réduits à des traditions

CORPS 7.

Avant l'invention de l'imprimerie, la plus grande partie des hommes étaient réduits à des traditions presque toujours

Fig. 6.

Diane (1640), précisément deux siècles après l'invention de l'imprimerie et un siècle après la création des caractères de Garamond. Les nombreux volumes qui sortirent des presses de cette imprimerie lui valurent aussitôt une réputation universelle et méritée.

En 1692, Louis XIV ordonna qu'une typographie spéciale fût gravée pour le service de son imprimerie. L'Aca-

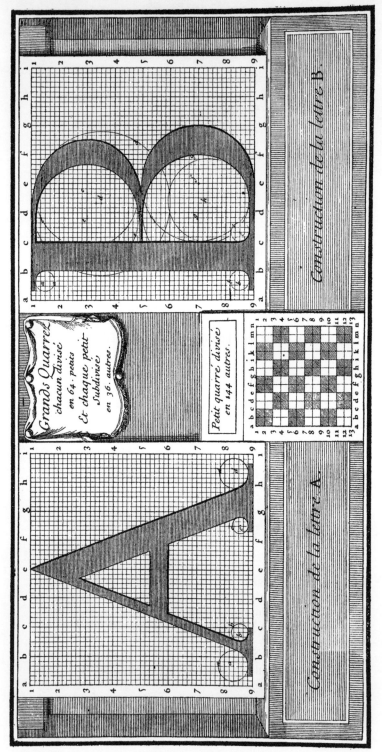

Construction de la lettre B.

Grands Quarrez chacun divisé en 64. petits Et chaque petit Subdivisé en 36. autres.

Petit quarré divisé en 144 autres.

Construction de la lettre A.

Fig. 7.

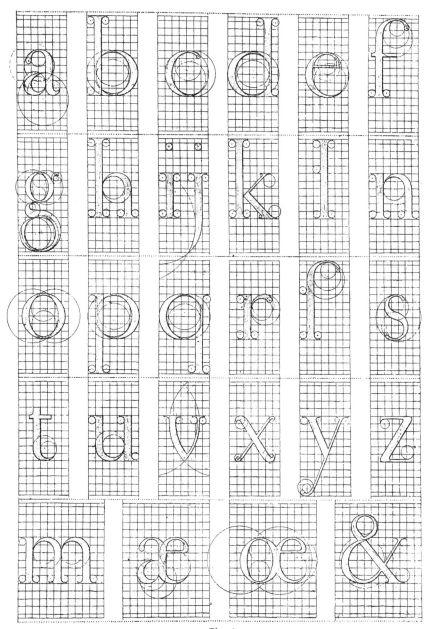

Fig. 8.

démie des sciences, consultée sur la forme qu'il conviendrait de donner aux nouveaux types, nomma une commission dont le rapport, déposé au département des manuscrits de la Bibliothèque nationale (1) et qui n'a jamais été publié, est

GRANDJEAN.

CORPS 11.

Avant l'invention de l'imprimerie, la plus grande partie des hommes étaient ré-

CORPS 10.

Avant l'invention de l'imprimerie, la plus grande partie des hommes étaient réduits à des

CORPS 9.

Avant l'invention de l'imprimerie, la plus grande partie des hommes étaient réduits à des tra-

CORPS 8.

Avant l'invention de l'imprimerie, la plus grande partie des hommes étaient réduits à des traditions presque

CORPS 7.

Avant l'invention de l'imprimerie, la plus grande partie des hommes étaient réduits à des traditions presque toujours confuses

Fig. 9.

accompagné d'un grand nombre de gravures, dont les planches sont conservées à l'Imprimerie nationale.

Nous reproduisons, *Fig. 7*, à peu près en grandeur naturelle, les deux premières capitales de l'alphabet de Jaugeon

(1) Des arts de construire les caractères, de graver les poinçons de lettres, d'imprimer les lettres et de relier les livres, par M. Jaugeon, de l'Académie royale des Sciences, manuscrit in-folio. Paris, 1704 (Mss. fr., nᵒˢ 9157 et 9158).

et, *Fig. 8*, avec réduction d'environ un tiers, l'alphabet de ses minuscules.

Pendant que Jaugeon rédigeait cet important travail, Philippe Grandjean, assisté de son élève Jean Alexandre, se mettait à l'œuvre, et, s'inspirant à la fois du goût de l'époque et des conseils de la Commission, gravait des caractères, qui me paraissent constituer un progrès évident sur ceux de Garamond (1693) (*Fig. 9*).

Avec les caractères de Grandjean, nous voyons disparaître dans le haut des lettres ces traits terminaux obliques qu'on a fait revivre de nos jours en reprenant les types dits elzéviriens ; on remarque aussi, à mi-hauteur de la lettre l, un petit trait horizontal qui, depuis cette époque (1), sert pour ainsi dire de marque de fabrique aux produits de notre Imprimerie Nationale ; enfin, les lettres longues supérieures, telles que b, d, portent un trait terminal qui se prolonge vers la droite autant que vers la gauche, disposition qui, comme le petit trait de la lettre l, était spéciale aux fontes de l'Imprimerie royale.

Cette particularité disparaît dans les caractères de Luce, qui furent acquis à grands frais par le roi en 1773, mais ne furent heureusement jamais employés.

Dans l'introduction de son *Essai d'une nouvelle typographie*, in-4°, 1771, Luce s'exprime ainsi :

« On sait que les caractères romains employés à l'Imprimerie royale ont, au-dessus de chaque colonne, deux empâtements coupés horizontalement et qu'on leur a donné cette forme, qui rend l'alignement d'en haut bien plus agréable, pour distinguer les ouvrages de cette imprimerie de tous ceux qui s'impriment ailleurs. Mes nouveaux caractères ne doivent donc avoir et n'ont en effet qu'un seul empâtement. Outre cela, cet empâtement est coupé obliquement du côté gauche...

« Ce qui m'a fait préférer cet empâtement à gauche, c'est la persuasion où je suis que tous les caractères typographiques tirent leur origine des écritures manuelles. Or, pour écrire, il me paraît naturel que la plume prenne d'abord un point d'appui du côté gauche d'où elle part, qui dispose et assure la main, pour tirer un trait perpendiculaire et former la colonne des lettres. »

(1) C'est en 1702, que Louis XIV fit ajouter aux caractères de l'Imprimerie nationale cette marque distinctive qu'elle a seule le droit d'avoir, une espèce de *sécante* placée sur le flanc gauche de la lettre l.

La typographie de Luce était donc un retour au passé.

Les caractères célèbres que Firmin Didot grava pour l'Imprimerie Impériale (1811) conservent les traits terminaux si heureusement adoptés par Grandjean. Mais nous ne croyons pas que Didot ait été bien inspiré en adoptant des déliés

DIDOT

CORPS 11.

Avant l'invention de l'imprimerie, la plus grande partie des hommes étaient réduits à

CORPS 10.

Avant l'invention de l'imprimerie, la plus grande partie des hommes étaient réduits à des

CORPS 9.

Avant l'invention de l'imprimerie, la plus grande partie des hommes étaient réduits à des traditions

CORPS 8.

Avant l'invention de l'imprimerie, la plus grande partie des hommes étaient réduits à des traditions presque

CORPS 7.

Avant l'invention de l'imprimerie, la plus grande partie des hommes étaient réduits à des traditions presque toujours con-

Fig. 10.

d'une finesse excessive, et nous pensons que cette innovation, analogue à celle dont il a été question dans notre chapitre précédent, au sujet de l'écriture anglaise, a déjà trop longtemps été soutenue par la mode et devra disparaître très prochainement (*Fig. 10*).

Avec Marcellin Legrand, nous voyons disparaître, en 1825, le double empâtement qui avait caractérisé pendant plus d'un siècle les productions de l'Imprimerie Nationale et qu'elle a conservé jusqu'à nos jours dans certains caractères d'affiches ; enfin, ce même artiste livra, en 1847, les poin-

MARCELLIN LEGRAND.

CORPS 11.

Avant l'invention de l'imprimerie, la plus grande partie des hommes étaient réduits à

CORPS 10.

Avant l'invention de l'imprimerie, la plus grande partie des hommes étaient réduits à des

CORPS 9.

Avant l'invention de l'imprimerie, la plus grande partie des hommes étaient réduits à des traditions

CORPS 8.

Avant l'invention de l'imprimerie, la plus grande partie des hommes étaient réduits à des traditions presque

CORPS 7.

Avant l'invention de l'imprimerie, la plus grande partie des hommes étaient réduits à des traditions presque toujours con-

Fig. 11.

çons qui servent encore actuellement dans cet important établissement (*Fig. 11*) (1).

(1) Au moment de mettre sous presse, je reçois de M. Christian, directeur de l'Imprimerie Nationale, un spécimen des caractères en 14

points qu'il vient de faire graver en s'inspirant des caractères de Jaugeon :

Imprimerie Nationale

Fig. 12.

Je ne saurais terminer ce chapitre sans rappeler un nom qu'aucun typographe ne devrait ignorer, celui de Fournier [1712-1768], auteur du *Manuel typographique, utile aux gens de lettres et à ceux qui exercent les différentes parties de l'art de l'Imprimerie*. Paris, 1764-1766. Ces deux vol. in-12 n'ont pas cessé d'être d'actualité quant aux détails de la fonderie.

CHAPITRE IV.

ÉVOLUTION DE LA STÉNOGRAPHIE.

Dans les chapitres précédents je me suis placé uniquement au point de vue des modifications que le temps a fait subir aux caractères sémitiques, pour aboutir aux caractères, manuscrits ou imprimés, de l'époque actuelle, et le seul but de cette étude était de donner un appui à la recherche des modifications qu'il convient d'y apporter (1).

A côté de nos alphabets, qui dérivent tous, par transformisme des vingt-deux lettres de l'alphabet phénicien, viennent se placer des alphabets artificiels, tels que ceux fabriqués de toutes pièces pour la sténographie, la télégraphie, la musicographie ou l'anaglyptographie (écriture en relief pour les aveugles).

Avant de parler de ces alphabets spéciaux, il est intéressant de noter que, pendant la conquête du monde par les alphabets dérivés du phénicien, il s'était produit, au moins en un point du globe, en Irlande, au III⁰ siècle de notre ère, un alphabet artificiel, créé logiquement et de toutes pièces : c'est l'alphabet ogamique, dont je reproduis d'autre part (*Fig. 13*) un fac-similé, emprunté au livre déjà cité, page 10, de M. Philippe Berger.

On ne saurait trop admirer la sagacité de l'inconnu qui, il y a dix-huit siècles, créa un alphabet si aisé, à la fois, à apprendre et à exécuter et dont la création mérite d'être mise en parallèle avec celle de Charles Barbier (Voy. page 55).

Remarquez avec quelle subtilité le créateur de cet alphabet a tenu compte de nos aptitudes, qui nous permettent de compter avec sécurité, d'un seul coup d'œil, aisément jusqu'à cinq.

(1) L.-P. Guénin, *Sténographie Française*, in-18. 3ᵉ édition, Paris, Delagrave; et Javal, *Entre Aveugles*, in-16, Paris, Masson 1903.)

Remarquez aussi la disposition des signes, de part et d'autre d'une ligne droite, précisément comme dans les télégraphes enregistreurs les plus modernes.

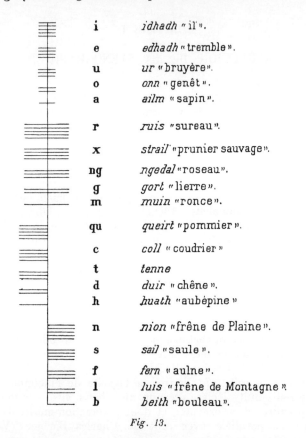

	i	*idhadh* « il ».
	e	*edhadh* « tremble ».
	u	*ur* « bruyère ».
	o	*onn* « genêt ».
	a	*ailm* « sapin ».
	r	*ruis* « sureau ».
	x	*strail* « prunier sauvage ».
	ng	*ngedal* « roseau ».
	g	*gort* « lierre ».
	m	*muin* « ronce ».
	qu	*queirt* « pommier ».
	c	*coll* « coudrier »
	t	*tenne*
	d	*duir* « chêne ».
	h	*huath* « aubépine »
	n	*nion* « frêne de Plaine ».
	s	*sail* « saule ».
	f	*fern* « aulne ».
	l	*luis* « frêne de Montagne ».
	b	*beith* « bouleau ».

Fig. 13.

La plupart des indications qui suivent sont empruntées aux remarquables ouvrages de MM. Guénin père et fils.

L'histoire de la sténographie débute avec Xénophon, qui recueillit à l'aide de signes abréviatifs les entretiens de Socrate. Plus tard Tiron, esclave et factotum de l'orateur Cicéron, dont il devint l'affranchi et le confident inventa les notes, dites *tironiennes*, grâce auxquelles nous possé-

dons les *Lettres de saint Augustin,* recueillies par les Béné-
dictins et qui étaient encore très employées vers le ${ix}^e$
siècle, disparurent vers le ${xi}^e$ siècle avec le latin, qui cessait
d'être une langue usuelle.

Il faut passer à l'année 1588 pour rencontrer le premier
traité d'abréviation moderne, qui fut publié en Angleterre
par le ${D}^r$ Timothy Bright. Depuis cette époque, l'étude de
la sténographie fut cultivée en Angleterre. Citons le traité
de Shelton, qui eut une grande vogue ; paru en 1620, il donna
lieu, en 1660, à une tentative d'adaptation au français. En
1672 parut le traité de William Mason, intitulé : *A Pen,
plucked from an Eagle's wing; or the most swift, compendious,
and speedy method of short writing,* qui fut réédité, à plusieurs
reprises, par l'auteur et en dernier lieu, en 1740, par
M. Thomas Gurney qui fut nommé alors sténographe près
les Chambres du Parlement, situation qui est restée depuis
cette époque dans sa famille.

En Allemagne, où l'on ne s'est guère occupé de sténographie que depuis 1820, les auteurs les plus connus, sont
Stolze, Gabelsberger et Léopold Arends.

En 1834, Gabelsberger imagina d'employer des mouvements analogues à ceux de l'écriture cursive pour former
les signes de sa sténographie. — Depuis cette époque tous les
systèmes de sténographie allemands dérivent du système de
Gabelsberger, et conservent même une partie de ses signes.

Vers 1898, Scheithauer a perfectionné ce système en utilisant les déformations spontanées des écritures rapides,
pour donner à ceux des sons dont la confusion est sans
grand inconvénient les signes qui, par déformation, ont
tendance à devenir pareils.

En France, la sténographie était à peu près inconnue à la
fin du ${xviii}^e$ siècle. La tentative la plus heureuse en cette
matière fut faite par Coulon de Thévenot qui présenta en
1787 à l'Académie des Sciences un système d'écriture
par syllabes détachées, publié sous le nom de *Tachi-
graphie.* En 1792, Th.-Pierre Bertin adapta au français,
et publia chez Didot la méthode de l'Anglais Samuel
Taylor, encore naguère pratiquée par M. Grosselin, chef du
service sténographique de la Chambre des députés. La sténographie des débats parlementaires n'apparut cependant en
France qu'en 1830, époque où le *Moniteur universel* employa

un ou deux sténographes : le service parlementaire, tel qu'il existe aujourd'hui, date de 1848.

Cependant, dès 1813, Conen de Prépéan, avait publié la première édition de son traité, sous le titre *Sténographie exacte, ou l'art d'écrire aussi vite qu'on parle.*

Cette sténographie, dont le succès est attesté par cinq éditions qui parurent de 1813 à 1825, procédait directement de la méthode anglaise de Taylor, et c'est d'elle que découle la méthode d'Aimé Pâris qui, depuis, presque sans altération, a reçu le parrainage de l'abbé Duployé.

« Parmi les nombreux praticiens formés par le système de Conen de Prépéan, — dit M. Guénin — il en est un qui mérite de retenir quelques instants l'attention du lecteur, c'est Aimé Pâris, l'auteur du célèbre cours de mnémotechnie, l'élève de Galin, l'associé de Chevé pour la publication et la propagation de la musique chiffrée. Esprit méthodique et rigoureux, il a réduit aux règles les plus simples l'alphabet de Conen de Prépéan, sans modifier toutefois la partie essentielle de son système, les éléments d'abréviation, et la méthode est souvent, à tort selon nous, désignée par son nom...

« Aimé Pâris est né à Quimper le 19 juin 1798, et a fait ses premières études au collège de Laon. Il se préparait pour les examens de l'Ecole polytechnique lorsque les événements de 1814 ramenèrent sa famille à Paris. Il servit pendant quelques mois de commis à son père, employé à l'administration des contributions indirectes, puis il suivit pendant deux ans les classes de rhétorique au collège Charlemagne. Il fit ensuite son droit à l'école de Paris et fut reçu avocat en 1820.

« Une aventure assez originale lui fit quitter le barreau, pour lequel d'ailleurs il n'avait pas une vocation bien accentuée. A grand renfort d'arguments et d'effets oratoires, il avait fait acquitter un voleur en police correctionnelle. Cet heureux client alla le remercier chez lui. Quelques instants après son départ, l'avocat voulant sortir, chercha son chapeau, qu'il avait accroché dans l'antichambre. Le chapeau avait disparu : à sa place se trouvait une affreuse loque, la casquette du reconnaissant visiteur. L'idée d'avoir fait acquitter un si parfait honnête homme dégoûta Aimé Pâris du métier parfois ingrat de défenseur de la veuve et de l'orphelin ; il ne plaida plus.

« Se trouvant à Calais en 1815, il avait reçu d'un M. Bougleux, attaché comme son père aux contributions indirectes, quelques leçons de sténographie, système Taylor, traduit par Bertin, mais il l'avait laissé de côté lorsque Conen de Prépéan avait publié sa méthode, et celle-ci, en 1820, lui était devenue assez familière pour qu'il acceptât l'emploi de sténographe du *Courrier français*. Attaché à ce titre pendant deux ans au

Courrier, il passa ensuite au *Constitutionnel*, où il resta cinq ans chargé du compte rendu des sessions parlementaires.

« Au commencement de 1821, il suivit les cours de musique de Galin, dont il devint bientôt le disciple favori, et sur les indications duquel il étudia les ouvrages de Destutt de Tracy et de Lemare. En lisant, dans un des livres de ce dernier, l'éloge de Grégoire de Fénaigle, il se souvint qu'Andrieux, dans un de ses cours, avait signalé les procédés mnémotechniques de ce professeur comme dignes d'examen. Il étudia la théorie de Fénaigle ; puis à sa numération, basée sur les conventions orthographiques et sur une classification vicieuse des lettres de l'alphabet, il substitua la décomposition des mots en articulations et, par ce fait seul, la face de la science fut entièrement changée. Il mit bientôt ses moyens en action, et les résultats dépassèrent son attente. Nommé en 1822 professeur à l'Athénée royal de Paris, il ouvrit des cours publics dont le succès le détermina à parcourir la France dans l'intervalle des sessions et à faire dans les grandes villes des conférences sur la mnémotechnie et la sténographie. Il avait déjà reçu un accueil empressé à Lyon et à Rouen, lorsqu'il se rendit à Nantes. Son cours y était très suivi, quand le préfet du département, M. Brochet de Verigny, le fit fermer brutalement, donnant pour motif que les points de repère, lithographiés, contenaient des allusions malveillantes pour le gouvernement de Louis XVIII. Vainement, Aimé Pâris lui fit remarquer que ces emblèmes étaient dus à Fénaigle qui les avait imaginés et publiés en 1808, à une époque où personne ne songeait à une restauration ; le préfet tint bon et soutint que Fénaigle, ayant imaginé pour le numéro 15 un pauvre diable empalé, pour le numéro 16 un enfant faisant monter et descendre un jouet qu'on nomme l'émigrant, et pour le numéro 17 un larron à une potence, avait voulu dire que les émigrés devaient être empalés ou tout au moins pendus. Aimé Pâris revint à Paris, mais ses démarches pour obtenir justice du préfet de Nantes aboutirent à un résultat singulier. Le ministère Corbière, Villèle et Peyronnet non seulement maintint la mesure prise contre le sténographe d'un journal de l'opposition beaucoup plus que contre le professeur de mnémotchnie, mais il l'étendit à toute la France. L'interdiction ne fut levée qu'en 1828 par M. de Vatimesnil, sous le ministère Martignac. Dans l'intervalle, Aimé Pâris dut aller faire ses cours en Belgique, en Hollande et en Suisse.

Vers 1835, il délaissa quelque peu mnémotechnie et sténographie pour se consacrer plus complètement à l'enseignement du système musical de Galin, qu'il perfectionna beaucoup, et engagea, pour sa propagation, des luttes ardentes qu'il soutint seul jusqu'au mariage de sa sœur Nanine avec Émile Chevé. Cours gratuits en grand nombre, polémique incessante et parfois d'une violence extrême, voyages continuels, composition d'ouvrages didactiques, fabrication d'ap-

pareils d'enseignement, correspondance énorme, rien ne l'a
fatigué ou refroidi un seul instant.

Recueilli par M. et Mme Chevé depuis 1859, Aimé Pâris vécut
chez eux, à peu près dénué de toutes ressources personnelles ;
ses cours de mnémotechnie et de sténographie avaient pourtant été productifs ; en 1831, par exemple, ils lui rapportèrent,
dans onze villes différentes, la somme totale de 33,620 francs.

La propagation des doctrines galinistes avait peu à peu
englouti toutes les ressources de M. Pâris. Son corps avait
vieilli avant l'âge, mais sa vigueur intellectuelle était restée
intacte, et il continuait à travailler chaque jour, ou plutôt
chaque nuit, jusqu'à trois heures du matin, afin, disait-il, de
n'être pas dérangé par les visites. Sa tête continuait à être
remplie de projets ; il voulait faire une histoire de la Société
chorale d'Emile Chevé, un dictionnaire mnémotechnique, et
d'autres ouvrages de longue haleine. Mais son imagination exu-
bérante l'entraînait sans cesse sur la voie de nouvelles inventions, qui venaient ajourner ses beaux projets. Ces inventions
avaient d'ailleurs toujours pour objet la démonstration facile
ou la simplification de vérités scientifiques. Malgré toutes les
déceptions, il n'abandonna jamais le but éducatif, moralisa-
teur de son œuvre. C'est ainsi qu'ayant commencé à s'occuper
dès son jeune âge, dans une brochure devenue introuvable, de
l'éducation des femmes comme préparation à celle des hommes,
il finit, devenu vieux, par un cours de musique aux prison-
nières des Madelonnettes, qui y puisèrent des sentiments de
régénération.

Atteint le 17 novembre 1866 d'une congestion des poumons
et du cœur, il garda la chambre et n'en continua pas moins
ses cours, rue Visconti, 18, à son domicile, c'est-à-dire chez
sa sœur, veuve d'Emile Chevé. Dans la nuit du 23 au 24, il
fut frappé d'une violente attaque, et ne quitta plus le lit. Il
expira sans agonie, le 29 novembre 1866, à midi et demi. Il
était âgé de 68 ans et quelques mois. Il est mort pauvre, ayant
vécu péniblement avec sa sœur du maigre produit de quelques leçons et d'une pension annuelle de 1,200 francs accordée
par le ministère de la maison de l'empereur à la veuve d'Emile
Chevé.

Aimé Pâris repose aujourd'hui à côté de M. et Mme Emile
Chevé, sous le monument de granit qu'une souscription populaire leur a élevé au Père-Lachaise, à côté de la chapelle.

Si j'ai reproduit cette biographie, c'est pour mieux attirer l'attention, non seulement sur la sténographie Aimé
Pâris, dont il sera question tout à l'heure, mais aussi sur
la notation musicale Galin-Pâris-Chevé, qui sera exposée
dans l'article suivant. Je suis un des rares survivants, parmi
ceux qui ont eu le bonheur d'approcher Aimé Pâris. Comme
l'a dit Francisque Sarcey, c'était un des hommes les plus

extraordinaires que nous eussions connu. Sa *Mnémotechnie,*
dont j'ai parlé dans mon petit livre : « Entre aveugles », est
un instrument d'une ingéniosité ainsi que d'une puissance
remarquables. C'est, suivant son expression, un levier qui,
multipliant la force de la mémoire, permet à ceux qui l'ont
mauvaise de retenir beaucoup et à ceux qui sont mieux
doués sous ce rapport, d'emmagasiner, comme l'avait fait le
Maître, une somme de connaissances numériques tout à fait
fantastique. Il m'est doux de rendre ici un hommage reconnaissant à l'homme à la fois ingénieux et bon, qui, par son
exemple plus encore que par ses paroles, nous enseignait à
chercher constamment le moyen d'arriver par le MOINDRE
EFFORT au rendement maximum de nos aptitudes dans l'intérêt d'autrui.

Revenons à la sténographie.

On peut ranger les systèmes sténographiques en deux catégories : les sténographies purement professionnelles et
les sténographies usuelles.

Les premières, dont le principal type français est la Prévost-Delaunay (1), présentent, dès le début, des difficultés
considérables et leur étude demande beaucoup de temps.
Ce ne serait pas une raison suffisante pour les rejeter, car
pourquoi la profession de sténographe devrait-elle exiger
un apprentissage moins long que n'importe quel métier
manuel ?

Dans la seconde catégorie, je rangerai les sténographies
qui comportent des échelons successifs. L'élève commence
par une sténographie *élémentaire,* laquelle est une phonographie, pour passer, au moyen d'abréviations simples, à
une sténographie plus rapide, dite *commerciale,* laquelle se
transforme finalement en sténographie rapide, dite parlementaire.

Quelle que soit la méthode adoptée, forcément sujette à
déformation, les défauts résultant de la vitesse de l'exécution,
ont toujours pour effet de rendre la sténographie très peu
lisible, si bien que les sténographes se hâtent de transcrire
leur écriture en clair et que s'ils arrivent encore à se relire,

(1) H. Prévost perfectionna en 1826 le système de Bertin et l'employa
pendant 40 ans comme sténographe parlementaire. Le système a été
lui-même perfectionné, vers 1876, par A. Delaunay, ancien sténographe
du Sénat.

ils n'arrivent guère à lire les notes sténographiques prises par
leurs collègues. C'est ce que le romancier anglais Ch. Dickens
a exposé, par un exemple pris sur le vif, dans son roman de
David Copperfield, dont le héros raconte sa mésaventure
sténographique avec d'autant plus de verve que l'histoire est
vraie et que c'est à Dickens lui-même que la chose est arrivée.

Il est évident que, par surcroît de malheur, Dickens avait
appris une sténographie purement professionnelle ; voici
son récit :

« J'achetai un traité de ce noble et mystérieux art de la sténographie ; il me coûta bien treize francs ; et je me plongeai
dans un océan de difficultés qui, au bout de quelques semaines, m'avaient rendu presque fou. Tous les changements
que pouvait apporter un de ces petits accents qui, placés d'une
façon, signifiaient telle chose et tracés d'une autre, avaient une
signification différente, tous ces caprices merveilleux figurés
par des cercles, les conséquences énormes résultant d'une
marque grosse comme une patte de mouche, les terribles
effets d'une courbe mal placée, non seulement me troublaient
pendant mes heures de travail, mais encore revenaient m'as-
siéger en rêve pendant mon sommeil. Lorsque je fus enfin
parvenu à trouver ma voie au milieu de toutes ces difficultés
et à savoir l'alphabet qui était à lui seul un temple d'hiéroglyphes égyptiens, je vis apparaître une procession de nouvelles horreurs appelées caractères arbitraires, les plus des-
potiques caractères que j'aie jamais vus : ils exigeaient absolument qu'une ligne plus fine qu'une toile d'araignée signifiât
expectation, et qu'une espèce de chandelle romaine se traduisît
par *disadvantageous* (1).

« Au fur et à mesure que j'avais fixé ces signes dans ma
mémoire, je m'apercevais que j'avais oublié mon commencement ; je le rapprenais donc, et alors j'oubliais le reste ; si je
cherchais à le retrouver, c'était aux dépens de quelque autre
partie de la méthode qui m'échappait.

« Au bout de trois ou quatre mois, je me crus en état de
tenter une épreuve sur un de nos bavards orateurs du tribunal. Je n'oublierai jamais comment, pour ce début, mon
homme s'était déjà rassis avant que j'eusse seulement commencé, laissant mon crayon imbécile se trémousser sur le
papier comme s'il avait des convulsions.

« Cela ne pouvait pas aller, c'était tout à fait évident ; j'avais
visé trop haut, il fallait en rabattre. Je revins à Traddles et
lui demandai conseil ; il me proposa de me dicter des discours, tout doucement, en s'arrêtant de temps en temps de

---

(1) Les anciennes méthodes anglaises, notamment celle de Mason, à
laquelle Dickens fait allusion, contenaient des centaines de signes arbitraires.

manière à me permettre de le suivre. Très reconnaissant de
son aide amicale, j'acceptai la proposition et tous les soirs,
pendant bien longtemps, nous eûmes, dans Buckingham Street,
une sorte de parlement privé, lorsqu'ayant quitté mon bureau
j'étais revenu à la maison. Il fallait voir quel singulier parlement nous avions là. Ma tante et M. Dick représentaient le
gouvernement ou l'opposition suivant le cas, et Traddles,
avec l'assistance d'un recueil de discours ou d'un volume des
discussions parlementaires, les foudroyait de ses invectives.
Debout, près de la table, avec le doigt sur la page pour marquer la place, et son bras droit gesticulant au-dessus de sa
tête, Traddles, imitant M. Pitt, M. Fox, M. Sheridan, M. Burke,
lord Castlereagh, le vicomte Sidmouth ou M. Canning, se
livrait aux plus violentes colères et prononçait de mortelles
dénonciations contre la scélératesse et la corruption de ma
tante et de M. Dick, pendant qu'assis à peu de distance, mon
cahier de notes sur le genou, je m'efforçais de le suivre de
mon mieux. Jamais l'inconstance et la versatilité de Traddles
n'ont été dépassées par aucun politicien; dans le courant
d'une semaine, il avait été de tous les partis !

« Bien souvent nous poursuivions nos débats jusqu'à ce que
la pendule sonnât minuit et que les bougies fussent à bout.
Le résultat d'une pratique si assidue fut que je finis par suivre
assez bien Traddles, et j'aurais été tout à fait triomphant si
j'avais eu la moindre idée de ce que signifiaient mes notes.
Loin de pouvoir en rétablir le sens, c'était comme si j'avais
copié ces inscriptions chinoises que l'on voit sur les caisses à
thé, ou les lettres d'or qui ornent les grandes fioles rouges et
vertes dans les boutiques des pharmaciens. Il fallait tout re-
commencer. C'était dur, mais en dépit de mon ennui, je par-
courus de nouveau laborieusement et méthodiquement tout
le chemin que j'avais déjà fait, m'arrêtant pour examiner
minutieusement le plus petit signe et faisant des efforts déses-
pérés pour traduire ces caractères perfides.

« ... Il ne m'appartient pas de raconter avec quelle ardeur
je m'appliquai à faire des progrès dans tous les menus détails
de l'art sténographique. J'ajouterai seulement à ce que j'ai
déjà dit de ma persévérance et de la patiente énergie qui
commençait dès lors à devenir le fond de mon caractère, que
c'est à ces qualités surtout que j'ai dû plus tard le bonheur
de réussir. J'ai été très heureux dans tout ce que j'ai entre-
pris; beaucoup d'hommes ont travaillé davantage et n'ont pas
réussi de moitié aussi bien, mais je n'ai jamais rien fait sans
être bien décidé à consacrer tous mes efforts à l'étude que je
commençais. »

Si j'ai reproduit ce long récit, c'est pour bien marquer
les difficultés inhérentes aux sténographies professionnelles,
et pour justifier ma prédilection pour la méthode Aimé
Pâris. Elle lutte de vitesse avec celle de Prévost-Delaunay

et elle a l'immense supériorité d'être beaucoup plus facile à apprendre. Elle est applicable à toutes les langues européennes.

L'abbé Duployé, dont la méthode est plus généralement connue, n'a guère fait que modifier les signes graphiques d'Aimé Pâris, si bien que, sauf pour l'aspect des signes, les sténographies élémentaires Aimé Pâris et Duployé sont à peu près identiques.

Tandis que les groupes Duployé ont formé des milliers d'élèves, les adeptes de la méthode Aimé Pâris se sont exercés les uns les autres, pour ainsi dire dans l'intimité, ce qui ne les a pas empêchés d'avoir un grand nombre de candidats admis dans les concours par lesquels se recrutent les grands services parlementaires.

A la base de la sténographie, on rencontre deux éléments : le graphisme et le système des abréviations.

Le graphisme consiste à remplacer les lettres usuelles par des signes plus simples, et l'illustre Conen de Prépéan a fait choix de lignes droites et courbes diversement inclinées, pour représenter les consonnes, et de petites lignes courbes pour écrire les voyelles. Mais comme le nombre des positions possibles des lignes était inférieur aux besoins, il a fait une classification des consonnes et des voyelles en principales et secondaires.

Prenons par exemple les consonnes dures :

te, che, ke, fe, pe et *se.*

Elles ont pour analogues les douces :

de, je, gue, ve, be et *ze.*

Dans Conen de Prépéan, ces dernières six consonnes sont représentées par les mêmes traits que les six premières. Elles s'en différencient par un petit trait transversal surajouté, qui porte le nom de *sécante*, et qui, exigeant une levée du crayon, ralentit considérablement l'écriture. Dans la rapidité, le sténographe supprime les sécantes, ce qui ne nuit guère à la lisibilité, car, en gros, la sténographie s'écarte de la phonographie en exprimant des mots estropiés par des vices de prononciation ; au lieu, par exemple, de : « Dites bonjour à Jean », le sténographe aura écrit : « Tites ponchour à Chan ».

Il existe aussi, dans la sténographie élémentaire, pour représenter les sons nasalés, tels que *an*, *in*, etc., des signes modificateurs des voyelles, jouant un rôle analogue aux sécantes, et qu'on supprime dans la sténographie rapide.

La rapidité de la sténographie provient de ce qu'elle ne reproduit que les sons et en supprime même une partie, ce qui diminue le nombre des signes et, d'autre part, de ce qu'elle remplace les lettres usuelles par des caractères plus simples. L'orthographe purement phonétique ne donne pas lieu à plus d'incertitude.

Voici le tableau des voyelles et des consonnes :

VOYELLES SIMPLES.

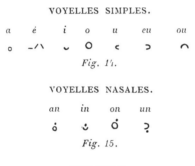

Fig. 14.

VOYELLES NASALES.

Fig. 15.

CONSONNES.

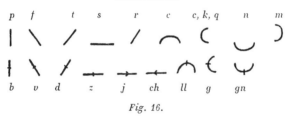

Fig. 16.

On remarque comment les signes qui expriment les voyelles nasales et les consonnes douces dérivent respectivement de ceux qui représentent les voyelles simples et les consonnes dures. Appliquons les règles de la sténographie élémentaire, à la phrase suivante de Pascal : « L'homme n'est qu'un roseau, le plus faible de la nature ; mais c'est un roseau pensant ; il ne faut pas que l'univers entier s'arme pour l'écraser, une vapeur, une goutte d'eau, suffit pour le tuer ; mais quand

l'univers l'écraserait, l'homme serait encore plus noble que ce
qui le tue, parce qu'il saït qu'il meurt ; et l'avantage que l'univers a sur lui, l'univers n'en sait rien ». Cette phrase s'écrira :

« Lom né *cun* rozo lé plu fébl d la natur nısé *un* rozo *pan-*
san ; il n fo pa c luniver *antié* sarm *pour* lécrazé un *vapeur* un
gout do sufi *pour* l tué mé *can* luniver lécrazré lom sré *an* cor
plu nobl c s ci l tu pars cil sé cil *meur* é *lavantaj* c luniver a
sur lui l'univer *nan* sé *rien* ».

En comptant le nombre de lettres composant les deux textes qui précèdent, on remarquera qu'il s'en trouve 285 dans
le premier et 194 dans le second ; les voyelles nasales comptant chacune pour une seule lettre, on gagne déjà de cette
manière plus d'un tiers sur l'écriture usuelle.

A cause de la simplicité des signes, on gagne un deuxième
tiers, si bien que la sténographie qu'on vient d'exposer, de
la *phonétique exacte* ou *élémentaire*, permet d'écrire trois fois
plus vite que l'écriture ordinaire.

Ainsi qu'on le verra plus loin, au chapitre XIV consacré à
la rapidité de l'écriture et de la lecture, ce n'est pas seulement trois fois, mais huit fois, la rapidité de l'écriture que doit
obtenir le sténographe professionnel.

Une nouvelle augmentation de vitesse est obtenue par la
suppression d'un certain nombre de voyelles.

Enfin, et en dernier lieu, des conventions permettent de
remplacer des groupes de sons ou des mots entiers par des
signes conventionnels ou sigles.

Il va sans dire que cette phonographie est loin de donner
toutes les nuances de prononciation ; par exemple, il n'est
fait aucune différence entre l'*o* et *ò*. Si je suis bien informé,
d'après les travaux de M. Passy, un tableau phonographique
complet comporterait plus de cent cinquante signes.

Je transcris ici de nouveau, à l'ordre près, les articulations d'Aimé Pâris telles qu'il les a combinées pour le français, en mettant les dérivés sous sa ligne type. Je transcris
au-dessous les récapitulations analogues dressées pour plusieurs langues par les élèves d'Aimé Pâris.

Cela donne le tableau suivant :

Tableau de la sténographie Aimé Pâris.

Français.

te	ne	me re	le	se	ke	fe	pe	a	é	i	o	ou	u	eu
de	gne		lle	ze	gue	ve	be	an	in		on			un
			che											
			je											

Allemand (1).

te	ne	me re	le	se	ke	fe	pe	a	é	i	o	ou	u	eu
de	gue		lle	ze	gue	ve	be	ang	ing	ong	oung			
			che											

Anglais (2).

te	ne	me re	le	se	ke	fe	pe	a	é	i	o	ou	eu
de				ze	gue	ve	be						ung
			che										
			je										

Italien (3).

te	ne	me re	le	se	ke	fe	pe	a	é	i	o	ou
de	gne		gl	tche	gue	ve	be					

Pour l'*esperanto,* la sténographie est plus difficilement applicable, en ce sens que les abréviations sténographiques présupposent chez le lecteur une connaissance imperturbable de la langue, dont il faut rétablir la prononciation malgré les mutilations que comporte la sténographie rapide.

(1). Le disciple d'Aimé Pâris introduit en allemand un signe supplémentaire pour l'*h* aspiré. — Liste des mots allemands pour préciser les prononciations ci-dessus : *T*asse, *d*ie ; *n*ein ; *M*utter ; *R*abe ; *L*and ; *d*as, *s*o ; *K*ind, *g*eben, i*ch*;*V*ater, *W*asser ; *P*apier, *B*irne ; *a*rm, *l*a*ng* ; *L*eben; *T*itel, Hä*r*i*ng* ; *O*hr, *O*n*k*el ; *d*u, *Z*eitu*ng* ; *K*ühe ; *b*oese.
(2). Liste des mots anglais pour préciser la prononciation ci-dessus : *T*ie, *d*o, *th*ink ; *n*eat ; *m*eal ; *v*ery ; *l*ead ; *s*o, *e*a*s*y, *sh*e, plea*s*ure ; *c*an, *g*ive ; *f*ee, ha*v*e ; *p*an, *b*ear ; la*st*, *br*ea*d* ; *p*eople ; *d*oor ; proo*f*.
(3). Liste des mots italiens pour préciser la prononciation ci-dessus : *T*avola, *d*anza ; *n*iente, monta*gn*a ; *m*adre ; *c*arta ; *l*ingua, fi*gli*o ; *s*icuro, *sc*ena ; *c*apello, *g*ola ; *f*ratello, *v*acca ; *p*adre, *b*ambino ; *c*ara ; *ch*e ; i*r*a *s*ole ; *ch*iuso.

La nouvelle langue auxiliaire l'*esperanto* est en effet trop récente pour être tout à fait familière même à ses adeptes les plus convaincus.

L'adoption d'une même sténographie phonétique pour plusieurs langues présente cette qualité précieuse que l'étudiant, livré à lui-même, lorsqu'il aura appris une langue étrangère, ne tombera pas dans les bizarreries de prononciation qui font dire à un Français *Sakespéare* au lieu de *Chékspir, Jentleman ridé* pour *Djentlemène raïdère*, ou qui conduisent un Anglais, comme je l'ai entendu, à prononcer : *Honaï soït coui mel aï pennce*, au lieu de la devise *Honni soit qui mal y pense*.

Puisque chaque sténographe ne lit guère que sa propre sténographie, l'utilité d'une sténographie internationale est contestable, et on a vu que, née en Angleterre, la sténographie a subi des altérations multiples à mesure qu'elle s'éloignait de son berceau. En effet, dans les différentes langues, les lettres sont loin de se présenter avec la même fréquence et surtout les groupements de lettres usuels ne se ressemblent guère. L'évolution de la sténographie conduit à la diversité, car ici la question de rapidité prime toutes les autres.

Dans un ordre d'idées analogue, c'est encore l'Anglo-Saxon qui a créé l'alphabet télégraphique Morse, lequel, à cause des relations internationales, n'a pas évolué, si bien que, dans tous les pays, la correspondance télégraphique intérieure est ralentie par ce fait que, dans le Morse, les signes les plus courts expriment les lettres les plus fréquentes en Anglais, par exemple le *W*.

*
* *

C'est encore au besoin d'agir vite, plus développé chez l'Anglo-Saxon, que nous devons la machine à écrire, dont, jusqu'à ces derniers temps, le clavier était disposé de la manière la plus favorable pour écrire vite en anglais. Faut-il regretter les changements qui, nuisibles à l'uniformité de construction des machines, ont conduit à mieux l'adapter aux besoins locaux ?

On excusera peut-être cette digression en remarquant que la dactylographie est devenue le complément habituel de la sténographie.

Il n'est d'ailleurs pas possible de passer ici sous silence l'imminence de la substitution partielle du machinisme à la sténographie, substitution désirable à cause de la mauvaise lisibilité de la meilleure sténographie à la main.

De nombreux inventeurs se sont efforcés de combiner des machines à sténographier, dont l'avantage principal serait de fournir un texte lisible pour tous les adeptes du système employé. Le type est invariablement constitué, pour l'opérateur, par un clavier dont les touches fournissent, par leur action successive ou simultanée, un nombre considérable de combinaisons. La machine la plus récente, de M. Lafaurie, travaille à peu près silencieusement et paraît sortir de l'ère des tâtonnements. Il est probable que les machines à écrire, les phonographes perfectionnés, réduiront beaucoup l'usage de l'écriture sténographique à la main.

Mais, de même que la machine à coudre a laissé subsister la couture à l'aiguille, pour certains ouvrages où la rapidité n'est pas le principal *desideratum*, la sténographie manuelle subsistera et prendra d'autant plus d'extension que, n'étant plus usitée pour les grandes vitesses, sa réforme devra consister en un retour aux méthodes simples et logiques et fondées sur la phonographie.

En construisant des machines sténographiques à clavier, il serait rationnel de tenir compte de la physiologie de la main humaine, qui permet d'abaisser un plus grand nombre de touches grâce aux déplacements latéraux du pouce ; par exemple six touches, dont deux seraient actionnées, soit individuellement, soit simultanément, le pouce agissant dans trois positions, suivant qu'il enfonce à la fois la cinquième et la sixième touche, ou seulement l'une des deux. On obtiendrait ainsi, pour chaque main, 63 signes, précisément le nombre que fournit la cellule rectangulaire employée pour l'écriture en relief par les aveugles. Avec ce doublement de richesse, tout devient facile et, si l'inventeur, ou son continuateur, M. Bivort, persistent dans le système syllabique (retour curieux et ingénieux à l'état qui a précédé l'alphabet phénicien), il leur restera, pour les abréviations arbitraires, un stock où les professionnels n'auront qu'à puiser.

Il est donc démontré dès à présent que d'une part, la ma-

chine dispose d'une variété de signes bien plus considérable que le crayon, et que, d'autre part, permettant d'utiliser les deux mains, elle est destinée, par sa rapidité, à
faire disparaître la sténographie professionnelle.

*
* *

Si le rôle principal de la sténographie est d'accélérer l'écriture, là ne se borne pas son utilité comme moyen de gagner
du temps; on va voir en effet que la sténographie peut
rendre plus rapide le premier enseignement de la lecture et
de l'orthographe.

On voit que la sténographie élémentaire est une phonographie fondée sur ce principe : « A chaque son correspond
un signe, toujours le même ». On conçoit donc que, pour
les enfants et, en général, pour les illettrés, la sténographie
élémentaire est bien plus facile à apprendre que l'écriture
ordinaire, et l'on comprend, d'autre part, que ceux qui ont
appris cette sténographie avec ses signes tels que les sécantes, — l'eussent-ils laissée de côté pendant leurs études d'orthographe et de grammaire, — n'auront pas un bien grand
effort à faire quand ils voudront, par la suppression des sécantes et l'emploi de signes additionnels, acquérir la pratique d'une sténographie rapide.

Ce que je viens de dire n'est pas une simple vue de
l'esprit.

M. Paul Robin, l'éminent pédagogue, alors qu'il était
directeur de l'orphelinat Prévost, à Cempuis, a trouvé très
avantageux d'enseigner aux enfants la sténographie Aimé
Pâris avant la lecture et l'écriture ordinaires. D'après son
expérience, cette sténographie logique et simple était apprise
par les jeunes enfants avec une merveilleuse rapidité. Elle
servait ensuite d'instrument pour l'étude de l'écriture et de
l'orthographe. Au lieu de faire des dictées, le maître écrivait
au tableau, en sténographie, le texte des devoirs que les
élèves avaient à transcrire en écriture ordinaire, et ce détour apparent, loin d'allonger le temps des premières études,
avait pour conséquence heureuse de l'abréger. C'est comme
pour l'enseignement de la musique, où la lecture sur la
portée est apprise bien plus vite et plus facilement, si elle

est précédée de l'acquisition de la lecture musicale en chiffres, par la méthode Galin-Pâris-Chevé.

M. Robin avait créé pour les jeunes enfants un jeu sténographique de cinq sortes de pièces : fils de cuivre droits de cinq et deux centimètres ; courbés en arcs de cinq et deux centimètres de corde et un rond de un centimètre. L'essai a été non moins probant en Angleterre ; on y eut l'heureuse idée de réunir, dans une même classe, des enfants qui, après plusieurs années d'école, n'étaient parvenus qu'à lire des mots monosyllabiques, et, passant par le détour de la lecture d'une phonographie, on put leur inculquer assez rapidement la lecture de l'anglais.

On verra plus loin, chapitre VI, à propos de la phonétique de Barbier, les grands avantages de l'écriture phonétique pour le premier enseignement de la lecture dans les pays affligés d'une orthographe compliquée.

Il est présumable que, dans sa jeunesse, Aimé Pâris a eu connaissance des travaux de Barbier, car la similitude de certaines idées de ces deux hommes éminents ne peut guère être le résultat du hasard.

CHAPITRE V.

ÉVOLUTION DE L'ÉCRITURE MUSICALE.

Le temps et les moyens me manquent pour rechercher les origines de l'Ecriture musicale dont l'usage est universel. Cette écriture, fondée sur la construction des instruments à archet où les cordes sont accordées de quinte en quinte, est le comble de l'absurdité quand on l'emploie pour le piano et surtout pour la musique vocale. Si l'on veut conserver la portée, il serait raisonnable de prendre, pour le piano, la double portée de trois lignes du célèbre général de Reffye, où, chaque portée recevant sept notes, on écrit, sans lignes supplémentaires, deux octaves pour chacune des mains. Il en résulte la suppression des clefs et, pour les commençants, une facilité de lecture incomparable.

Deux portées de trois lignes chacune pour la main gauche donnent deux octaves dont l'écriture est identique *(Fig. 17)*, et il en est de même pour la main droite.

Fig. 17.

La routine de l'écriture musicale a résisté aux efforts de J.-J. Rousseau, de Galin, de Pâris, de Chevé et de leurs successeurs.

Pour la musique vocale, J.-J. Rousseau avait proposé une notation modale, c'est-à-dire que le même signe était constamment employé pour désigner la même fonction dans la gamme, le chiffre 1, par exemple, représentant toujours la tonique, 3 la médiante et 5 la dominante. L'inconvénient de ce système est de ne pas donner un aspect synoptique, inconvénient réel, quand il s'agit de lire simultanément plusieurs parties.

Pour la musique vocale et surtout pour son enseignement populaire, les avantages du système Galin-Pâris-Chevé l'ont fait adopter avec le plus grand succès, partout ailleurs que dans son pays d'origine.

La figuration des durées, telle qu'elle est employée par la méthode Galin-Pâris-Chevé, n'a pas été sans influence en ce qui concerne les améliorations que l'écriture sur la portée a subies depuis bientôt un siècle.

L'écriture chiffrée de la musique a servi de point de départ à la musicographie Braille employée par les aveugles.

Dans l'introduction dont les continuateurs modestes et anonymes de Rousseau, Galin, Pâris et Chevé ont fait précéder leur ouvrage : *L'instituteur et l'élève musiciens,* ils s'expriment ainsi (1) :

> Nos maîtres vénérés, Jean-Jacques Rousseau, Pierre Galin, Aimé Pâris, Nanine Chevé, ont débrouillé le chaos introduit petit à petit dans le système assez rationnel des maîtres musiciens du moyen âge ; ils ont fait de la langue et de la notation musicales un idéal de perfection logique, de son enseignement une splendeur pédagogique qui n'est atteinte dans aucune autre branche et qui devrait être imitée dans toutes.

Voici quelques indications sommaires sur la notation Galin-Pâris-Chevé :

Principe. — Chaque idée est toujours représentée par le même signe clair et précis. Le même signe représente toujours la même idée.

I. Intonation. — La *série des sept sons de la gamme* est représentée par les *sept premiers chiffres.* On ajoute un point au-dessus des chiffres pour l'octave supérieur, au-dessous pour l'octave inférieur.

Sons graves   Sons du médium   Sons aigus

1 2 3 4 5 6 7   1 2 3 4 5 6 7   1 2 3 4 5 6 7

On les nomme :   *ut* ou *do, ré, mi, fa, sol, la, si*

Fig. 18.

(1) *L'instituteur et l'élève musiciens,* cours préparatoire en 12 clefs, précédé d'une instruction générale, prix : broché in-8, 0 fr. 50 ; cartonné, 0 fr. 75, 3ᵉ édition, Lefargue et Cⁱᵉ, 25, rue de Lille, Paris, et 46, rue de la Madeleine, Bruxelles.

Pour le bémol, le chiffre est barré dans le sens de l'accent grave.

Pour le dièse, le chiffre est barré dans le sens de l'accent aigu.

Sons bémols   Sons dièses

Ils se nomment :   leu, reu, meu, feu, jeu, leu, seu.   tè, rè, mè, fè, jè, lè, sè.

Fig. 19.

II. **Durée.** — Le chiffre représente le degré de la gamme.
Le gros point placé après un chiffre marque la prolongation.
Le zéro est le signe du silence.
Tout signe isolé représente une unité de temps.

Ex. : | I . 0 3 |

Fig. 20.

Tout groupe de signes sous un trait horizontal représente un temps :

division binaire : | 3 ; ternaire | 3 5 ; bino-binaire | 3 5 6 ; etc.

Fig. 21.

III. **Le ton.** — *L'écriture est la même pour tous les tons.* Le *ton* est marqué en tête du morceau. *Quand on veut chanter, on prend à l'aide du diapason* (ou d'un instrument quelconque) *le point de départ du ton* indiqué et l'on applique à ce ton le nom d'*ut* ou *do*, *premier degré du mode.* Tous les autres sons ont la hauteur relative au son du départ.

Spécimen des deux notations, portée et chiffres :

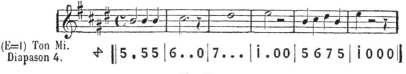

(E=I) Ton Mi.
Diapason 4.   ✢ ‖ 5 . 55 | 6 . . 0 | 7 . . . | i . 00 | 5 6 7 5 | i 0 0 0 ‖

Fig. 22.

Dans cet exemple, sur la portée, on voit le mode travesti par les quatre dièses et, suivant les cas. on trouve un, deux,

JAVAL.   4

trois ou quatre signes pour représenter la durée complète
d'une mesure à quatre temps ; en chiffre, impossible de confondre.

Dès la première page les auteurs citent les deux passages
suivants de J.-J. Rousseau :

« *Théorie des rapports ou le relatif au lieu de l'absolu.* —
Système modal pour l'intonation.

« Comme la musique n'est qu'un enchaînement de sons qui
se font entendre tous ensemble ou successivement, il suffit
que tous ces sons aient des *expressions relatives* qui leur assi-
gnent à chacun la place qu'il doit occuper *par rapport à un certain son fondamental,* pourvu que ce son soit nettement exprimé
et que la *relation* soit facile à connaître. Par cette méthode,
les mêmes noms sont toujours conservés aux mêmes notes,
c'est-à-dire que l'art de solfier toute musique possible consiste précisément à connaître sept caractères uniques et variables qui ne changent jamais ni de nom, ni de position, ce
qui me paraît plus facile que cette multitude d'armures et de
clés, qui, quoique ingénieusement inventées, n'en font pas
moins le supplice des commençants. A l'égard des changements de ton, il n'est question que d'exprimer la première
note de ce changement, de manière à représenter ce qu'elle
doit être dans le ton d'où l'on sort et ce qu'elle est dans celui
où l'on entre, ce que l'on fait par une double note : le premier chiffre représente la même note dans le ton où l'on
entre.

                              « J.-J. ROUSSEAU. »

« *Unification des multiples formes de mesure.*

« Les musiciens reconnaissent *au moins quatorze mesures*
différentes dans la musique, mesures dont la distinction
brouille l'esprit des écoliers pendant un temps indéfini. Or, je
soutiens que tous les mouvements de ces différentes mesures
se réduisent uniquement à deux, savoir : mouvement à deux
temps et mouvement à trois temps, et j'ose défier l'oreille la
plus fine d'en trouver de naturels qu'on ne puisse exprimer
avec toute la précision possible par l'une de ces mesures.

                              « J.-J. ROUSSEAU. »

(Mémoire à l'Académie des Sciences en 1742).

La résistance acharnée, haineuse même, que les musiciens

opposent depuis cent cinquante ans aux apôtres de la Méthode modale, ne provient pas exclusivement de leur esprit antiscientifique. Il leur est pénible d'entendre toutes les gammes chantées sur les mêmes noms : *ut, ré, mi,* etc.

Quand ils entendent, par exemple, chanter un morceau en *sol,* il leur est odieux d'entendre solfier : *ut, ré mi....,* au lieu de *sol, la, si...,* et mon avis est qu'ils ont raison.

Les réformateurs auraient dû laisser les noms usuels des notes pour désigner, comme par le passé, les hauteurs absolues et prendre sept noms nouveaux pour leur solfège modal. C'est ainsi que, par exemple, M. Framery, un des élèves de Chevé, propose les sept articulations : *ta, ra, ma, va, ja, la, sa,* système auquel je reproche seulement l'identité de l'articulation *la* dans les deux langues modale et tonale. Aimé Pâris avait proposé : *To, lu, mé, nou, di, ra, san,* et Pierre Bos : *Ton, ra, mé, fi, do, lu, san.*

C'est l'obstination bretonne des Chevé, se refusant à prendre, pour leur musique modale, une langue nouvelle, qui est la cause de l'insuccès de leur apostolat.

Après avoir, dans la sordide rue Visconti, gravi l'escalier vermoulu, poisseux et sombre de la vieille masure qui abritait la misère des Chevé et où ils avaient recueilli la vieillesse de Pâris, on entrait dans la salle des cours, et tout s'illuminait au prestige de l'éloquence et de la belle figure du maître incomparable, Emile Chevé, apôtre si entraînant, que, parmi ses élèves, beaucoup avaient en lui une confiance illimitée et n'auraient jamais voulu consulter, pour leur santé, un autre que ce médecin de la marine qui avait renoncé à la pratique de l'art médical pour se faire maître à chanter.

Aujourd'hui encore, son fils Amand Chevé, octogénaire, brave les intempéries pour ne pas manquer d'une minute un de ses nombreux cours gratuits.

Tant de talent, tant de génie, tant de dévouement au service d'une cause excellente en théorie et d'une œuvre humanitaire, finiront par conquérir à la réforme de l'enseignement populaire musical les pédagogues du monde entier.

CHAPITRE VI.

ÉVOLUTION DE L'ÉCRITURE EN RELIEF

Les personnes qui voudraient des détails circonstanciés sur l'histoire de l'écriture ponctuée devront lire les deux volumes où M. Pagnerre a récemment traité cette question. Le manuscrit, dont M. Pagnerre a enrichi la bibliothèque Braille, est en abrégé orthographique, et daté de 1902. Il s'en trouve un résumé dans l'annexe du volume publié à la suite du *Congrès international pour l'amélioration du sort des aveugles*, tenu à Bruxelles, en 1902.

L'histoire de Valentin Haüy qui, vers la fin du XVIIIe siècle, enseigna la lecture à quelques aveugles au moyen de lettres ordinaires en relief, est trop connue pour qu'il soit utile de la raconter ici. Il fut le fondateur des Ecoles d'aveugles de Paris et de Saint-Pétersbourg. Peu à peu, dans différents pays, on perfectionna la fabrication de livres estampés, à l'usage des aveugles, notamment en simplifiant la forme des caractères employés. Parmi ces simplifications, la plus célèbre est celle de l'anglais Moon.

En 1820, Prony présentait à l'Académie des Sciences un rapport sur un système d'écriture, inventé par le capitaine Barbier (1). Dès cette époque, Barbier indiquait la supériorité, pour l'aveugle, d'une écriture formée de points saillants. Il produisait cette écriture au moyen d'un poinçon guidé, comme cela se fait encore aujourd'hui, par le contour d'une cellule rectangulaire. Sous le papier, une plaque portait

(1) Guilbeau. *Notice sur Barbier,* journal de Valentin Haüy. Paris, oct. 1891. Rapport de Cuvier et Molard, sur un *Mémoire de Charles Barbier,* brochure in-18 de 24 pages; se trouve à la bibliothèque Braille, 31, avenue de Breteuil, sous le n° 118. Cette brochure renvoie à des rapports faits en 1820 par M. de Prony et en 1823 par M. Lacépède.

Barbier. *Notice sur les salles d'asile, le retour à la simplicité primitive de la théorie alphabétique, l'instruction familière des enfants du premier âge, des aveugles de naissance et des sourds-muets.* Brochure in-8°, Paris, 1834. Cette brochure se trouve également à la bibliothèque Braille et à celle de l'*Institut,* dans un volume de Mélanges de statistique, n° 259.

un rayage dont l'emploi s'est transmis jusqu'à nous, du
moins en France.

Trois ans plus tard, MM. Ampère et Lacépède firent un
nouveau ¯rapport à l'*Institut*. Barbier avait amené deux
aveugles sachant lire par son système. Surpris de l'excellence du résultat, les commissaires firent sortir l'un des
deux aveugles et dictèrent une phrase à l'autre. Aussitôt
rentré, le premier lut sans hésitation la phrase que son
camarade venait de poinçonner. Ainsi l'écriture ponctuée et
les moyens de la tracer régulièrement sont l'œuvre de
Barbier, qui, de plus, avait disposé la plaque rayée de
manière à pouvoir être instantanément déplacée pour que
l'aveugle fût à même de se corriger. Braille lui a d'ailleurs
pleinement rendu justice en terminant la préface d'un de
ses livres par la phrase suivante (1) : « Nous aimerons toujours à répéter que notre reconnaissance appartient à
M. Barbier, qui, le premier, a inventé un procédé d'écriture
au moyen de points, à l'usage des aveugles ».

Au cours des vingt ou vingt-cinq ans qu'il consacra au
perfectionnement de l'écriture en relief, Barbier paraît avoir
modifié à plusieurs reprises la disposition de ses points
saillants avant d'aboutir à la cellule rectangulaire pouvant
recevoir six points. Dans une brochure qui se trouve à la
bibliothèque Braille, sous la cote 110f du catalogue, on
trouve l'explication détaillée de la fabrication des tablettes
de Barbier mises à la portée des aveugles (2). J'indique-
rai d'abord l'une de ses notations ponctuées, d'après un
tableau et un volume appartenant à la collection de M. Boissicat, économe à l'Institution nationale de Paris. L'impression en relief est parfaite et on va voir que, dans ce système,
un illettré peut apprendre à lire en quelques heures. La
pierre angulaire du système est le tableau en noir suivant,
qu'il faut apprendre par cœur, ligne par ligne. Ce travail de
mémoire, le seul exigé par Barbier, est singulièrement
facilité par la disposition logique et déductive des articulations inscrites dans le tableau et qui rappellent les articu-

---

(1) *Procédé pour écrire au moyen de points*, 2ᵉ édition. Imprimerie de
l'Institution royale des jeunes aveugles. Paris, 1837 (Collection particulière de M. Boissicat).

(2) *Annales de l'Industrie nationale et étrangère ou Mercure technolo-
gique*. Bachelier, 55, quai des Augustins. Paris, 1822.

lations du célèbre Conen de Prépéan, le père de la sténographie française.

Tableau de Ch. Barbier.

1re ligne.	a	i	o	u	é	è
2e ligne.	an	in	on	un	eu	ou
3e ligne.	b	d	g	j	v	z
4e ligne.	p	t	q	ch	f	s
5e ligne.	l	m	n	r	gn	ll (mouillé).
6e ligne.	oi	oin	ian	ien	ion	ieu

Pour l'aveugle, chaque signe se compose de deux files de points, parallèles et verticales. Le nombre des points de la file de gauche donne le numéro d'ordre d'une des six lignes horizontales du tableau, et le nombre des points de la file de droite indique, dans la ligne horizontale précédemment trouvée, le rang de la case du tableau en noir.

Voici l'exemple même donné par Barbier.

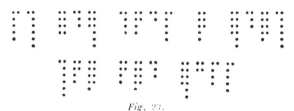

Fig. 23.

S'il en a pris la peine, le lecteur a pu reconstituer les huit mots de la phrase de Barbier :

Lé choz util n soré ètr tro simpl. (*Les choses utiles ne sauraient être trop simples*).

Voici maintenant une deuxième notation de Barbier :

Je n'ai pu en trouver la description nulle part, mais dans un discours (1) qu'il lut le 22 février 1844, lors de l'inauguration des bâtiments affectés, boulevard des Invalides, à l'Institution des aveugles, Guadet expose une notation de Barbier, grâce à laquelle il suffisait de trois points pour dési-

(1) Bibliothèque du laboratoire d'ophtalmologie à la Sorbonne. Cote Av., 12.

gner chacune des cases du tableau en noir de Barbier.
Guadet s'exprime ainsi :

« Chaque ligne est représentée par deux points, et c'est la
« position relative de ces deux points qui leur donne leur signi-
« fication. Ils se posent perpendiculairement, horizontalement
« obliquement, rapprochés ou éloignés l'un de l'autre. »

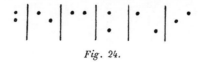

Fig. 24.

« Un troisième point se combine avec le second de manière
« à former avec lui un second signe semblable à l'un de ceux
« que nous venons de tracer, et celui-ci indique le rang que
« le son occupe dans la ligne. Par exemple, j'écrirai tous les
« sons de la première ligne comme il suit :

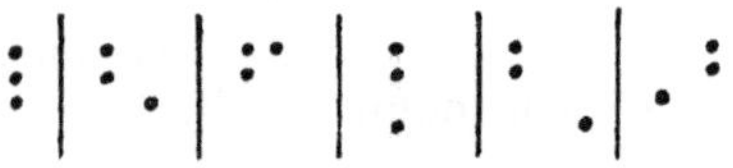

Fig. 25.

« et je les lirai en prenant deux à deux les points de chaque
« signe. »

M. Guadet ajoute en note :

« M. Barbier pensait que les aveugles pouvaient bien lire
« cette dernière écriture, mais il ne croyait pas qu'ils pussent
« jamais écrire d'après ce système... »

Il est à remarquer que, pour la représentation des sons
par trois points, Barbier supprima la dernière ligne de son
tableau de trente-six lignes.

Le discours de Guadet, auquel j'ai emprunté ce qui précède, est un tiré à part extrait des *Annales de l'éducation
des sourds-muets et des aveugles.*

Une note de la rédaction de ce journal (1844), vol. 1, p. 81,
annonce qu'on reviendra plus tard sur l'écriture de Barbier.
Je crois que cette promesse n'a pas été tenue.

C'est à Louis Braille, élève et plus tard professeur à
l'Institution de Paris, qu'on attribue avec juste raison le
choix de combinaisons de ces six points qui constituent
notre alphabet.

A mon avis, ce choix n'a pas été aussi heureux qu'il eût été possible de le faire. Braille n'avait reçu que l'instruction tout à fait rudimentaire que l'Etat donnait alors aux aveugles. Il lui fallut mettre au service d'une ingéniosité d'esprit extraordinaire, une patience peu commune pour produire ses systèmes d'écriture et de musicographie. Mais, réduit à tirer tout de son cerveau, il ne pouvait pas lui venir à l'idée de tenir compte des nécessités des langues autres que la française, ni de la porte qu'il aurait fallu laisser ouverte pour les procédés abréviatifs. « Ces différents procédés abréviatifs, dit M. Moldenhawer, furent conçus, dans les différents pays, sans avoir égard aux autres langues (1) ».

C'est donc à l'adoption de l'écriture orthographique par Braille qu'est imputable l'état navrant des relations internationales entre aveugles, car la lenteur de l'alphabet Braille a été la tour de Babel qui a fait surgir la confusion des abrégés nationaux, et je connais peu d'aveugles qui sachent lire plus d'une langue en abrégé.

Voici le tableau en points de Braille. On remarquera que les 2e, 3e et 4e lignes dérivent de la première, que nous appellerons *ligne type*, par l'adjonction de un ou deux points.

Tableau de Braille en points.

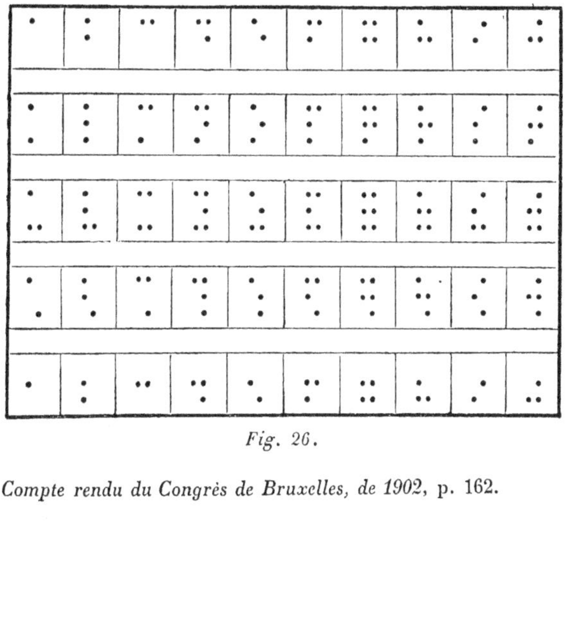

Fig. 26.

(1) *Compte rendu du Congrès de Bruxelles, de 1902*, p. 162.

Voici maintenant, disposés d'une manière identique, les
signes d'impression ou d'écriture ordinaire, représentés par
le tableau précédent. C'est le tableau *en noir* correspondant
au tableau précédent *en points* :

Tableau de Braille en noir.

1re ligne.	a	b	c	d	e	f	g	h	i	j
2e ligne.	k	l	m	n	o	p	q	r	s	t
3e ligne.	u	v	x	y	z	ç	é	à	è	ù
4e ligne.	â	ê	î	ô	û	ë	ï	ü	œ	w
5e ligne.	,	;	:	.	?	!	( )	»	*	»

En prenant dix signes pour sa première ligne ou *ligne
type*, Braille trouvait l'avantage d'employer cette ligne en
totalité pour exprimer les dix chiffres.

L'étude de cette écriture est facilitée par ce fait qu'il suffit
à l'élève d'apprendre par cœur, d'une part, la forme des dix
premiers signes ponctués, et, d'autre part, l'ordre des cinquante signes du tableau en noir. Pour ceux qui, comme
moi, apprennent le Braille à un âge avancé, cette facilité est
appréciable, mais, pour l'ensemble des aveugles, elle est chè-
rement payée par un inconvénient.

Il se produit, en effet, pour la lecture du Braille, quelque
chose d'analogue à ce que j'ai signalé autrefois (1) pour la lecture de l'impression ordinaire. Cachez la moitié inférieure
d'une ligne imprimée, vous continuerez à la lire sans peine,
tandis que vous ne la déchiffrerez pas si vous cachez la
partie supérieure des lettres. Aussi le regard d'un lecteur
exercé file-t-il le long des têtes des lettres, bien plus caractéristiques et variées que leurs pieds. De même, quand je
lis de l'écriture ponctuée, mon doigt saisit moins le bas des
lettres et il m'arrive de lire un *c* au lieu d'un *m* ou d'un *x*.
C'est que l'étendue la plus sensible de mon doigt est moindre que la hauteur d'une écriture ponctuée courante. Je ne
crois pas être seul dans ce cas. Je pense, en effet, que la
fréquence de cet inconvénient a été pour quelque chose dans

---

(1) *Revue scientifique*, 25 Juin 1881, Voir : Chapitre XVI, Typographie
compacte.

la création du *New York point,* où les lettres ponctuées ne comptent que deux points de haut, quitte à en avoir souvent trois de large.

Remarquons que le tableau régulier de Braille comprend seulement cinquante des soixante-trois signes que peut fournir la cellule rectangulaire.

L'écriture orthographique de Braille gagna du terrain grâce à l'influence des Drs Guillé et Pignier, directeurs, et à celle de Guadet, professeur à l'*Institution nationale de Paris,* qui, par son journal, *L'Instituteur des aveugles,* servit de lien entre l'école de Paris et les écoles étrangères.

Il me semble que ces hommes n'étaient pas dans la bonne voie en abandonnant la phonographie de Barbier.

Dans la première moitié du xixe siècle, sans avoir connaissance des travaux de Barbier et de Braille, un Autrichien du plus grand mérite, Klein, combinait un alphabet formé de points, lisible pour les voyants aussi bien que pour les aveugles. Les lettres de Klein comptaient cinq points sur leur hauteur, ce qui impliquait trop de lenteur dans la lecture et surtout dans l'écriture.

Le *trait-point* du Dr Vezien et le bel alphabet du Dr Mascaro constituent des écritures saillantes, faciles en même temps à tracer pour les aveugles et à lire pour les clairvoyants.

Fig. 27.

En Angleterre, en Autriche et en Danemark, on a remplacé les rayures de Barbier par des cupules, ce qui oblige l'écrivain à tenir le poinçon bien perpendiculaire à la tablette, et, par suite, à former correctement les points.

Barbier avait imaginé le rayage pour des raisons d'économie de fabrication qui n'existent plus aujourd'hui, et je recommande aux commençants d'employer d'abord, sauf à les abandonner plus tard, des tablettes à cupules pour être sûrs de prendre l'habitude si importante de tenir leur poinçon bien perpendiculairement au papier.

A la fin du siècle dernier, un Américain, M. Hall, a construit une excellente machine à clavier pour écrire le Braille. Trois touches sont actionnées par trois doigts de la main gauche, et trois touches sont mises en mouvement par trois doigts de la main droite. On conçoit donc qu'à l'aide de cette machine, la rapidité d'écriture soit la même pour les caractères les plus complexes que pour ceux formés d'un seul point. On objecte à ces machines leur prix élevé (125 à 150 francs), leurs poids de plusieurs kilogrammes, et le bruit qu'elles produisent.

Ces inconvénients seront sans doute atténués un jour, mais je ne pense pas que jamais la machine fasse disparaître l'emploi de la tablette de poche.

Avec la machine américaine Hall, ou ses similaires, on peut écrire au moins trois fois plus vite qu'avec le poinçon.

La machine Stainoby-Wayne, de Birmingham, plus récente, écrit sur un ruban analogue à celui du télégraphe Morse. D'après le prospectus, la rapidité est augmentée par la suppression de la manœuvre que la machine Hall exige pour passer d'une ligne à l'autre, et aussi par ce fait que les espaces entre les mots s'obtiennent sans exiger le moindre temps. L'écrivain peut, sans difficulté, lire les derniers mots marqués et écrire à la suite.

J'apprends qu'on vient de construire, en Allemagne, une machine à sept touches pour écrire le Braille. Cette machine, d'un prix très modéré, présente le grand avantage de fonctionner par l'emploi de la *main droite* seule, grâce au déplacement facile du pouce. L'aveugle peut donc, par son emploi, copier avec la main droite un texte lu par l'index de la main gauche.

DEUXIÈME PARTIE

CONSIDÉRATIONS THÉORIQUES

Les huit chapitres qui forment cette deuxième partie constituent pour ainsi dire des « Mémoires à consulter » à l'usage des personnes qui voudraient connaître les bases sur lesquelles s'appuient les assertions et les conseils qui sont exposés dans la troisième partie de ce volume.

Tandis que, dans la première partie, on a réuni, pour ainsi dire, des pièces justificatives *historiques*, la seconde est un recueil de pièces justificatives *théoriques*, nécessaires seulement pour les lecteurs curieux d'aller au fond des choses.

CHAPITRE VII.

OPTIQUE DE L'ŒIL.

Les questions d'hygiène de la vue et en particulier les règles qui doivent présider à l'éclairage des salles de classes, à la confection des cartes et des livres scolaires ne peuvent être étudiées sans une connaissance préalable de l'optique de l'œil dont le présent chapitre constitue un abrégé très sommaire.

Emmétropie et presbytie. — Comme leurs noms l'indiquent, l'*emmétropie* est l'état de l'œil optiquement normal et la *presbytie* est une modification de l'œil qui survient surtout chez les gens âgés.

Depuis les mémorables expériences de Thomas Young, on sait que l'*accommodation*, ou mise au point pour les objets voisins, se fait par le moyen d'une augmentation de réfringence du cristallin ; on a démontré depuis que cette déformation résulte de la contraction d'un muscle circulaire, logé derrière l'iris, et qu'on nomme muscle de Brücke, muscle ciliaire ou muscle tenseur de la choroïde. Le milieu du cristallin se bombe d'autant plus que ce muscle se contracte davantage. Quand le muscle est entièrement relâché, l'action réfringente du cristallin est faible ; elle atteint son maximum lorsque le muscle est le plus fortement contracté. L'œil qui accommode peut donc voir nettement des objets d'autant plus voisins que le cristallin est plus souple ou que le muscle ciliaire est plus fort.

Il faut abandonner l'ancienne expression de *distance de la vision distincte* ; en fait, nous voyons distinctement entre deux limites, l'une très éloignée (*punctum remotum*) et l'autre très rapprochée (*punctum proximum*). La distance entre ces deux limites est le parcours de la vision distincte.

J'ai dit que l'œil *emmétrope* est *optiquement* normal, c'est
dire qu'il n'est ni myope, ni hypermétrope. Un œil peut être
affecté de cataracte, d'amblyopie (mauvaise acuité), etc.,
sans cesser d'être emmétrope.

On verra plus loin que les hypermétropes et que certains
myopes peuvent devenir presbytes. Examinons d'abord les
phénomènes qui accompagnent la presbytie chez les emmétropes, c'est-à-dire chez les personnes dont les yeux sont
construits de manière à recevoir sur la rétine, des images
nettes d'objets très éloignés quand l'accommodation est complètement au repos.

Avec les progrès de l'âge, chez tous les hommes, le parcours de l'accommodation diminue graduellement, si bien
que, le *punctum remotum* restant à peu près invariable, le
punctum proximum s'éloigne peu à peu.

Vers l'âge de quarante-cinq ans, ce point est déjà assez
loin, chez l'emmétrope, pour que les objets tenus à la main
soient situés en deçà du parcours de la vision distincte.

C'est cette modification qui constitue la presbytie.

On voit que ce défaut de la vue est purement optique et
n'est point un affaiblissement réel, et d'ailleurs il est à remarquer que les yeux presbytes sont généralement très solide-
ment constitués et sont rarement atteints d'un certain nombre de maladies graves, telles que le décollement de la
rétine, la choroïdite, etc.

A mesure que la presbytie augmente, l'emmétrope est contraint d'éloigner les objets de plus en plus pour les voir nettement. Il arrive bientôt un moment où cet artifice devient
insuffisant, car un éloignement trop considérable est fort
incommode pour le travail, et de plus, la possibilité de voir
nettement à condition de s'éloigner est de nulle ressource,
quand il s'agit de petits objets, tels qu'une impression fine,
qui devient indéchiffrable pour le presbyte un peu avancé.
En effet, il ne peut la lire de près, car elle se trouverait
située en deçà du parcours de son accommodation, et il ne
gagne guère à s'éloigner, car l'image rétinienne deviendrait
trop petite pour qu'il soit possible d'en faire usage pour
lire.

Tout le monde sait comment et pourquoi les verres sphériques convexes permettent aux presbytes de se tirer fort
bien d'embarras : la convexité du verre vient suppléer à

l'impossibilité où ils se trouvent de bomber d'une manière permanente leur cristallin pendant la lecture. Mais, par ce moyen, le parcours de l'accommodation se trouve déplacé ; en même temps que le *punctum proximum* est ramené à une distance suffisamment petite, le *punctum remotum*, qui était à l'infini pour l'œil nu, se trouve également rapproché, de telle sorte que le presbyte est obligé de regarder par-dessus ses lunettes quand il veut voir nettement les objets lointains.

L'augmentation de la presbytie ne suit pas un cours plus rapide chez les personnes qui se servent de verres suffisants que chez celles qui, sous l'influence d'un préjugé populaire, s'obstinent à lutter et à faire usage de verres trop faibles. Des maux de tête, des conjonctivites et peut-être même des glaucomes, résultent des efforts exagérés d'accommodation que certains presbytes imposent à leurs yeux, par crainte de recourir aux lunettes en temps utile.

Quelques personnes évitent d'augmenter la force de leurs lunettes quand le besoin s'en fait sentir, par crainte de ne plus trouver de verres assez forts quand elles seront vieilles ; mais cette crainte est chimérique.

Myopie. — Tandis que l'œil emmétrope mesure environ 22 millimètres d'avant en arrière, l'œil myope est plus long, et le degré de son élongation peut servir de mesure au défaut de cet œil. Chaque millimètre d'élongation correspond à peu près à trois *dioptries* (1). Nous dirons que la myopie légère résulte d'un allongement inférieur à 1 millimètre ; une augmentation de longueur comprise entre 1 et 2 millimètres

---

(1) L'*unité de réfraction*, nommée *dioptrie*, est donnée par une lentille convexe dont la distance focale principale est d'un mètre. L'action réfringente variant en raison inverse de la distance focale, il en résulte le tableau suivant, qui donne la concordance entre les dioptries D, les distances focales F et les verres de commerce numérotés d'après leurs rayons de courbure en pouces, P :

D =	1	2	3	4	5	6	7	8	9	10	11	12.	.	20
F =	1m	0.5	0.33	0.25	0.2	0.166	0.14	0.125	0.11	0.1	0.09	0.083	.	0.05
P =	40	20	13	10	8	$6\frac{2}{3}$	$5\frac{5}{7}$	5	$4\frac{4}{9}$	4	$3\frac{7}{11}$	$3\frac{1}{3}$	.	2

La même unité sert pour mesurer les défauts optiques de l'œil ; par exemple, une myopie de quatre dioptries est celle d'un œil dont la vue distincte est bornée à 25 centimètres et dont la correction exige un verre concave de 10 pouces.

constituera la myopie moyenne ; la myopie forte répondra
à un allongement de 2 à 3 millimètres ; une déformation
plus marquée constituera la myopie grave ; en d'autres termes, ces quatre classes sont délimitées par les chiffres de
trois, six et neuf dioptries.

La myopie a pour premier effet de nuire à la vision nette
des objets lointains, dont les images viennent se peindre en
avant de la rétine, à une distance d'autant plus grande de
cette membrane que la myopie est plus forte ; pour voir
distinctement, le myope doit s'approcher des objets. Pour la
myopie légère, le point le plus éloigné de la vision distincte
est au-delà de 33 centimètres ; pour la myopie moyenne, il
est compris entre 33 et 17 centimètres, et enfin, chez les personnes affectées de myopie excessive, le point le plus éloigné
de la vision distincte est distant de moins de 11 centimètres.
Tout ceci ressort de la comparaison des trois lignes de chiffres du tableau très important contenu dans la note de la
page précédente.

De même que les verres convexes permettent aux presbytes de voir nettement en deçà de leur *punctum proximum*, les
verres concaves donnent aux myopes la possibilité de distinguer les objets situés au-delà de leur *punctum remotum* ;
mais tandis que les presbytes sont obligés de quitter leur
besicles pour voir au loin, les jeunes myopes peuvent voir
d'assez près à travers les lunettes qui corrigent leur myopie
et qui ont pour effet d'éloigner de leurs yeux tout le parcours de la vision distincte.

Supposons qu'un myope porte d'une manière permanente
les lunettes correctrices exactes de son défaut, il cessera de
pouvoir distinguer les objets voisins, précisément à l'âge où
les emmétropes deviennent presbytes. Au lieu de mettre,
pour lire, des lunettes convexes par-dessus ses lunettes concaves, il sera conduit à quitter ses lunettes ou à en prendre
de plus faibles pour le travail, et ce fait a donné naissance
au préjugé d'après lequel les yeux myopes s'amélioreraient
avec l'âge. Ce n'est pas la myopie qui a diminué, c'est le parcours de l'accommodation ; en d'autres termes, le *punctum
proximum* s'est éloigné sans qu'il y ait eu déplacement du
remotum.

Par suite de la diminution sénile du parcours d'accommodation, il peut arriver qu'un myope devienne presbyte, sans

cesser d'être myope. Par exemple, un vieillard dont le *remotum* est à 1 mètre et le *proximum* à 50 centimètres de l'œil, a besoin de verres concaves n° 40 pour voir nettement au loin, et de verres convexes faibles pour distinguer les objets voisins.

On ne connaît pas bien le mécanisme par lequel certains yeux contractent la myopie, mais on sait que cette affection se développe rarement chez les jeunes enfants et rencontre son terrain de prédilection parmi les élèves de l'enseignement secondaire. Je pense que, chez les sujets prédisposés, l'œil s'adapte d'une manière permanente aux exigences d'un travail assidu; au lieu de s'accommoder transitoirement, par une augmentation de convexité du cristallin, il s'allonge, de manière à rendre inutiles les contractions du muscle ciliaire (1). Cet allongement graduel ne va pas sans altérations des tuniques oculaires; la choroïde et la rétine en font les frais et l'augmentation de la myopie est le moindre des inconvénients à redouter en pareil cas. C'est pourquoi, dans mon opinion, pour les yeux menacés de myopie progressive, le commencement et la fin de la sagesse consistent à supprimer tout effort d'accommodation, en réglant la distance des yeux à l'ouvrage et en prescrivant des verres strictement suffisants. Depuis que je procède ainsi, j'ai vu nombre de myopies progressives devenir stationnaires.

Si l'on compulse les statistiques, on est conduit à admettre que la myopie, rare chez les très jeunes enfants, débute habituellement vers l'âge de huit ou dix ans et commence par être légère ; j'ai d'ailleurs vérifié le fait en France, en examinant la vue de nombreux enfants dans plusieurs écoles primaires publiques et dans deux grands établissements libres d'enseignement secondaire. C'est donc pendant le premier âge scolaire qu'il faut apporter le plus grand soin à empêcher les enfants de s'approcher trop de leurs livres et de leurs cahiers et c'est pour leur en faciliter les moyens qu'il importe de veiller à l'éclairage des classes, à la bonne impression des livres, à la disposition convenable des tables et des bancs. Il faut surtout adopter des méthodes d'écriture qui soient compatibles avec une bonne attitude des élèves.

(1) Pour plus de détails, voir à la fin de ce chapitre, page 79, le paragraphe consacré aux réglages de l'œil.

Quand on a négligé de couper le mal dans sa racine et qu'on a laissé la myopie apparaître, il est encore possible, le plus souvent, d'en arrêter les progrès. J'ai vu disparaître un commencement de myopie chez des enfants à qui j'avais fait porter des verres convexes pour supprimer tout effort.

J'ai souvent vu le défaut rester tout à fait stationnaire chez des écoliers à qui je recommandais de n'employer qu'un lorgnon tenu dans la main gauche pour regarder le tableau noir ou les cartes géographiques, de manière à se servir de leurs yeux avec des verres plus faibles pour lire et pour écrire ; il est rare, au contraire, que la myopie ne progresse pas d'année en année chez les écoliers qu'on arme de lunettes ou de pince-nez qui leur suffisent pour voir au loin, mais qui les obligent à faire des efforts en lisant ou en écrivant.

Plus tard, quand la croissance est terminée, on peut être moins réservé ; il n'est pas rare de rencontrer des adultes qui portent en permanence et sans inconvénient les verres correcteurs exacts.

Hypermétropie. — On a vu plus haut qu'une myopie légère est compatible avec la presbytie ; cette remarque suffit pour indiquer que la presbytie n'est pas le contraire de la myopie, comme on se le figure souvent. L'opposé de la myopie est un état auquel Donders a donné le nom d'*hypermétropie* et qui a été constaté dès 1772 par Jean Janin dans les termes suivants :

Tous les physiologistes et les physiciens ont dit qu'il y a trois sortes de vue, savoir : la myope, la presbyte et la vue parfaite. De ces trois espèces de vue, il n'y en a que deux de naturelles, qui sont : la vue ordinaire et la myope; car la presbytie n'est qu'accidentelle, puisqu'elle n'affecte que les vieillards... Je ne sache pas qu'aucun auteur ait fait mention d'une autre espèce de vue naturelle ; cependant il en existe; mais on doit les considérer comme des phénomènes, ou des écarts de la nature. L'observation suivante en est un exemple... Quoique les yeux du sieur Silva représentassent, par leur grande sphéricité, des yeux myopes, ils ne l'étaient cependant pas, puisque les lunettes concaves, bien loin de lui être favorables, lui causaient au contraire une plus grande confusion dans l'objet aperçu; il n'y avait que les lunettes qu'on appelle mi-cataractes, qui lui fussent utiles, ce qui fait présumer, avec quelque espèce de raison, que la vue de son organe a beaucoup d'analogie avec l'œil d'une personne qui a souffert l'opération de la cataracte...

Il est difficile de mieux définir l'hypermétropie. Depuis Janin, nombre d'oculistes et d'opticiens ont constaté la fréquence de ce défaut de vue, et lui ont donné les noms d'hyperopie ou d'hyperpresbyopie. Ce dernier nom doit être abandonné, car les yeux qui, à l'inverse des myopes, trouvent avantage à l'emploi des verres *convexes* pour la vision des objets lointains, sont affectés, comme l'explique Janin, d'un défaut naturel, qu'il ne faut pas confondre avec la presbytie, laquelle est une diminution de l'accommodation résultant de l'âge. *A l'inverse des yeux myopes, qui sont trop longs, les yeux hypermétropes sont trop courts;* il en résulte que les images des objets lointains viendraient se former en arrière de la rétine, si ces yeux ne faisaient pas des efforts d'accommodation. Tout cela a été exposé en détail par Stellwag von Carion.

Tandis que l'excès de longueur de l'œil myope peut dépasser 6 millimètres, le défaut de développement de l'œil hypermétrope se chiffre généralement par une fraction de millimètre. L'hypermétropie ne réduit le parcours d'accommodation que par son extrémité voisine de l'œil, si bien que, pendant une partie de la vie, la vision des objets lointains reste nette et que, dans la jeunesse, le seul symptôme de l'hypermétropie est un recul du *punctum proximum*. Sauf dans les cas d'hypermétropie forte, ce recul passe inaperçu pendant bien des années, si bien que la plupart des personnes exemptes de myopie sont hypermétropes sans s'en douter. Il est clair que les hypermétropes deviennent presbytes plus ou moins prématurément, selon le degré du vice de construction de leurs yeux. Il n'est pas très rare de voir des jeunes gens donner un démenti à l'étymologie et devenir presbytes : ce sont des sujets fortement hypermétropes.

Tout aussi bien que les presbytes ont avantage à recourir à des verres convexes de force suffisante, il n'existe aucune raison pour priver les hypermétropes de ce secours dès que leur vue commence à se fatiguer. Tant qu'ils sont jeunes, il leur suffit de faire usage de verres pour le travail ; mais, à mesure que leur accommodation faiblit, ils trouvent avantage à les garder pour voir au loin. Enfin, vers l'âge de quarante-cinq ans, les hypermétropes commencent à devoir employer deux paires de verres, l'une plus faible, pour voir au loin, et l'autre pour lire. Comme les emmétropes devenus

presbytes, ils doivent augmenter tous les cinq ou six ans la
force des lunettes qui leur servent pour leur travail.

La connaissance de la fréquence de l'hypermétropie, la
pratique, suivie maintenant, de prescrire sans crainte des
verres convexes de force suffisante pour en corriger les effets
fâcheux, constituent un des plus utiles progrès de l'ophtalmologie moderne, car le nombre est grand des personnes
auxquels on rend ainsi l'usage de la vue au lieu de les décla-
rer, comme autrefois, atteintes d'asthénopie incurable. Cette
notion a été répandue dans le public par Donders.

Astigmatisme. — Tandis que le public et les opticiens
ont des notions plus ou moins nettes sur la presbytie et la
myopie, et que les oculistes savent tous reconnaître l'hypermétropie, il faudra bien des années encore pour que *l'astigmatisme,* le plus fréquent des défauts de l'œil, soit connu
autant qu'il importerait dans l'intérêt des personnes innombrables qui en sont affectées.

En créant le nom d'*astigmatisme* pour désigner ce défaut,
Whewell voulait rappeler que, dans les yeux qui en sont
affectés, l'image d'un point lumineux extérieur ne vient pas
se peindre en un point mathématique sur la rétine.

La découverte de l'astigmatisme est due au célèbre phy-
sicien et médecin anglais Dr Thomas Young qui constata
l'existence de ce défaut dans un de ses yeux et prouva, par
des expériences extrêmement ingénieuses, que l'irrégularité
de cet œil siégeait dans le cristallin. Le cas de Th. Young
était exceptionnel, car, en général, l'astigmatisme reconnaît
pour cause une déformation de la cornée.

On sait qu'on appelle *solide de révolution* tout corps qui
pourrait se fabriquer sur un tour: une toupie, un gland, un
œuf... sont autant de solides de révolution. Un œuf, un oignon sont des solides de révolution d'une forme particulière;
en effet, coupés par des plans passant par leur axe, ces solides ont pour sections des ellipses. Dans l'œuf, c'est le grand
axe, dans l'oignon, c'est le petit axe de ces ellipses qui coïncide avec l'axe de révolution. Tout solide de révolution qui,
coupé par un plan passant par l'axe, a pour section une ellipse, porte le nom d'*ellipsoïde de révolution.* — Il n'est pas
beaucoup plus difficile de se figurer un ellipsoïde qui ne soit
pas de révolution. En effet, si les dômes de nos monu-

ments publics sont ellipsoïdes de révolution, cela tient à ce que l'espace à couvrir est circulaire; si l'on se proposait de construire une coupole, de forme aussi simple que possible, destinée à recouvrir une aire elliptique, la surface de cette coupole cesserait d'être celle d'un solide de révolution, tout en restant ellipsoïdale (ellipsoïde à trois axes inégaux). C'est précisément une surface de ce genre qui constitue la cornée de l'œil astigmate.

En 1818, M. Cassas, élève du peintre Gros, ennuyé de voir le maître ajouter toujours des traits horizontaux sur ses dessins, constatait qu'en effet ses yeux distinguaient mal les lignes horizontales. Après de nombreuses tentatives, Cassas finit par se faire tailler à Rome, par Suscipi, en 1844, des verres qu'il me montra en 1865 et qui lui donnèrent pleine satisfaction pendant bien des années. Ces verres, convexes sphériques en avant, affectaient du côté de l'œil la figure d'un *tore* concave. De même, en 1827, Airy, le directeur de l'Observatoire de Greenwich, remarquait que, malgré le secours du verre concave le mieux approprié, son œil gauche voyait les étoiles sous forme de traits lumineux; d'autre part, pour cet œil, une croix verticale tracée sur un papier n'était visible nettement à aucune distance. A condition de l'incliner de manière que l'un des bras de la croix formât un angle de 35 degrés avec la verticale, il pouvait voir alternativement avec netteté l'une ou l'autre des lignes en se mettant plus ou moins loin du papier : il corrigea son défaut de vue au moyen d'un verre *cylindrique*.

C'est à Goulier, alors capitaine du génie et professeur à l'École d'application de Metz, que revient l'honneur d'avoir reconnu la fréquence de l'astigmatisme et d'avoir, le premier, rendu la netteté de la vue à un grand nombre de personnes par le moyen de verres cylindriques. Dès le 12 juillet 1852, il consignait le résultat de ses observations dans un pli cacheté qu'il fit ouvrir en 1865, et dont le contenu fut alors reproduit dans les *Comptes rendus de l'Académie des Sciences*. Le remarquable mémoire de M. Goulier a été reproduit dans mon *Histoire de l'astigmatisme. Annales d'oculistique,* 1866, t. LV.

Je conserve dans mon petit musée de famille une feuille de hachures gravées sur pierre, que Goulier m'avait offerte vers 1864 et dont je donne ici la reproduction ; les lignes que

Goulier traça sur cette épreuve en me la remettant ont pâli par le temps, altération que la photogravure n'a pas pu rendre *(Fig. 28)*.

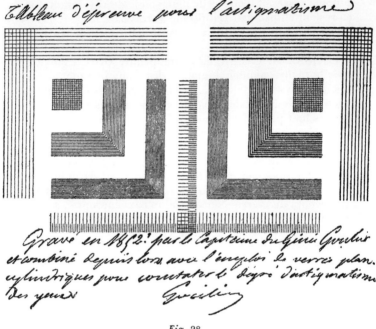

Fig. 28.

Dans une conférence faite dans le grand amphithéâtre de la Sorbonne le 1er avril 1880, j'avais fait distribuer à tous les assistants une feuille portant des hachures analogues à celles de M. Goulier et reproduite par la fig. 29. Cette figure permet à chacun de vérifier si, pour ses yeux, l'astigmatisme atteint un degré assez élevé pour nécessiter l'emploi de verres cylindriques.

Pour mesurer l'astigmatisme, après avoir fermé un œil, on fait tourner la figure dans un plan vertical jusqu'à ce que les carrés de l'une des deux lignes apparaissent avec des rayures aussi tranchées que possible. A ce moment, l'œil étant à 25 centimètres de la figure, la force de l'astigmatisme est donnée par la différence de rang entre les carrés des deux files qui paraissent encore striés.

On peut renouveler la même expérience à 50 centimètres de distance, mais alors les rangs des carrés sont exprimés par les chiffres de la seconde ligne : une différence d'un rang n'indique plus qu'une demi-dioptrie d'astigmatisme. — On peut procéder de même à un mètre, en se servant des chiffres

0^m25.	0	1	2	3	4	5	6	7
0^m50...............		0	0,5	1	1,5	2	2,5	3
1^m			0	0,25	0,50	0,75	1	
2^m								0

Fig. 29.

de la troisième ligne. Suivant les cas, pour l'une ou l'autre des expériences, qui se contrôlent mutuellement, il est utile de corriger préalablement la myopie ou la presbytie par des verres sphériques appropriés (1).

Il est utile de corriger l'astigmatisme à partir d'une demi-dioptrie, d'une dioptrie ou d'une dioptrie et demie, selon l'âge ou la profession des personnes qui en sont affectées ; à partir de deux dioptries, le défaut cause toujours une gêne très appréciable.

Cependant, dès 1854, une voie nouvelle avait été ouverte par Helmholtz qui, peu de temps après son invention de l'ophtalmoscope, mit aux mains des oculistes son *ophtalmo-*

----

(1) On verra plus loin que j'appelle *bonne vue* une vue meilleure que celle qui correspond à la normale de Snellen, et cela dans le rapport de 7/5. A l'éloignement de 0.75, une *bonne vue* distingue des hachures distantes de 1/10 $^m/^m$. S'il y a défaut de réfraction, les hachures sont distantes d'autant de fois 1/10 $^m/^m$ en plus qu'il y a de dioptries de défaut de réfraction. En particulier pour l'astigmatisme, quand les hachures correspondent au méridien défectueux, la distance des hachures cessant d'être visible, augmente de 1/10 $^m/^m$ pour chaque dioptrie d'astigmatisme. La distance d'axe en axe des hachures est donc respectivement de 0,07, 0.14, 0.21, 0.28, 0.35, 0.42, 0.49, 0.56 dixièmes.

mètre, instrument auquel il attacha une telle importance qu'il le fit figurer, vingt ans après, au premier plan des accessoires qu'on remarque sur son portrait, peint par Knaus. Cet instrument permet, en effet, de mesurer avec une grande précision les rayons de courbure de la cornée sur le vivant, et Knapp, Donders, Mandelstamm, Woinow, v. Reuss, Mauthner, etc., s'en servirent successivement pour effectuer des mensurations qui donnèrent quelques renseignements sur la forme de la cornée humaine.

Pendant plus de vingt-cinq ans, personne n'avait supposé que l'ophtalmomètre fût susceptible de perfectionnement, quand le Dr Schiötz, de Christiania, vint passer un an au laboratoire d'ophtalmologie de la Sorbonne pour faire de l'ophtalmométric. Rebutés par les difficultés exces-

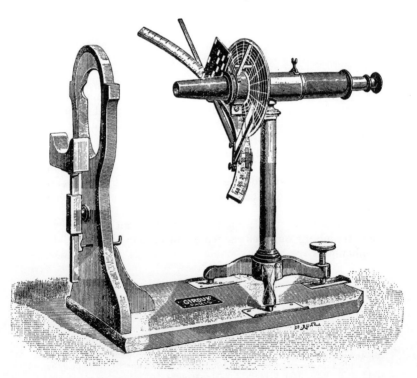

Fig. 30.

sives de la manœuvre de l'instrument d'Helmholtz, nous fûmes conduits à y introduire successivement divers changements dont le succès nous amena graduellement à faire construire, par l'habile opticien Laurent, un *ophtalmomètre* *(Fig.* 30) si pratique qu'en une journée nous eûmes la joie d'effectuer plus de mensurations d'astigmatisme qu'il n'en avait été fait en vingt-cinq ans par les nombreux observateurs qui ont employé l'ophtalmomètre primitif.—D'autre part, progrès non moins utile, un procédé d'examen de l'œil, imaginé par le médecin militaire Cuignet, a été perfectionné et introduit dans la pratique courante par le Dr Parent, de Paris, sous le nom de *skiascopie*. Grâce à ces deux procédés : ophtalmométrie et skiascopie, tout oculiste doit reconnaître facilement l'existence de l'astigmatisme, en évaluer aisément l'importance, et savoir s'il doit procéder à une mesure subjective au moyen du cadran horaire *(Fig.* 31), que j'emploie à cet effet, depuis 1865, avec mon *optomètre (Fig.* 32).

L'introduction de la mesure de l'astigmatisme dans la pratique quotidienne est un bienfait.

Il importe, en effet, de remarquer que, dans l'ordre naturel des choses, les yeux ont une force de résistance tout à fait extraordinaire ; les personnes qui ont une bonne vue peuvent travailler indéfiniment, de jour et de nuit, sans aucune fatigue et sans aucun inconvé-nient pour leurs yeux, et elles peuvent continuer ainsi jusqu'à l'âge le plus avancé, sans autre condition que d'avoir à prendre des verres convexes quand elles deviennent presbytes. Il n'en est plus de même pour celles dont la vue est défectueuse : leurs yeux, sous l'influence de la fatigue, refusent plus ou moins le service ou contractent des inflammations qui résistent à tous les

Fig. 31.

collyres, mais qui disparaissent comme par enchantement par l'emploi de verres appropriés; or, parmi ces verres, les cylindriques tiennent le premier rang, car *c'est l'absence d'astigmatisme qui caractérise un œil régulièrement construit.* Tou-

tes les fois qu'une personne se plaint de sa vue, s'il ne s'agit
pas du retentissement d'une maladie générale de l'organisme
ou d'une maladie infectieuse, il faut rechercher l'astigmatisme.

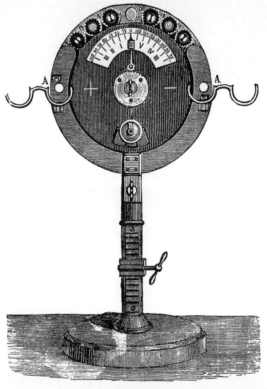

Fig. 32.

La qualité d'un œil est si bien liée à son astigmatisme
qu'on peut affirmer presque à coup sûr, chez les strabiques,
la présence d'un astigmatisme plus fort sur l'œil dévié que
sur l'œil sain.

On peut lire dans certains auteurs qu'il existe dans la
plupart des yeux sains un astigmatisme *normal* ou *physiolo-*
gique dont il est inutile de tenir compte; c'est aussi faux que
si l'on parlait d'un *emphysème normal* ou d'une *insuffisance*

physiologique des valvules mitrales. Il est vrai de dire que de faibles degrés d'astigmatisme sont souvent *négligeables* en pratique. Il est plus difficile de fixer à partir de quel degré le défaut mérite d'être corrigé, car ici une foule de circonstances, telles que la profession, l'état général de santé de l'individu et surtout son âge, viennent influer fortement sur nos déterminations. Je transcris ici ma propre observation que j'ai publiée il y a une vingtaine d'années.

« Jusqu'à l'âge de vingt-deux ans, malgré un peu d'hyper-
« métropie, la vue de notre sujet était restée tout à fait
« excellente, car il distinguait parfaitement à l'œil nu six ou
« sept étoiles dans le groupe des Pléiades. Étant élève à
« l'École des Mines, il fut pris d'une légère asthénopie et
« d'une conjonctivite tenace pour laquelle les deux plus
« célèbres oculistes de Paris lui infligèrent les traitements les
« plus cuisants et une interruption d'études. Un *nouveau*
« *venu*, disciple de Donders, diagnostiqua un *astigmatisme*
« *physiologique* et ne prescrivit pas de verres. Notre patient
« construisit alors un optomètre avec lequel il mesura le dé-
« faut de sa vue, et, depuis qu'il porte des verres cylin-
« driques, sa conjonctivite a disparu. Au lieu de se faire
« agriculteur, comme on le lui conseillait, il a étudié la
« médecine et ne s'est guère privé de passer des jours et
« des nuits à travailler au bureau et au laboratoire d'oph-
« talmologie ; il est peut-être permis de lui pardonner s'il
« parle avec trop d'enthousiasme des verres cylindriques
« qui ont radicalement transformé son existence et l'ont
« mis à même de faire, sur la correction de l'astigmatisme
« chez autrui, des recherches dont il s'exagère peut-être
« l'utilité ».

Il est clair qu'un faible degré d'astigmatisme peut être considéré comme négligeable chez un paysan illettré et mériter au contraire une correction par les verres chez une couturière, un savant ou un artiste.

Mais l'astigmatisme est habituellement méconnu. C'est ainsi qu'en avril 1877, les journaux publiaient une lettre du peintre Marchal qui venait de se suicider et dont voici le début :

Mon cher Paul, ma vue est dérangée. Quand je veux peindre ou dessiner, l'objet est doublé d'une façon presque impercep-tible; cela suffit pour m'empêcher de produire ! C'est une espèce de taquinerie nerveuse de l'œil, qui n'a l'air de rien. Pour un peintre, c'est la mort. Voilà bientôt un an que j'éprouve ce supplice, que je croyais voir cesser. Il s'éternise... Puisque la vie renonce à moi, je n'ai pas le choix, il faut renoncer à elle, etc.

Assurément les cas où l'astigmatisme conduit à un dénoûment tragique sont rares, mais le nombre de gens que ce défaut de vue a obligés à renoncer à leur profession est incalculable, et, pour en diminuer le nombre, on ne saurait trop répéter que l'astigmatisme est le plus fréquent des défauts de la vue.

Il importe de savoir aussi que l'astigmatisme est une cause de myopie, car la myopie se produit de préférence chez les écoliers qui regardent de trop près, et il est concevable que l'astigmate soit porté à rapprocher les yeux des objets, surtout si ce sont des livres imprimés trop fin et si l'éclairage est insuffisant. Les chiffres de la statistique, faite par M. Nordenson à l'*École alsacienne*, viennent à l'appui de cette thèse ; en effet, pas un seul des myopes de cette école n'était exempt d'astigmatisme (1).

Par un singulier contraste, l'astigmatisme peut être un préservatif de la myopie ; en effet, quand un sujet est affecté de degrés très inégaux d'astigmatisme aux deux yeux, il peut arriver que l'œil le moins astigmate, étant seul capable de vision nette, est seul employé pour l'étude et devient myope, tandis que l'autre reste intact.

A première vue, les verres cylindriques, montés en lunettes, ne diffèrent pas des verres sphériques ; car, tandis que la surface de ces derniers est empruntée à une sphère de rayon assez grand pour que leur courbure soit à peine sensible, les verres cylindriques sont taillés selon la surface d'un cylindre dont le rayon est assez grand pour qu'il faille, tout au moins pour les faibles numéros, les examiner de fort près pour remarquer leur convexité ou leur concavité.

L'emploi des verres cylindriques n'exclut en aucune façon celui des verres sphériques, convexes ou concaves. Rien n'empêche de faire tailler l'une des surfaces du verre suivant une forme sphérique pour corriger la myopie, la

(1) Pour plus de détail, voir la statistique très considérable de Steiger. *Internationaler Kongress für Schulhygiene in Nurnberg*, April 1904.

presbytie ou l'hypermétropie et l'autre surface suivant une forme cylindrique, qu'on choisira convexe ou concave, selon les cas.

C'est un physiologiste hollandais Donders, vulgarisateur de premier ordre qui, s'inspirant d'un travail de Helmholtz, révéla au monde médical, vers 1860, l'existence de l'astigmatisme et l'utilité des verres cylindriques. Avant cette époque, quand un consultant leur semblait avoir besoin de lunettes, les oculistes l'envoyaient se pourvoir chez un opticien. Actuellement, les oculistes mesurent eux-mêmes, tant bien que mal, les défauts optiques de l'œil, et on en cite, en Amérique, pour qui cette occupation constitue la part principale de leur activité professionnelle.

En Amérique, la précision apportée à ce travail n'a pas cessé d'augmenter sous la pression de clients méfiants qui consultent de plusieurs côtés, jusqu'à ce que deux oculistes leur aient délivré des prescriptions dont les chiffres soient identiques.

En Amérique aussi, nous voyons apparaître une organisation qualifiée de retour en arrière par les oculistes et qui constitue, à mon avis, un progrès considérable : on voit surgir de toutes parts des cours à l'usage des commis opticiens, où on leur enseigne à mesurer la réfraction oculaire et à fournir au public des verres et des montures convenablement adaptés.

Dans l'intérêt du plus grand nombre, il me paraît désirable de voir arracher le monopole de ce travail minutieux aux médecins qui, nécessairement, font payer le public, en raison de leur position sociale et de leurs études antérieures dont l'utilité est nulle, dans l'espèce.

Si l'emploi des verres correcteurs de l'astigmatisme est encore infiniment loin d'avoir pris l'extension désirable, cela tient surtout aux applications inexactes qui en sont faites journellement : les mesures, surtout les mesures d'angles(1), se font, le plus souvent, avec une inexactitude déplorable. Rien d'étonnant si le client, pourvu de verres cylindriques

(1) Il serait urgent qu'un accord international intervînt pour uniformiser la notation de l'angle des verres cylindriques. Voir, à ce sujet, *Annales d'oculistique*, 1902, t. CXXVII, p. 10, dans mon article sur la vérification des ophtalmomètres.

mal adaptés et par cela même inutiles ou même nuisibles, jette le discrédit sur toute cette affaire de l'astigmatisme. La situation changera du tout au tout quand le monde sera doté, par centaines de mille, de modestes praticiens moins avares de leur temps qui, dans les boutiques des opticiens, feront avec soin et pour un prix modéré une besogne infiniment utile.

Anisométropie. — Il est rare que les deux yeux d'une même personne soient suffisamment identiques pour qu'on ne puisse trouver entre eux une différence mesurable, mais cette différence est généralement assez faible pour être pratiquement négligeable. On peut classer les *anisométropes* en trois catégories, suivant que leur anisométropie est accidentelle, naturelle ou acquise.

Dans la première catégorie nous mettrons, par exemple, les personnes dont l'un des yeux a été plus ou moins mutilé par un traumatisme, une opération, une affection aiguë.

Les anisométropes de la seconde catégorie, qui constituent l'immense majorité du genre humain, sont ceux, j'insiste sur ce point, dont l'astigmatisme n'est pas exactement le même aux deux yeux. La différence est généralement légère, et chez la plupart des sujets, elle n'est bien démontrable que depuis les derniers progrès de l'ophtalmométrie. Il est impossible de mesurer quelques centaines de cornées sans être frappé de la concordance extrême entre les rayons de courbure des deux yeux de la même personne. Quand il n'y a pas d'astigmatisme, ou qu'il est le même des deux côtés, les mensurations des rayons de courbure concordent à un cinquantième de millimètre près.

Enfin, dans la troisième catégorie, nous rangeons les personnes dont les yeux ont subi des modifications par le temps : celles par exemple dont l'un des yeux est devenu myope, l'autre étant resté hypermétrope ou emmétrope, ou bien encore les sujets dont la myopie des deux yeux est devenue inégale par suite de renonciation à la vision binoculaire pendant la lecture.

Pour compléter ce chapitre relatif à l'optique de l'œil, je reproduis ici une communication que j'ai faite, en présence de M. Helmholtz, dans la section de physiologie au Congrès international des sciences médicales, tenu à Berlin en 1890.

Sur les réglages optiques de l'œil. — Il y a plus de vingt ans que, parlant des imperfections optiques de l'œil, M. Helmholtz, dans une boutade restée célèbre, disait :

« En présence d'un opticien qui voudrait me livrer un instrument entaché de pareils défauts, je me sentirais parfaitement autorisé à refuser son ouvrage, et à accompagner mon refus des expressions les plus dures ».

Je n'ai pas reçu mission de plaider les circonstances atténuantes en faveur de l'opticien, mais je voudrais dire, à sa décharge, que son œuvre est mieux agencée qu'on ne pouvait le croire il y a vingt ans, et c'est précisément par l'emploi des méthodes créées par M. Helmholtz que je suis arrivé à cette conviction.

Tous ceux qui se servent d'instruments de précision ne demandent pas à l'artiste de leur fournir des instruments parfaits. Ils préfèrent, avec raison, des instruments munis de moyens de réglage.

Dans mon opinion, les réglages sont nombreux dans l'œil ; je n'en citerai aujourd'hui que quatre, deux sphériques et deux astigmatiques.

Réglages sphériques. — Vous connaissez tous le réglage intermittent, qui constitue l'accommodation. — Il existe dans l'œil un second réglage sphérique, producteur de la myopie, qui fonctionnait avant l'an de grâce 1299, date de l'invention des lunettes convexes, et dont on pourrait se passer aujourd'hui.

Grâce à ce réglage, un très grand nombre de personnes qui font emploi de leurs yeux pendant leur jeunesse pour examiner de petits objets, deviennent myopes précisément autant qu'il convient pour pouvoir continuer leurs travaux jusqu'à l'âge le plus avancé. En général, ce réglage fonctionne d'une quantité rigoureusement égale pour les deux yeux. — Quand il dépasse le but et aboutit à une myopie excessive, il faut souvent en accuser quelque oculiste ou opticien maladroit.

Réglages astigmatiques. — Ici encore un réglage intermittent et un réglage permanent.

Le réglage intermittent, annoncé d'abord par Dobrowolsky, est connu sous le nom *d'accommodation astigmatique du cristallin;* son existence est affirmée maintenant par presque tous les oculistes qui font usage de mon ophtalmomètre.

J'arrive enfin au point nouveau de ma communication. — On appelle astigmatisme cornéen direct celui où le plus petit rayon de courbure de l'œil est vertical. — Je crois (je n'ose pas encore affirmer) que l'ouvrier de la première heure, désespérant de faire un œil qui fût et restât toujours d'une réfraction homocentrique, a construit cet organe avec un astigmatisme direct, mais avec une résistance moindre dans le méridien vertical, ce qui rend possible d'effacer cette astigma-

tisme par le moyen d'une augmentation de pression intraoculaire.

Première présomption. — Le Dr. Bull, en ophtalmométrant
une fillette dont j'avais soumis l'œil droit à une occlusion permanente pendant plus d'un an, trouva que l'astigmatisme direct
de cet œil avait augmenté d'une quantité très supérieure aux
erreurs possibles de mesure, tandis que celui de l'œil gauche
n'avait guère changé. J'ai relevé depuis, dans mes livres, plusieurs observations analogues, et j'ai constaté avec certitude
depuis la suppression de la louchette, une diminution dans
l'astigmatisme de l'œil mesuré par M. Bull.

Deuxième présomption. — MM. Martin, à Bordeaux, et Pfalz,
à Kœnigsberg, ont constaté simultanément, par des mesures
ophtalmométriques, la fréquence de l'astigmatisme inverse
chez les glaucomateux, et Martin a même pu constater une
coïncidence entre l'augmentation de pression intraoculaire et
cet astigmatisme.

On est donc tenté d'admettre que, chez les glaucomateux,
l'appareil de réglage dépasse le but.

Enfin, M. Eissen a constaté, sur des yeux de lapins, des
transformations dans le sens de l'astigmatisme et ses belles
expériences paraissent tout à fait concorder avec les observations de Martin.

Les travaux anatomiques de M. Hocquart sont venus con-
firmer déjà mes hypothèses sur l'accommodation astigmatique du cristallin. La parole est à l'observation des malades
pour voir ce qui en est du réglage astigmatique de la cornée.

Pour terminer, j'ajouterai que l'œil présente probablement
d'autres réglages encore : il est présumable que la combinaison de la forme de la cornée et de la contraction de la
pupille joue un rôle dans l'aplanétisation de l'œil pour diverses
distances. Malgré les admirables travaux de nos devanciers,
toute cette optique de l'œil offre encore aux chercheurs des
problèmes du plus haut intérêt, et il est fâcheux que son étude
ait été quelque peu négligée, sous l'influence de l'admiration
légitime inspirée par les travaux de M. Helmholtz et que, dans
leur modestie, les contemporains ont eu le tort de considérer
comme définitifs.

CHAPITRE VIII.

DE L'ACUITÉ VISUELLE INDÉPENDAMMENT
DE L'ÉCLAIRAGE.

La vision indirecte ne jouant, dans la lecture, qu'un rôle
accessoire, nous ne nous occuperons ici que de la vision
directe, laquelle ne paraît pas employer les *bâtonnets*, et
s'exerce au moyen des *cônes*, terminaisons nerveuses sensibles
dont la mosaïque tapisse la *macula lutea* ou *tache jaune* de la
rétine, tout autour de la *fovea centralis* ou point de fixation.
Nous admettons, avec tous les physiologistes, que chaque
cône ne peut nous fournir qu'une seule sensation. En
d'autres termes, nous admettrons comme démontré que les
images de deux points lumineux très voisins, venant se
peindre sur un seul cône, produisent la même impression
qu'un seul point deux fois plus brillant. Nous admettrons
également que pour produire la sensation de deux points
séparés la distance des centres des deux images devra
excéder le diamètre d'un élément sensible. En effet, si les
images sont plus rapprochées que le diamètre d'un cône,
deux cas peuvent se présenter : elles se peignent sur un
même cône, et alors la sensation est évidemment unique ; ou
bien elles tombent sur deux cônes contigus, et alors rien ne
distingue la sensation obtenue d'avec celle que produirait
un point unique dont l'image tomberait précisément sur la
limite commune de deux cônes.
Partant de ces idées théoriques, on a fait de nombreuses
expériences en prenant pour objets des couples de points
lumineux, des groupes de lignes parallèles ou des figures en
échiquier, et ces recherches ont cadré assez bien avec les

résultats obtenus par la mesure micrométrique des cônes rétiniens, pour qu'on puisse admettre que ces cônes constituent les éléments sensibles de la rétine.

Ce n'est pas ici le lieu d'aborder cette intéressante étude; nous devons nous borner à rechercher si les expériences dont nous venons de parler peuvent nous servir à étudier l'aptitude de l'œil pour la lecture, aptitude que nous désignerons provisoirement par le nom d'*acuité visuelle*.

Nous ferons remarquer tout d'abord que la lecture est un acte passablement complexe, et que c'est aller un peu vite en besogne que de l'assimiler à cette expérience qui consiste à rechercher la distance la plus grande où la figure formée par des traits parallèles, alternativement blancs et noirs, cesse de paraître rayée et prend l'aspect d'une teinte plate; il nous semble donc, *a priori*, que les raisonnements théoriques sur lesquels se sont fondés M. Giraud-Teulon et M. Snellen, lorsqu'ils ont construit leurs échelles typographiques, ne reposent pas sur une base solide (1).

Les premières échelles typographiques régulières qui aient été faites sont celles de Stellwag von Carion (*Sitzungsber. der math. naturw. Classe der Kais. Akademie der Wissenschaften*, t. XVI, p. 187-282), échelle gravée avec une étonnante précision.

D'autre part, le Dr Hirschmann (2) a pu distinguer les rayures d'un gril dans des conditions telles que l'angle sous

(1) Voici des extraits des explications de M. Giraud-Teulon :
« Cette échelle est formée par une série de caractères d'imprimerie, assemblés pour la lecture courante, et disposés en série régulièrement progressive. La progression a pour unité l'intervalle 0^{mm},10 qui, à 33 centimètres (1 pied de distance, sous-tend un arc rétinien de 1′ ou de 0^{mm},005. Tous les caractères de l'échelle, visés à la distance marquée (en pieds) par leur numéro dans la série, sous-tendent ce même angle de 1′, correspondant à cette même grandeur de l'image rétinienne 0^{mm},005.
» La limite de grandeur de l'image 0^{mm},005, et la condition de présenter les pleins égaux aux clairs donnent à cette échelle l'avantage de s'appuyer sur le dernier terme de la sensibilité distincte de la rétine; dès que l'observateur vient à sortir des limites du champ de sa vision distincte, le cercle de diffusion qui naît à cet instant empêche au même moment de distinguer le blanc du noir.
» Pour mesurer, chez chaque sujet, le degré de sensibilité distincte ou l'acuité de la vision, on considérera comme ayant une acuité égale à 1 tout individu lisant couramment le n° 1 à 1 pied de distance, le n° 2 à 2 pieds, etc. ».
(2) HELMHOLTZ, *Optique physiologique,* trad. française, p. 296.

lequel il voyait la distance entre les *axes* de deux barreaux
consécutifs ne dépassait pas 50", et rien ne prouve que
d'autres observateurs ne distingueraient pas les rayures sous
un angle encore moindre. Il faut bien noter que c'est *d'axe
en axe* que les distances des barreaux ont été mesurées dans
ces expériences ; les pleins étant égaux aux vides, les barreaux ne sous-tendaient qu'un angle de 25".

Si l'on se basait sur ces expériences, les jambages des
lettres employées dans les échelles typographiques des oculistes devraient donc apparaître sous un angle inférieur à une
demi-minute. Faisant le calcul, on trouve, par exemple,
que les jambages de l'ancien n° 1 de Snellen et du n° 1 de
Giraud-Teulon, qui sont destinés à être lus l'un et l'autre à
un pied, devraient avoir une épaisseur inférieure à cinq
centièmes de millimètre (0^{mm},05), tandis qu'ils mesurent
exactement 0^{mm},1. La même observation s'applique évidemment à tous les numéros des échelles, de telle sorte que le
numéro 1 devrait être marqué 2, le 2 deviendrait 4, en un
mot, tous les numéros devraient être doublés tout au moins,
si l'on voulait se conformer aux données de la théorie sur
laquelle on a voulu fonder la construction des échelles.

Cette simple remarque, mieux que tous les raisonnements,
suffit pour nous contraindre à laisser de côté les considérations théoriques sur lesquelles on a voulu s'appuyer
pour construire des échelles optotypiques régulières.

Nous appellerons *Vision excellente*, celle qui permet de
distinguer des caractères moitié plus petits que ceux qui indiquent, d'après Snellen, la *Vision normale*.

Nous ne saurions trop répéter que l'expression classique
de *Vision normale,* introduite par Donders et Snellen, doit
être abandonnée.

Nous allons procéder par modifications successives des
Optotypi de Snellen ; ces types étant connus dans tout l'univers, nous trouverons, en les prenant pour point de départ,
l'avantage de procéder du connu pour aller au nouveau.

1° *Dimension du tableau.* — Réduisons tout d'abord au
cinquième, l'échelle que M. Snellen destine à être éloignée
de cinq mètres ; cette dimension réduite nous donne un
tableau bien plus maniable et que nous regarderons à la
distance d'un mètre, au lieu de cinq, ce qui sera beaucoup

plus commode et ne présente aucun inconvénient pour notre recherche spéciale (partie gauche de la *Fig. 33*).

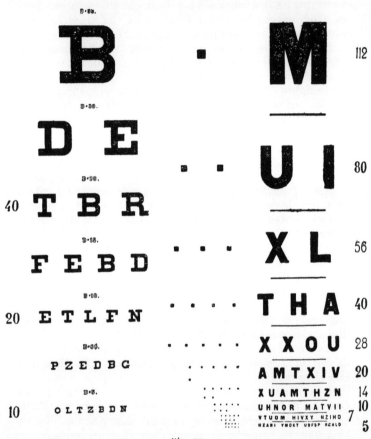

Fig. 33.

2° *Forme des lettres.* — D'après ce que nous avons dit plus haut, les considérations théoriques sur lesquelles M. Snellen s'est fondé pour tracer ses lettres dans des carrés, divisés chacun en vingt-cinq carrés plus petits, ne paraissant pas exactes, rien ne nous oblige à conserver les caractères de forme tout au moins insolite dont s'est servi notre éminent confrère. Nous n'hésiterons pas un instant à choisir les *capitales antiques*, moins à cause de leur facile exécution, que pour adopter celui de tous les types qui est le moins exposé aux caprices de la mode *(Fig. 33).* Parmi les antiques, nous choisissons un TYPE CARRÉ et non pas un TYPE ALLONGÉ qui serait moins classique. On verra plus loin que le choix de lettres de ce genre était utile pour obtenir des échelles peu influençables par les variations de l'éclairage.

3º *Point de départ.* — Le nº 1 figure 33 de Snellen mesure une hauteur de $1^{mm},5$ et est formé de traits de $0^{mm},3$, et l'on dit que l'acuité normale est celle d'un œil qui lit le nº 1 à un mètre. — Il faut bien nous expliquer ici sur ce qu'on aurait dû entendre par *acuité normale.* En effet, M. Snellen a pris pour *acuité normale* ce que nous appellerions plus volontiers *acuité moyenne.* Une comparaison fera immédiatement saisir la différence qui existe entre ces deux expressions : la durée de la vie *moyenne* pourra être de trente-cinq ans dans un pays où la durée de la vie *normale* serait peut-être du double.

En regard de la table de Snellen, réduite au cinquième pour être observée à un mètre, je reproduis une table faite également pour être observée à un mètre *(Fig. 33).* La dernière ligne de cette table est distinguée à un mètre par une vue excellente, l'avant-dernière, à la même distance, par une bonne vue. La troisième ligne (en remontant) dont les lettres ont un millimètre 4 dixièmes de haut et sont formées de traits épais de $0^{mm}35$, sont de la même lisibilité que la dernière ligne de la table de Snellen.

Ainsi les personnes qui lisent à un mètre la dernière ligne du nouveau tableau ont une acuité double de la normale de Snellen.

On verra plus loin les relations entre les grandeurs des lettres et les carrés figurés entre ce tableau et celui de Snellen.

Nous admettrons donc qu'une bonne vue peut lire à la distance d'un mètre des lettres capitales antiques hautes d'un millimètre et formées de traits épais d'un quart de millimètre, dont on peut voir le spécimen, deuxième ligne en remontant de la nouvelle échelle, lettres identiques à celles du groupe $^{VH}_{TY}$ de la figure 34 ci-dessous.

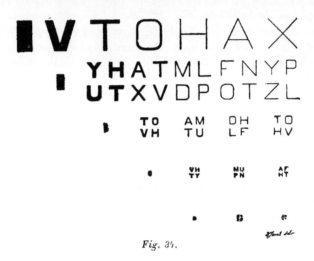

Fig. 34.

Les lettres de cette figure mesurent respectivement 8; 4; 2,1 et 0,5 millimètres de haut et les traits ont 4; 2; 1; 0,5; 0,25; 0,125; 0,0625 millimètres d'épaisseur. Il en résulte que toutes les lettres d'une même horizontale sont de même grandeur et que toutes celles d'une même verticale sont formées de traits de même épaisseur.

Nous ferons observer que les lettres de la file oblique commençant par **V** continuant par $^{YH}_{UT}$ puis $^{TO}_{VH}$ etc., sont *semblables* dans le sens géométrique du mot ; les traits ont une épaisseur égale au quart de la hauteur de chaque lettre ; en un mot, dans toute cette file oblique, les lettres sont comme des réductions photographiques successives d'un type unique.

Théoriquement, l'acuité visuelle, au lieu d'être inversement proportionnelle à la grandeur linéaire des plus petites lettres distinguées, est en réalité inversement proportionnelle au carré de cette grandeur. Si par conséquent, on voulait se servir de la *Fig. 34* pour mesurer la sensibilité rétinienne, c'est plutôt des files horizontales que des files obliques qu'il faudrait faire usage en numérotant les lettres 1, 2, 4, 8, etc., tandis que théoriquement les lettres de la file oblique seraient numérotées 1, 4, 16, 64, etc. Cependant, dans ce qui suit, il sera bien plus commode de parler simplement de la hauteur ou grandeur linéaire des lettres vues, sans rien préjuger relativement à la théorie de l'acuité visuelle.

4° *Choix des degrés de l'échelle.* — La grandeur relative des lettres de l'échelle de M. Snellen est mesurée par les nombres 1 ; 1,5 ; 2 ; 3 ; 4 ; 6 et 10. Si l'on veut des échelons à peu près aussi nombreux, il sera préférable de prendre 1 ; $\sqrt{2}$; 2 ; 2 $\sqrt{2}$; 4 ; 4 $\sqrt{2}$; 8 et 8 $\sqrt{2}$, qui forment une progression géométrique ; les hauteurs des lettres seront respectivement 1 ; 1,41 ; 2 ; 2,83 ; 4 ; 5,66 ; 8, 11,31... Il serait tout aussi facile d'obtenir une progression géométrique à intervalles aussi rapprochés qu'on voudra. Pour le moment, nous devons nous borner à faire ressortir les avantages que présente la progression géométrique, et qui ont d'ailleurs été indiqués par M. Green (1).

On remarquera tout d'abord que les échelons en progression géométrique présentent, sur les intervalles adoptés par M. Snellen, l'avantage que l'échelle est propre à être employée à autant de distances différentes qu'elle compte de lignes : nous avons supposé jusqu'ici qu'on se mettait à la distance d'un mètre ; rapprochons-nous, par exemple, à 50 centimètres, c'est le groupe $\begin{smallmatrix}H\,T\\V\,U\end{smallmatrix}$ *(Fig. 34)* de la dernière ligne qui devra être lu par une bonne vue.

Principale supériorité de la progression géométrique : l'expression : *le malade lit une ligne de plus de la fig. 34*, prend un sens parfaitement déterminé : son acuité *superficielle* a doublé ; s'il lit deux lignes de plus, son acuité *linéaire* a doublé, mais son acuité *superficielle* a quadruplé.

(1) A New Series of Test Letters, in *Transactions of the American Ophthalmological Society.* 1867, p. 67. M. Green avait choisi la progression $\sqrt[3]{2}$. Je préfère $\sqrt{2}$.

En d'autres termes, si l'on persiste à considérer l'acuité visuelle comme inversement proportionnelle à la grandeur *linéaire* des lettres lues, c'est lorsque le malade gagne deux lignes de la *fig. 33* qu'on dirait que son acuité a doublé. (D'après la théorie que j'ai mentionnée en passant, l'acuité *superficielle* serait doublée en réalité quand le malade gagne une ligne sur cette figure 34, parce que le nombre des éléments rétiniens affectés par les lettres d'une ligne est précisément double du nombre de ceux affectés par les lettres de la ligne immédiatement inférieure).

On sait que par une coïncidence très remarquable, les termes de la progression $1 ; \sqrt{2} ; 2 ; 2\sqrt{2} ; 4....$ peuvent être exprimés avec une très grande approximation par les chiffres $5 ; 7 ; 10 ; 14 ; 20 ; 28 ; 40$, etc. Plaçons ces chiffres à côté des lignes de la figure 33 en commençant par le bas ; on remarquera que le nombre 10 tombe en regard de la ligne qui correspond à l'acuité normale de Snellen (1).

(1) Le Congrès international de 1900 a chargé une Commission composée de MM. *Javal, Hirschberg, Landolt* et *Parent* d'étudier la réforme qu'il pourrait être utile d'apporter à la notation de la *faculté* visuelle.

La Commission s'est réunie aussitôt et, après m'avoir désigné comme président, elle m'a chargé de la conduite de ses opérations.

En vertu du droit de cooptation qui lui avait été conféré par le Congrès, la commission s'est adjoint MM. *Reymond*, de Turin, et *Chavasse*, médecin principal de l'Armée française.

Il a été impossible de réunir la Commission à Madrid en 1903, elle se présentera à Lisbonne en 1906. La présente rédaction provisoire résulte de correspondances échangées avec mes collègues. Nous n'avions pas connaissance de l'ingénieux mémoire présenté au Congrès spécial de Lucerne, en septembre 1904, par le D^r von Siklossy (Buda-Pesth).

Il a été reconnu tout d'abord qu'en présence des lois relatives aux accidents du travail, il importe de fonder une notation sur une base théorique incontestable et qui soit intelligible pour les magistrats. Cette dernière nécessité exclut l'emploi du terme d'acuité normale qui, l'expérience l'a démontré, apporte un obstacle parfois insurmontable à l'échange d'explications entre le juge et l'expert.

Car ce n'est pas une petite affaire d'expliquer au juge comment on a été conduit à prendre, pour la mesure de la fonction visuelle, une certaine unité arbitraire et d'employer des fractions de cette unité.

La difficulté disparaît si, au lieu de s'exprimer par fractions et de partir d'une unité arbitraire, l'expert parle d'IMPERFECTION visuelle, cette *Imperfection* étant définie par la grandeur de l'objet que l'ouvrier peut voir après l'accident. La comparaison entre l'*imperfection* antérieure à l'accident et l'*Imperfection* actuelle donne l'idée de la *détérioration*.

Il est clair que la *perfection* visuelle, imaginable, permettrait de discerner un objet infiniment petit. Une vue infiniment bonne s'inscrirait : $I = 0$. (*imperfection* nulle.) L'impossibilité de rien distinguer s'é-

On peut voir *Fig 33*, les rapports entre la *lisibilité* de carac-

crirait : $I = \infty$. L'*imperfection* pourrait se chiffrer, par exemple, en faisant usage de l'un des dix nombres inscrits à droite de la figure 33 (p. 86).

Comme il est pratiquement impossible d'abandonner l'emploi des lettres, nous définissons leur *lisibilité* par comparaison avec la *visibilité* de carrés noirs sur fond blanc tels qu'ils cessent d'être vus à la même distance où les lettres cessent d'être lues (*a*).

Guillery a admis pour la distance de 5 mètres que le cercle noir sur fond blanc dont la *visibilité* correspond à la *lisibilité* normale de Snellen a un diamètre de 1 mm 2. Or un carré de 1 mm de côté a une surface à peine plus petite que ce cercle ; donc, si Guillery avait pris des carrés, il aurait pris sans doute 1 mm de côté comme équivalent à la normale à 5 mètres. D'après Grœnouw une excellente vue distingue sur fond blanc un carré noir dont le côté sous-tend un angle de 29".

On construira donc une *échelle étalon* composée de petits carrés noirs de dimensions variées (*Fig.* 35). Cette échelle ne sera pas présentée aux malades ; elle servira uniquement à la construction des optotypes.

L'expérience nous a appris qu'il faut une vue extrêmement bonne et un éclairage favorable (*b*) pour pouvoir distinguer un carré dont le côté mesure un dix-millième de la distance à laquelle il est vu. Cette vue correspond approximativement à l'acuité 2 de Snellen, l'acuité normale correspondant à un carré dont le côté serait deux dix-millièmes de la distance. A la distance de 1 mètre, le plus petit carré visible aurait donc un côté de un dixième de millimètre, et l'acuité normale correspondrait à un carré de deux *dixièmes* (*c*) de côté.

Nous proposons de faire l'examen à une distance de 5 m. et d'inscrire simplement la longueur mesurée en dixièmes du côté du carré vu à cette distance. Choisissons la lettre I, comme initiale du mot imperfection. Pour l'acuité normale, on aurait alors I=10 et la correspondance entre l'ancienne et la nouvelle numération se voit dans le tableau de chiffres de la figure 35.

Les avantages de notre système sont les suivants :

1° On évite de choisir une unité arbitraire ;
2° On évite l'idée abstraite d'*angle visuel* ;
3° On évite les nombres fractionnaires ;
4° On ne présume rien sur la progression des échelles ;
5° La lisibilité des différentes lettres portant le même numéro sera toujours la même quelle qu'en soit la forme, puisqu'elle a été déterminée expérimentalement. On peut constituer les échelles avec des lettres latines du type Snellen ou de tout autre type, des lettres gothi-

(*a*) On a beaucoup discuté la question de savoir s'il faut se servir du principe du *minimum separabile* ou de celui du *minimum visibile* pour la construction des optotypes. Il est actuellement établi qu'ils conduisent pratiquement à des résultats identiques. Si nous sommes partis du *minimum visibile*, c'est parce que cette manière de faire présente plus de simplicité ; nos propositions restent identiques avec celles qui découleraient du *minimum separabile*. Quant aux objets à employer, nous avons choisi des points et non pas des lignes pour éviter, autant que possible, l'influence de l'astigmatisme. La forme des points importe peu, car son influence disparait absolument lorsqu'on se rapproche de la limite de visibilité, le seul facteur qui joue un rôle étant l'étendue superficielle des points. Nous avons choisi la forme carrée qui permet d'exprimer cette étendue d'une manière très simple.

(*b*) La visibilité des points varie dans une certaine mesure avec l'éclairage. Nous nous réservons de définir celui-ci ultérieurement.

(*c*) Dans la suite, nous emploierons l'expression de *dixième* pour désigner le dixième de millimètre, comme cela se fait souvent dans l'industrie.

tères typographiques et la *visibilité* des points constituant l'échelle étalon mentionnée dans la note ci-dessous.

ques, persanes ou même avec des images de différents objets comme l'a fait dernièrement Ewing (*Fig. 36*).

Conclusion. — La théorie et les besoins de la pratique sont d'accord pour exiger la substitution à la notation fractionnaire actuelle d'une notation, exprimant la grandeur des objets vus, c'est-à-dire l'imperfection visuelle.

L'utilité de cette réforme est aussi grande et aussi évidente que celle de la substitution des dioptries aux fractions qui désignaient les amétropies, et sa mise en pratique rencontrerait des difficultés moindres que celles qui s'opposèrent longtemps à l'introduction de la dioptrie.

TABLE ÉTALON

CONSTRUITE POUR LA DISTANCE DE 5 MÈTRES, RÉDUITE AU CINQUIÈME

Côtés des carrés en dixièmes de millimètres.	1	1,4	2	2,8	4	5,6	8	11,2	16	22,4

Surface en dixièmes de mill. carrés.	1	2	4	8	16	32	64	128	500	1000

$$V = 2 \qquad \frac{7}{5} \quad 1 \quad \frac{1}{1,4} \quad \frac{1}{2} \quad \frac{1}{2,8} \quad \frac{1}{4} \quad \frac{1}{5,6} \quad \frac{1}{8} \quad \overline{11,2}$$

$$I = 5 \quad 7 \quad 10 \quad 14 \quad 20 \quad 28 \quad 40 \quad 56 \quad 80 \quad 112$$

Fig. 35.

* *

Le choix d'une progression pour les échelles d'acuité ne fait pas partie de la tâche qui nous a été confiée et nous considérons comme un avantage de notre système de ne rien présumer à cet égard, de manière à laisser chacun libre de choisir la progression qui lui plait. On trouvera

Une comparaison analogue entre le même tableau étalon et une échelle d'objets dessinée par M. Ewing, assistant de M.

dans ce qui suit la justification du choix que nous avons fait de la distance de 5 m. pour définir ce que nous avons appelé I.

Snellen a choisi pour sa table la série des inverses des chiffres entiers, 1, 1/2, 1/3, 1/4, etc. Mais comme cette série donnait un nombre trop grand d'échelons composés de grandes lettres, et un nombre trop petit de petites. il a supprimé les lignes correspondant à 1/5, 1/7, 1/8 et 1/9, et intercalé 2/3 entre 1 et 1/2. Sa série ne correspond donc à aucune formule mathématique. Le système de Snellen a encore un autre inconvénient, c'est qu'une table donnée ne peut servir commodément qu'à la distance pour laquelle elle a été construite. Si par exemple par défaut d'espace on place les examinés à 5 mètres d'une table qui a été construite pour une distance de 6 mètres, on obtient les expressions V=5/6, 5/9, 5/12, etc., bien incommodes à comparer avec celles de la série 6/6, 6/9, 6/12, etc. Une critique tout à fait analogue s'applique à l'échelle décimale Monoyer, dont les inconvénients sont bien plus grands.

M. Green, de Saint-Louis, a exposé en 1867 les avantages théoriques que présente une progression géométrique. On sait que, dans une progression géométrique, on obtient chaque terme en multipliant le précédent par un facteur constant. Dans la série que nous préférons, ce facteur est $\sqrt{2} = 1,41$ et la série est 1 ; $\sqrt{2}$; 2 ; $2\sqrt{2}$; 4 ; etc. Green avait choisi $\sqrt[3]{2} = 1,26$, chiffre que Sulzer a dernièrement adopté. La série de Green était par conséquent 1 ; $\sqrt[3]{2}$; $\left(\sqrt[3]{2}\right)^2$; 2 ; $2\sqrt[3]{2}$; $2\left(\sqrt[3]{2}\right)^2$; 4, etc.

Le petit tableau suivant indique la valeur des I dans les différents systèmes.

Snellen.	5	6.7		10	15		20	30		40	60		80	100		
Proposition.	5	7.1		10	14.1		20	28.3		40	56.6		80	113		160
Green et Sulzer.	5	6.3	7.9	10	12.6	15.9	20	25.2	31.7	40	50.3	63.4	80	101.7	127	160

La série proposée et celle de Snellen se ressemblent, l'expérience ayant conduit ce dernier à se rapprocher beaucoup d'une progression géométrique. La série de Green donne un plus grand nombre d'intermédiaires, trop grand semble-t-il pour l'emploi journalier, puisque l'un de ses élèves a dernièrement publié des tables utilisant la progression de racine carrée de 2. Légèrement modifiée, cette dernière devient très simple.

On ne commet en effet qu'une erreur très faible en mettant $\sqrt[2]{2} = 1,4 = \frac{7}{5}$; on tombe, en représentant par 5 le premier terme de la progression, sur la série

$$5\text{-}7\text{-}10\text{-}14\text{-}20\text{-}28\text{-}40\text{-}56\text{-}80\text{-}112\text{-}160,$$

connue depuis vingt siècles. Elle se compose uniquement de nombres entiers qui sont alternativement des multiples de 5 et de 7. C'est juste-

Green, à Saint-Louis, pour mesurer l'acuité visuelle des enfants, est représentée par la *Fig. 36*, ci-dessous.

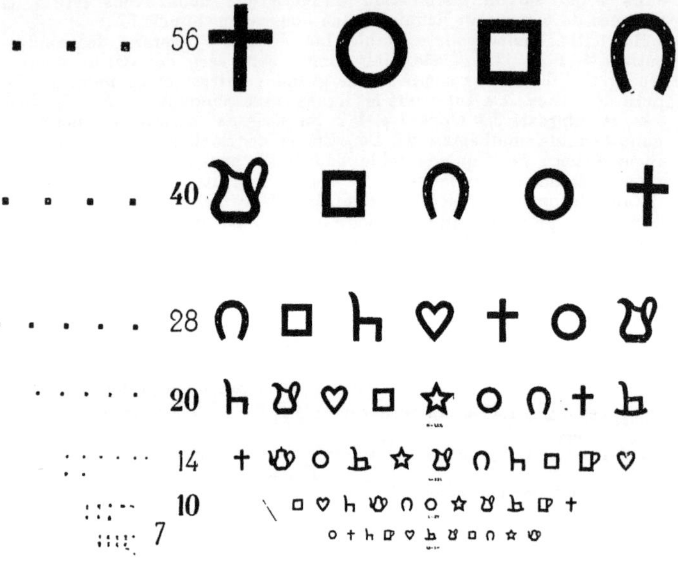

Fig. 36.

ment pour tomber sur cette série que nous avons proposé la distance de 5 mètres pour la détermination de I.

Outre les avantages théoriques que présentent les échelles géométriques, elles ont aussi l'avantage pratique de pouvoir servir à différentes distances. La table qu'on voit à droite de la *Fig. 33* construite pour 5 mètres peut ainsi servir à 3 m. 50, à 7 mètres, à 10 mètres, etc. Si par exemple on observe à 7 mètres, toutes les lettres apparaissent diminuées dans le rapport 5/7 ; une personne qui à 5 mètres pouvait lire le n° 5, ne peut lire que le n° 7, celle qui pouvait lire le n° 7 ne peut plus lire que le n° 10 et ainsi de suite. En plaçant d'une manière permanente les observés à 7 mètres, l'oculiste n'a donc qu'à se rappeler, une fois pour toutes, que pour noter une ligne lue, il doit se servir du numéro de la ligne au-dessous. Si au contraire, ne disposant pas d'un recul suffisant, il met les observés à 3 m. 50 de la table, c'est le numéro de la ligne au-dessus qui doit servir.

P. S. C'est par accident que, dans les figures 33, 35 et 36, les carrés constituant les plus petits échelons de la table étalon, ont été disposés sur deux lignes au lieu d'une.

CHAPITRE IX.

INFLUENCE DE L'ÉCLAIRAGE SUR L'ACUITÉ VISUELLE. — PHOTOMÉTRIE.
VISIBILITÉ DES POINTS ET DES LIGNES.

Visibilité d'un point. — Examinons d'abord le cas le plus simple qui puisse se présenter : Quelles sont les conditions de visibilité d'un point blanc sur fond noir ? Par *point lumineux*, nous désignerons ici, non pas un point mathématique, mais un cercle assez petit pour que son image sur la rétine ne soit pas plus grande que ne serait celle d'un point lumineux mathématique. Cette dérogation à la rigueur d'expression géométrique est admissible, car, par un effet d'irradiation, l'image du point lumineux le plus petit prend l'apparence d'un petit disque, dont le diamètre augmente avec l'intensité lumineuse du point. Aussi, les astronomes rangent-ils par *grandeurs* les étoiles fixes, bien que ces astres, sans aucune exception, soient tous assez distants pour jouer le rôle de points lumineux mathématiques. En réalité, les étoiles n'ont aucune grandeur et ne diffèrent entre elles que par l'éclat (1) : un coup d'œil dans un télescope suffit pour s'en assurer.

Les planètes, au contraire, possèdent un diamètre angulaire appréciable. Mais ce diamètre est assez petit pour qu'il soit légitime de n'en pas tenir compte dans l'évaluation de leur intensité lumineuse : il est parfaitement correct de dire qu'à un certain moment l'*intensité* de Saturne est égale à celle d'une étoile de deuxième grandeur.

Mais il ne faut pas confondre l'*intensité* avec l'*éclat lumineux*. — Nous appellerons *éclat* l'intensité de l'unité de surface. Alors, l'éclat de Vénus sera pour nous infiniment

(1) Les étoiles de 6ᵉ et 7ᵉ grandeur sont les plus petites perceptibles à l'œil nu. La photographie découvre jusqu'à la 17ᵉ grandeur ; pour les petites, le rapport d'intensité d'une grandeur à l'autre est de deux cinquième. Les étoiles de première grandeur sont très inégales entre elles.

moindre que celui d'une étoile de première grandeur, quand même l'intensité totale de cette planète serait assez forte pour la faire apparaître plus lumineuse que l'étoile la plus brillante.

Un exemple nous suffira pour mieux faire comprendre cette distinction : Il est actuellement possible de produire une lumière électrique dont l'éclat soit comparable à celui du soleil. Cela veut dire que la surface, extrêmement petite, occupée par cette source lumineuse, est à peu près aussi brillante que serait un fragment, de même diamètre angulaire, découpé dans la surface du soleil.

De notre définition il résulte que, lorsqu'on s'éloigne graduellement d'une surface lumineuse de grandeur appréciable, son éclat reste constant, tandis que son intensité diminue en raison inverse du carré de la distance.

Quant à l'*éclat apparent*, il reste constant pendant que l'observateur s'éloigne, mais seulement dans certaines limites : si l'observateur, qui était d'abord à une distance d'un mètre, s'éloigne à deux mètres, l'éclat de l'image formée sur la rétine ne diminue pas, car, si la surface de cette image est devenue quatre fois moindre, et si l'intensité totale est devenue aussi quatre fois moindre, l'intensité de chaque élément de l'image, c'est-à-dire l'éclat, n'a pas varié. Mais, à partir d'une distance telle que la grandeur apparente de la surface lumineuse devienne négligeable, il arrive que la surface de l'image rétinienne cesse de décroître en raison inverse du carré de la distance, et alors l'éclat de la source lumineuse paraît diminuer ; c'est pour ce motif que les étoiles des dernières grandeurs paraissent moins éclatantes que les autres, bien que leur éclat réel puisse être égal ou supérieur.

Ces principes une fois posés, on voit que la visibilité d'un point lumineux de dimensions appréciables peut s'exprimer de plusieurs manières : on peut dire que la visibilité est proportionnelle à l'intensité lumineuse totale ; on peut dire également qu'elle est proportionnelle au produit de la surface par l'éclat de l'élément de surface.

Nous pouvons encore, sans inconvénient, introduire l'expression de *quantité de lumière,* et dire que la visibilité d'un point est proportionnelle à la quantité de lumière qui, de ce point, parvient à la rétine.

Imaginons dans une chambre parfaitement obscure une plaque opaque verticale percée d'une série de trous mesurant respectivement 1, 2, 4, 8, 16, 32, 64........ millièmes de millimètre de diamètre, et distribués sur une ligne droite horizontale. Derrière chacun de ces trous, disposons une bougie, et supposons que, pour un œil normal, le trou 1 soit visible à un mètre de distance; il est évident que le trou 2 sera visible à deux mètres, le trou de 4 millièmes de millimètre sera visible à 4 mètres, et ainsi de suite. En règle générale, chaque trou sera visible deux fois plus loin que le précédent, car, par exemple, le trou dont le diamètre est 8 μ donnera à 8^m de distance une image rétinienne dont la dimension sera exactement la même que celle de l'image fournie par le trou de 4 μ vu à une distance de 4 mètres; comme, d'autre part, l'éclat des deux trous est le même, l'éclat des deux images rétiniennes sera égal; la visibilité sera donc identique.

Nous pouvons arriver aux mêmes conclusions par un autre raisonnement tout aussi rigoureux, en remarquant que, dans les deux cas, la quantité de lumière qui parvient à la rétine est la même.

Il est très important d'observer que, dans notre série de trous les surfaces des sources lumineuses croissent comme les carrés des diamètres, de telle sorte que les trous de diamètre 1, 2, 4, 8... ont des surfaces 1, 4, 16, 64...

Si nous appelons *sensibilité rétinienne* la faculté de percevoir un point lumineux, notre dispositif nous permet de mesurer approximativement cette sensibilité. En effet, nous avons admis que l'œil normal voit le trou 1 à 1^m de distance et pas au-delà, le trou 2 jusqu'à 2^m, et ainsi de suite. Il est évident que, si un œil, dont les milieux réfringents sont irréprochables, ne peut pas voir le trou 2 au-delà de la distance de 1^m, la sensibilité rétinienne de cet œil est 1/4 de la normale.

Nous disons 1/4 et non pas 1/2, car un trou de diamètre double laisse passer quatre fois plus de lumière.

L'expérience que nous avons imaginée pourrait se concevoir tout aussi bien, en remplaçant nos trous inégaux par des trous égaux, derrière lesquels nous placerions des flammes dont l'éclat serait respectivement 1, 4, 16, 64, 256...; nous aurions alors des objets lumineux tout à fait analogues aux étoiles, et dont la série réaliserait au besoin un photomètre.

Supposons maintenant qu'on réussisse à marquer, sur un fond parfaitement noir, des points blancs dont les diamètres soient respectivement 1, 2, 4, 8... *dixièmes* de millimètre, c'est-à-dire des points cent fois plus grands que les précédents; leur surface sera dix mille fois plus grande. Si nous éclairons ce tableau, de telle sorte que l'éclat des parties blanches soit dix mille fois plus faible que celui d'une bougie, ce qui serait encore un éclairage fort brillant, il nous sera permis de répéter tous les raisonnements, et nos points blancs pourront donner la sensibilité rétinienne, comme les points lumineux de tout à l'heure.

Mais l'expérience se heurtera contre de nombreuses difficultés: l'impossibilité d'avoir un éclairage suffisamment intense pour pouvoir opérer avec des points assez petits, l'impossibilité de tracer des points blancs de petite dimension et pourtant du diamètre voulu, l'impossibilité d'avoir un fond réellement noir. Mais peu importe, car il nous suffit d'avoir poussé la série de nos inductions assez loin pour qu'on admette avec nous ce *postulatum:* LA VISIBILITÉ D'UN POINT BLANC SUR FOND ABSOLUMENT NOIR EST PROPORTIONNELLE AU CARRÉ DU DIAMÈTRE DE CE POINT et elle est aussi PROPORTIONNELLE A L'ÉCLAIRAGE.

Examinons de plus près l'une des difficultés que rencontre la réalisation de l'expérience précédente, et qui consiste dans l'impossibilité d'obtenir un fond réellement noir. — Les surfaces les plus foncées renvoient à l'œil une quantité de lumière très appréciable et même beaucoup plus grande qu'on ne l'imaginerait au premier abord; tel papier noir renvoie de la lumière dans la proportion de 30 à 40 °/₀ de la quantité qui est renvoyée par du papier blanc. S'il n'en était pas ainsi, rien ne nous permettrait de distinguer la forme des objets noirs, ni d'apercevoir, par exemple, les plis du velours noir, matière qui, entre toutes, réfléchit le moins de lumière. Il en résulte que si, au lieu d'obtenir des points blancs au moyen de trous percés dans un écran opaque éclairé par derrière, nous observons des points blancs tracés sur une feuille noire éclairée par devant, le problème de leur visibilité se complique, par suite de l'éclairage du fond, lequel varie dans la même proportion que celui des points, quand nous faisons varier l'éclairage général de la feuille.

Nous avons supposé tout à l'heure qu'on faisait varier l'éclairage des points lumineux. Supposons maintenant qu'on fasse varier l'éclairement du fond, sans faire subir aucune variation à celui des points blancs : c'est ce qui aura lieu si l'on fait usage d'un écran opaque, blanc, percé de trous de dimensions diverses, derrière lesquels brûleront des bougies, et qu'on éclairera par devant au moyen d'une lumière variable.

Sans chercher aussi loin, le ciel étoilé nous donne un exemple parfait de cette expérience : la visibilité des étoiles ne varie, en effet, que par suite de la variation dans l'éclairage de la voûte céleste. Soit 1 l'éclat d'une étoile à peine visible dans un ciel parfaitement noir, et considérons une série d'étoiles dont les éclats soient respectivement 1, 4, 16, 64, 256..... et soit e l'éclat du ciel pour lequel l'étoile 4 est à la limite de la visibilité; dans les limites de la loi de Fechner, les étoiles 16, 64, 256.... seront tout juste visibles dans un ciel dont les éclats seront respectivement e^2, e^3, e^4..... On conçoit donc pourquoi la voûte étoilée réalise un photomètre assez sensible : plus il fait sombre, plus on voit d'étoiles, ce qui donne raison au poète, quand il parle de

..... l'obscure clarté qui tombe des étoiles.

D'après ce qui précède, on comprend fort bien pourquoi les variations de l'éclairage n'auront qu'une influence relativement faible sur la visibilité de points blancs marqués sur un fond noir. Bien plus, il ne faut pas oublier que, si la loi de Fechner était absolument exacte, la visibilité de ces points serait tout à fait indépendante de l'éclairage ; la recherche de l'influence de l'éclairage sur la visibilité de points blancs sur fond noir équivaut à la recherche de la discordance entre la réalité et la loi de Fechner.

Dans la vie de tous les jours, l'éclairage n'exerce donc sur la visibilité qu'une influence très restreinte, car ce que nous venons de dire s'applique aussi à des points noirs sur fond blanc et généralement à des objets quelconques, tout au moins dans certaines limites assez étendues. Et il est fort heureux qu'il en soit ainsi, car il serait tout à fait déplorable que les variations de l'éclairage vinssent modifier profondé-

ment les rapports d'ombre et de lumière sur les objets extérieurs. On dirait qu'à tous.égards l'œil ait été construit pour
fonctionner sans s'apercevoir des variations colossales
d'éclairage auxquelles il est soumis ; nous pouvons lire en
plein soleil, c'est-à-dire avec un éclairage un million de fois
plus intense que celui d'une bougie à un mètre, suffisante
pour nous permettre de distinguer à merveille les caractères
d'impression ; mais cette précieuse faculté d'adaptation de
l'organe, qui en assure le fonctionnement dans les circonstances les plus variées, a pour effet de rendre singulièrement
difficile le problème de la photométrie (1).

(1) Ce qui précède nous permet d'aborder d'une manière toute nouvelle
le problème de la photométrie. — Il est important de savoir mesurer
l'éclairage qui parvient en tel ou tel point d'une classe ou d'une salle de
spectacle, *quel que soit le nombre des sources lumineuses qui concourent à*

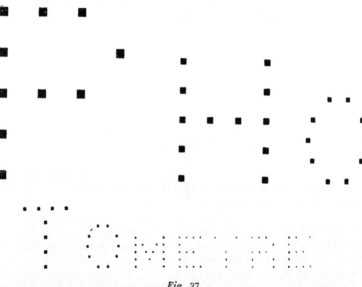

Fig. 37.

cet éclairage, et le premier essai qui ait été fait jusqu'ici dans ce sens a été
relaté dans la thèse de doctorat de N. Th. Klein. La part que j'ai prise aux
recherches de M. Klein me met fort à l'aise pour dire que la solution

Visibilité des lignes. — Étant acquis que la visibilité d'un point blanc sur fond absolument noir est proportionnelle au

contenue dans sa thèse est bien moins élégante et probablement moins pratique que celle dont je vais parler.

Imaginons une lanterne contenant une bougie allumée, et, sur l'une des faces de la lanterne, une plaque blanche percée d'une série de trous, et doublée de papier transparent pour diffuser la lumière de la bougie. Il est clair, d'après ce qui précède, que la grandeur du plus petit trou qui paraîtra lumineux en un endroit de la salle où l'on aura posé la lanterne, pourra servir de mesure à l'éclairage de cette partie de la salle : c'est, en somme, un ciel étoilé artificiel qui nous sert ici de photomètre.

Au lieu de disposer ces petits trous au hasard, rien n'empêcherait, pour mieux s'y reconnaître, de leur faire figurer des lettres *(fig. 37)*.

Il est non moins évident que, si l'on place sur une table une feuille de papier blanc, et qu'on regarde cette feuille à travers une plaque percée de trous de diverses grandeurs, si l'on a le soin de disposer cette plaque au fond d'un sac opaque dans lequel l'observateur enveloppe sa tête, on a encore un photomètre, fondé cette fois sur la différence d'éclat des points blancs qui se détachent sur un fond absolument noir. Cette disposition présente, sur la précédente, l'avantage de n'exiger l'emploi d'aucune source lumineuse type, ce qui n'existe que dans les photomètres chimiques ; mais l'observation ne pourra se faire que fort lentement, à cause du temps considérable employé par la rétine pour s'adapter à l'obscurité.

Nous ne voulons pas insister ici sur les applications pratiques, le temps nous ayant fait défaut pour mettre à l'épreuve les résultats théoriques que nous venons d'indiquer. Pour plus de détails voir notre communication au congrès d'oculistique à Lucerne, septembre 1904.

On remarquera que l'intervalle entre les points qui constituent les lettres ci-dessus est suffisant pour que la visibilité de chacun de ces points ne soit pas renforcée par celle des voisins, ainsi que cela aurait lieu s'ils étaient trop rapprochés. Pour s'en convaincre nous figurons

Fig. 38.

ici *(Fig. 38)* deux lettres T., de même dimension que le premier T de la figure précédente : qu'on s'éloigne d'environ quatre mètres du livre, et qu'on compare la visibilité de ces trois T.

J'ai construit un autre photomètre fondé sur un principe tout différent et qui consiste en une petite feuille de papier portant sept teintes plates graduées du gris clair au noir. Au milieu de chaque teinte, un trou de 2 mm de diamètre. L'observateur, placé près d'une fenêtre, tenant cette feuille verticalement à 30 ou 40 centimètres de l'œil, cherche celui des

carré de son diamètre, nous allons démontrer qu'il n'en est pas ainsi pour une ligne droite, dont la visibilité est seulement proportionnelle à son épaisseur. Pour passer de l'étude de la visibilité d'un point à celle de la visibilité d'une ligne, nous devons faire remarquer tout d'abord que les conditions de visibilité d'un point carré *(sit venia verbo)* sont tout à fait les mêmes que celles d'un point rond; en effet, l'expression de *point* n'a été employée par nous que par abréviation, lorsque nous voulions désigner des surfaces lumineuses assez petites pour que leur image sur la rétine fût beaucoup plus petite que la dimension d'un élément photesthésique. Dans ces conditions, peu importe la forme de la petite surface lumineuse. Puisqu'un seul élément rétinien est atteint, il ne peut se produire qu'une sensation lumineuse, et l'observateur n'a, en aucune façon, conscience de la forme du point lumineux qu'il aperçoit. Poussons ce raisonnement plus loin, et remplaçons successivement une image rétinienne carrée, mesurant par exemple $0^{mm},0008$, par des rectangles mesurant respectivement $0^{mm},0004 \times 0^{mm},0016$, ou $0^{mm},0002 \times 0^{mm},0032$. Ces divers rectangles, ayant précisément la même surface que le carré précédent, produiront exactement la même impression sur l'œil, tant que leur plus grande dimension sera inférieure au diamètre d'un élément rétinien ;

trous à travers lequel un objet quelconque situé dans la chambre paraît aussi foncé que la teinte environnante : il voit ainsi instantanément la différence entre l'intensité lumineuse des objets vus à travers les trous.
En vente chez M. Cornet, opticien, 66, rue de Rennes.

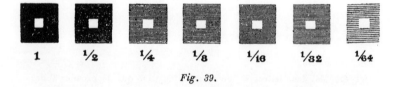

1   ½   ¼   ⅛   1/16   1/32   1/64

Fig. 39.

Enfin, l'étude de l'acuité visuelle m'a conduit forcément à la construction d'*échelles photométriques parlantes*. En effet, si, pour la mesure de l'acuité, il importe d'employer des caractères typographiques dont la lisibilité soit influencée le moins possible par les variations de l'éclairage, des caractères gradués dont la lisibilité varie avec l'éclairage constituent un photomètre assurément grossier, mais qui pourrait être perfectionné en employant des caractères formés de points isolés et peu nombreux.

mais il n'en sera plus de même si nous produisons, sur la rétine, une image dont les dimensions soient par exemple $0^{mm},0001 \times 0,0064$, car alors l'impression, se divisant entre plusieurs éléments rétiniens, ne se totalisera plus comme dans les exemples précédents. Si, par exemple, le carré de $0^{mm},0008$ était à peine perceptible, à la même distance, une ligne produisant sur la rétine une image large de $0^{mm},0001$ et longue de $0^{mm},0064$ disparaîtra complètement, et la condition de visibilité d'une pareille ligne ne peut se déduire, par le raisonnement des conditions de visibilité d'un point.

Mais si nous franchissons cette transition, et si nous passons immédiatement à l'examen des conditions de visibilité des lignes droites, dont la longueur dépasse de beaucoup les dimensions des éléments rétiniens, un raisonnement, tout à fait analogue à celui que nous avons fait pour la visibilité du point, conduit à admettre que la visibilité dépend uniquement de la largeur de la ligne et en aucune façon de la longueur. L'expérience confirme d'ailleurs cette manière de voir.

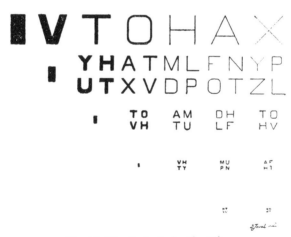

Fig. 40. (Duplicata de la Fig. 34).

En effet, j'ai obtenu, par la photographie, une image négative transparente de la figure 34 (page 88), et j'ai éclairé ce cliché par transparence : dès que l'éclairage était suffisant

pour permettre de lire la grande lettre X de la colonne de
droite, on lisait tout aussi bien les groupes $\begin{smallmatrix} YP \\ ZL \end{smallmatrix}$ et $\begin{smallmatrix} TO \\ HV \end{smallmatrix}$

La conséquence de tout ce qui vient d'être dit, dans ce
chapitre, c'est que la visibilité des points et des lignes se
détachant en blanc sur fond noir absolu, est rigoureusement
proportionnelle à l'éclairage.

Il suffit d'un instant de réflexion pour s'assurer qu'il ne
saurait en être de même pour la *lisibilité* des lettres tracées
dans les mêmes conditions; en effet, une lettre peut être *visible* sans être *lisible*. En éclairant par transparence, par la
lumière directe du soleil, un cliché photographique analogue à celui dont je viens de parler, et qui serait exécuté
dans des conditions de perfection idéales quant à la netteté
des lettres et à l'opacité du fond, des lettres d'une surface
un million de fois moindre que celle des plus petits caractères d'imprimerie existants produiront encore, sur la rétine, une impression lumineuse, mais nous n'aurions aucune
notion de leur forme. La lisibilité des lettres résulte, en effet,
de la combinaison d'impressions produites sur un certain
nombre d'éléments rétiniens, et il y aurait à faire une étude
géométrique fort intéressante, qui consisterait à rechercher
le nombre des éléments de la mosaïque photesthésique dont
l'intervention est nécessaire pour reconnaître la forme des
diverses lettres de l'alphabet. Nous tenterons peut-être un
jour d'aborder cette analyse; quant à présent, nous nous
bornerons à faire remarquer que la faculté de lire des lettres
ne repose pas, comme on le dit dans tous les livres classiques, sur la faculté de distinguer l'un de l'autre deux points
lumineux. Pour s'en assurer, il suffit de percer, au moyen
d'une épingle, une série de trous équidistants dans une carte
opaque, d'éclairer cette carte par derrière, et de s'éloigner
jusqu'à ce qu'on ne puisse plus compter les trous : à cette
distance, on pourra encore distinguer la forme des courbes
suivant lesquelles les points sont alignés, et si, par exemple
on a piqué de manière à figurer des lettres au moyen du
moindre nombre de points nécessaire pour définir leur
forme, on pourra lire les lettres à une distance où les points
ne se distingueront plus les uns des autres (1).

En faisant cette expérience, il me semblait avoir la perception, non pas des points eux mêmes, mais des changements de direction subis par les lignes qu'ils jalonnent. Or, il est évident qu'un changement de direction ne peut se produire que par la sensation de trois points, au minimum : *il faut donc que trois éléments rétiniens au moins soient affectés pour que nous percevions la forme d'un fragment de lettre.*

De ce principe découlent des conséquences importantes, qui seront exposées dans le prochain chapitre ; nous n'avons ici qu'à en tirer des conclusions relativement à l'influence de l'éclairage sur l'acuité visuelle.

De ce que nous venons de dire, il résulte que, tandis que la *visibilité* d'une lettre croît indéfiniment avec l'éclairage, sa *lisibilité* atteint nécessairement, avec un certain éclairage suffisant, une limite qu'elle ne peut plus dépasser, car elle résulte de la composition mosaïque de la rétine. Il nous importe de rechercher cette limite. — En gros, nous dirons que, tandis que la visibilité dépend essentiellement de l'éclairage, de telle sorte qu'en faisant diminuer graduellement l'éclairage nous faisons disparaître, de droite à gauche et par colonnes verticales successives, les lettres qui constituent la figure 34, la *lisibilité* dépend, au contraire, essentiellement de la grandeur des caractères, de telle sorte qu'en s'éloignant peu à peu de cette figure, suffisamment éclairée, les lettres disparaissent à peu près par lignes horizontales, de bas en haut. Mais, si nous examinons les choses d'un peu plus près, nous voyons bientôt que, sur une même ligne horizontale, avec un très fort éclairage, ce sont les lettres situées le plus à droite qui sont les plus lisibles, et l'explication en est facile. Avec un éclairage suffisant, la visibilité des traits constitutifs des lettres ne diminue pas quand ils sont plus minces : quelque mince que soit un trait blanc sur fond noir absolu, il suffit de l'éclairer assez fortement pour que sa visibilité atteigne tel degré qu'on voudra. Cela étant compris, il est évident que, lorsque nous regardons la figure en question, très fortement éclairée, d'une distance telle que les lettres d'une même ligne horizontale soient précisément à la limite de la lisibilité, ce sont celles formées des traits les plus minces

mum du nombre de points nécessaires pour définir plus ou moins exactement la forme des lettres. Ce problème est traité à propos de l'écriture des aveugles. (Voir chap. VI, XI et XXV).

qui, étant le moins empâtées, présentent, avec le plus de
pureté, ce que j'appellerai la forme schématique des caractères d'impression ; j'en conclus qu'il faut recourir à des lettres maigres très fortement éclairées, quand on veut exécuter
des caractères typographiques de la plus petite dimension
perceptible pour une vue excellente (Voir p. 232 et 233).

Arrivé à ce point, nous pouvons enfin nous demander
quelle doit être l'influence de l'éclairage sur la lisibilité des
caractères imprimés en blanc sur noir absolu, et nous voyons
que la diminution d'éclairage ne peut avoir qu'une influence
indirecte sur la grandeur que doivent posséder les lettres
pour être distinguées. Supposons, en effet, que certains
caractères blancs très maigres soient lus très facilement avec
un éclairage donné ; si nous diminuons l'éclairage jusqu'à ce
que la lecture devienne impossible, il nous suffira évidemment d'augmenter l'épaisseur des traits jusqu'à ce qu'ils rede-
viennent visibles, et cela sans augmenter en quoi que ce soit
les dimensions des lettres. Mais cet artifice rencontre bientôt
une limite dans l'empâtement qui en résulterait ; il. arrive
donc qu'avec un éclairage trop faible, il nous faudra de toute
nécessité recourir à des lettres plus grandes, pour disposer
d'un espace suffisant, où nous puissions loger sans confusion
des jambages assez gros pour être perçus.

J'ai exposé ailleurs (*Ann. d'ocul.*, t. LXXIX, mai à
août 1898) un programme de recherches relatives à la distinction entre l'abaissement de l'acuité visuelle qui résulterait de la diminution de la sensibilité des éléments rétiniens,
et l'abaissement que produirait la diminution du nombre de
ces éléments. D'après ces recherches combinées avec les
observations qu'on verra dans le chapitre suivant on comprend pourquoi, en présence d'impressions typographiques
différentes dont la lisibilité est la même pour certaines personnes, il doit arriver que pour d'autres observateurs, la
lisibilité des deux textes à comparer est différente.

On remarquera que, dans tout ce chapitre, pour la facilité
du raisonnement, nous avons supposé qu'il s'agissait de points,
de lignes et de lettres se détachant en blanc sur fond noir ;
l'expérience et le raisonnement montrent que les résultats
seraient les mêmes en opérant avec des objets dessinés en
noir sur fond blanc ; mais le raisonnement qui autorise cette
assimilation ne me paraît exact qu'en tant que les dimensions

des images de ces objets ne sont pas trop petites par rapport à celles des éléments rétiniens : il y a là encore matière à d'intéressantes études.

Enfin, des expériences sont nécessaires pour rechercher dans quelle mesure nos résultats peuvent être altérés par les mouvements des yeux : c'est là une question fort complexe (1). Nous pouvons, grâce à ce qui précède, aborder l'étude des épaisseurs qu'il importe de donner aux traits des caractères d'imprimerie.

(1) **Extrait du compte rendu** de la *Société de Biologie*, séance du 28 février 1880, dans la *Tribune médicale*

M. Javal propose de mesurer la sensibilité de la rétine par les rapports d'intensité lumineuse, et tout porte à croire qu'il y a là les éléments d'un nouveau moyen de diagnostic applicable, par exemple, aux anesthésies hystériques.

Supposons qu'on trace sur une feuille de papier huit lettres d'assez grande dimension et qu'on les couvre de teintes d'encre de Chine dont les intensités seraient respectivement 1, 2, 4, 8, 16, 23, 64, 128, le rapport entre le blanc du papier et la teinte la plus pâle étant précisément 1 : 128, on conçoit fort bien que si, pour un œil anormal, la teinte 64 est précisément assez visible pour que la lettre soit reconnue, tel œil dont la sensibilité aux *rapports d'intensité* sera du quart, ne pourra distignuer que la teinte 16, et on comprend aussi que l'œil ainsi affecté aura pu paraître normal, si on l'a examiné successivement par tous les procédés énumérés plus haut.

Il y aurait une étude à faire relativement à l'influence de la teinte plus ou moins foncée de l'encre et du papier sur la visibilité des caractères typographiques, on trouvera certainement que, l'influence de la teinte plus ou moins foncée de l'encre est extrêmement faible. On verra plus loin que la lisibilité la meilleure n'est pas celle que donne le papier très blanc et qu'une teinte jaunâtre est préférable.

CHAPITRE X.

LES PLEINS ET LES DÉLIÉS EN TYPOGRAPHIE

L'étude de l'épaisseur qu'il convient de donner aux traits constitutifs des caractères, se fonde sur ce qu'on a vu dans le chapitre précédent. Elle y est implicitement contenue. Il est évident, en effet, qu'il suffit de former les lettres au moyen de traits qui soient parfaitement distincts, et qu'une épaisseur plus grande de ces traits, sans rien ajouter à la lisibilité fait perdre de la place inutilement. Mais nous avons vu que l'œil peut distinguer des traits extrêmement fins quand l'éclairage est suffisant : rien ne nous empêcherait donc d'employer des caractères maigres ou filiformes si nous devions jouir toujours d'un éclairage excellent, et nous n'aurions aucune raison de faire varier l'épaisseur du trait qui constituerait ces caractères. Mais pour qu'on puisse lire par les temps sombres et à la lumière artificielle, il faut nous éloigner de la limite extrême dont nous venons de parler, et donner aux traits une épaisseur assez forte pour qu'ils ne cessent pas d'être vus à la lueur d'une bougie ou d'une mauvaise lampe. On a vu, dans la partie historique, comment cette condition a été à peu près remplie dès le début par les imprimeurs, sans doute à cause de la difficulté que présentait l'exécution de poinçons très fins, et aussi par économie, car des caractères trop maigres sont évidemment très fragiles. Ces types anciens, improprement nommés elzéviriens, plaisent beaucoup à certaines personnes, soit à cause de leur cachet archaïque, soit parce qu'étant formés d'un trait à peu près uniforme, ils sont également visibles dans toutes leurs parties. En ce qui me concerne, si j'avais à imprimer un livre de luxe en gros caractères de onze ou douze points, j'aimerais assez l'emploi d'un type de ce genre. Quand il s'agit de gros caractères, la visibilité n'est pas en jeu, et l'on peut

sacrifier davantage à la grâce des formes et même à l'uniformité de l'aspect.

Mais à mesure que nous descendons dans l'échelle des
grandeurs, d'autres considérations s'imposent d'une manière
d'autant plus impérieuse qu'il s'agit de caractères plus
petits.

L'expérience et la théorie sont d'accord pour nous
conseiller d'employer des traits relativement de plus en plus
épais à mesure que nous passons à des types plus fins, et
nous donnons ainsi l'explication de la recommandation que
les photograveurs ne manquent jamais de faire aux artistes,
à savoir de forcer l'épaisseur des traits dans les dessins qui
sont destinés à être réduits par la photographie, conseil dont
la nécessité ne repose pas exclusivement, comme on le croit
généralement, sur la connaissance des imperfections des
procédés de réduction.

Mais cette augmentation d'épaisseur des traits constitutifs des lettres rencontre certaines limites dans le goût,
qui se trouve fortement choqué lorsqu'on fait usage de
lettres antiques un peu grasses, comme celles qui sont parfois employées en Allemagne, car il en résulte des masses
noires fort déplaisantes, dans les parties où les traits se
rencontrent à angles aigus, dans le haut des *m*, par exemple.
Je me figure que c'est pour avoir le bénéfice de jambages épais, visibles malgré un éclairage insuffisant, tout en
évitant l'inconvénient de la lourdeur des points de jonction
des traits, que furent créés les célèbres caractères de Didot,
qui ont fait le tour du monde pendant la première moitié du
XIXᵉ siècle. La solution est en effet assez ingénieuse : par
un bel éclairage, le caractère Didot est visible dans toutes
ses parties; il réalise donc, pour la confection des livres,
les avantages qui ont fait adopter les **CAPITALES NOR-
MANDES** pour les plaques indicatrices des rues de Paris,
de telle sorte que les lettres, qui sont réellement *vues* quand
elles sont en pleine lumière, peuvent être *devinées* quand
l'éclairage devient insuffisant (1).

C'est en se fondant sur ces raisonnements que nous avons

(1) Voir plus loin, chapitre XVII (typographie compacte) l'application de
ces principes faite par M. Dreyfuss à l'exécution de caractères lisibles
de très petites dimensions.

pu dire notre mot, dès 1878, dans la grande querelle qui
s'était élevée entre partisans et adversaires de la renaissance
des elzéviriens.

Pour le mode de répartition des pleins et des déliés, nous
partions volontiers de l'égalité des traits constitutifs,
qui peut être conservée sans inconvénient pour les caractères un peu grands, et nous formions ces caractères
de traits relativement grèles, ce qui leur donnait un aspect
net dans toutes leurs parties ; puis, à mesure que nous pas-
sions à des caractères plus fins, nous augmentions l'épaisseur relative des pleins, et nous finissions, pour les numéros
les plus faibles, par prendre des types assez voisins des
Didot, qui n'ont aucune raison d'être pour les numéros
élevés.

Tels sont les procédés qui nous paraissent découler de
toute l'étude à laquelle nous nous sommes livré jusqu'ici,
et tout particulièrement de la recherche de l'influence exercée par l'éclairage sur l'acuité visuelle. Dès maintenant,
nous voyons que, pour l'épaisseur relative des pleins et des
déliés, on doit suivre une règle précisément inverse de celle
qui avait été adoptée par Didot ; en effet, si l'on examine
une série de caractères, soit de Didot, soit de l'Imprimerie
nationale, soit anglais, en un mot, une série de ces caractères
modernes où le contraste entre les pleins et les déliés est
poussé à son extrême limite, on peut voir que les déliés ne
diminuent pas d'épaisseur à beaucoup près aussi vite que
les pleins, quand on passe des gros aux petits numéros ;
cela tient à ce que les déliés des plus petits numéros seraient
à peu près invisibles et aussi excessivement fragiles si on
les avait faits, à proportion, aussi minces que pour les
caractères les plus gros de la série.

Quand un système a existé aussi longtemps que celui des
caractères de Didot, il ne suffit pas de donner de bonnes
raisons dans une monographie si l'on veut porter dans l'esprit
du lecteur une conviction suffisamment robuste pour le faire
abandonner ; il faudrait, de plus, montrer les raisons qui
avaient fait adopter ce système, et rechercher si ces raisons
existent encore. Il nous a été impossible, malgré toutes nos
recherches, de trouver, dans les auteurs ou dans la tradition, les raisons qui ont décidé Didot à faire un pas plus
avant dans la voie qui avait été suivie successivement, depuis

Garamond, par Grandjean et par Luce, et qui consiste en une diminution successive de l'épaisseur des déliés ; il faut donc nous en tenir aux hypothèses. L'exagération des déliés a probablement reconnu pour cause, non pas les considérations théoriques exposées tout à l'heure, mais plutôt l'habileté croissante des graveurs et des fondeurs, qui ont trouvé graduellement les moyens de graver et de fondre correctement des types avec une finesse d'exécution dont leurs prédécesseurs eussent été incapables : il se serait produit un mouvement analogue à celui qui a donné naissance à l'écriture anglaise, dont les fins déliés auraient été difficiles à exécuter couramment avant l'invention des plumes de fer ; si telle est la cause de l'invasion des déliés minces dans la typographie, il va de soi qu'il n'y a pas là de quoi décider personne à persévérer dans la voie où les Didot se sont engagés. — Si, au contraire, l'exagération des déliés a été adoptée pour permettre de grossir les pleins et obtenir une lisibilité suffisante pour les petits caractères, cette raison ne saurait nous influencer quand il s'agit de caractères un peu gros ; et elle perd même journellement de son importance pour les types qui ne sont pas d'une finesse excessive, car, depuis le commencement du siècle, les moyens d'éclairage ont été singulièrement perfectionnés ; il n'est pas logique de conserver des types qui avaient leur raison d'être quand on se servait de chandelles ou de lampes fumeuses. La bougie stéarique, le quinquet de nos pères, la lampe Carcel, le modérateur, le gaz, l'éclairage électrique sont postérieurs à l'apparition des caractères Didot ; c'est pourquoi nous proposons de faire, pour les caractères de dimension usuelle, les pleins moins gros que ceux dont l'usage était justifié vers la fin du XVIIIe siècle, et de réserver pour les caractères les plus fins l'artifice qui consiste à grossir les pleins à un degré incompatible avec la conservation d'une épaisseur assez grande pour les liaisons ·qui les réunissent (1).

Influence des défauts optiques de l'œil. — Considérant non seulement qu'il n'existe pas d'yeux absolument parfaits, mais qu'il est rare qu'un œil ne présente pas de défauts

(1) Pour plus de détails, voir plus loin au chapitre XVII « Typographie compacte ».

optiques assez grands pour pouvoir être mesurés, ce serait une erreur capitale que d'adopter des caractères appropriés à une vue parfaite : la lecture doit être accessible sans fatigue au plus grand nombre. Bien que la plupart des défauts optiques de l'œil puissent être corrigés au moyen de verres convenables, nous devons admettre que la masse du public n'emploie que des lunettes fort mal appropriées. Il faut donc, dans la construction des caractères typographiques, tenir un assez grand compte des défauts optiques de la vue. Nous intercalons ici une table d'acuité visuelle (*fig. 41*) destinée à être employée à la distance de 25 centimètres, fondée sur les mêmes principes que celle qu'on a vue plus haut (*fig. 34*).

La partie supérieure de cette table a été obtenue typographiquement, en faisant usage de *Latines nouvelles* de la maison Deberny, lettres qui avaient déjà été choisies par notre confrère Parinaud pour l'exécution de ses belles échelles typographiques. Les cinq groupes inférieurs, d'une justification plus étroite, ont été obtenus par une réduction photographique de caractères de même provenance. Ces caractères sont d'un genre déjà signalé tel que la lisibilité est peu influencée par les variations de l'éclairage ; la progression n'est pas rigoureusement géométrique, mais on remarquera que le spécimen de fondeur contenait les termes d'une progression très peu différente de la nôtre.

Les caractères désignés à leur droite par les chiffres :

1, 2, 3, 4, 5, 6, 7, 8, 9, 10, 11, 12 mesurent respectivement en points typographiques :

1 1/8, 1 1/2, 2 1/4, 3, 4 1/2, 6, 9, 12, 18, 24, 36, 48 ; pour une vue dite *normale*, ils peuvent être vus aux distances respectives de :

0^m17, 0^m25, 0^m35, 0^m5, 0^m7, 1^m, 1^m40, 2^m, 2^m80, 4^m5, 5^m60, 8^m.

Enfin, les chiffres de la colonne de gauche

0.75, 1, 1.5, 2, 3, 4, 6, 8, 12, 16, 24, 32,

sont les dénominateurs des fractions employées par Snellen pour désigner l'acuité visuelle.

L'exécution de cette figure est très défectueuse pour les trois premiers numéros.

D = 8ᵐ

32 **cartons** 12 A

D = 5ᵐ6

24 **servant** 11

D = 4ᵐ

16 **au traitement** 10

D = 2ᵐ,8

12 **du strabisme par le** 9

D = 2ᵐ

8 **stéréoscope. - Voir leur emploi** 8

D = 1ᵐ,4

6 **dans le Manuel du Strabisme, par Javal,** 7

D = 1ᵐ

Librairie G. Masson, Paris 1894.— La guérison parfaite du
4 strabisme est une entreprise qui peut presque toujours 6

D = 0ᵐ,7

être conduite à bonne fin en y consacrant des efforts
suffisamment intelligents et prolongés. Malgré cette
3 possibilité, il faut avouer que, souvent, le traitement 5

D = 0ᵐ,5

demande trop de patience pour qu'il soit raisonnable de s'y engager
Quand la déviation est ancienne, surtout si elle remonte à la première
2 enfance de la vie, si l'œil dévié est toujours le même et si cet œil a perdu la 4
faculté de se redresser quand on couvre l'œil sain, mieux vaut ne pas

D = 0ᵐ,35

1,5 3

D = 0ᵐ,25

1 2

D = 0ᵐ,17

0,75 1

Fig. 41.

En ce qui concerne la grandeur des lettres qui pourront être employées sans inconvénient, il nous suffirait de rechercher la grandeur des types qui sont perçus avec facilité par un œil normal, à la distance la plus grande où l'on ait intérêt à pouvoir lire, et nous aurions accompli notre tâche. Or, il est inutile de pouvoir lire au delà de la portée du bras, lequel ne s'étend pas commodément à une distance supérieure à cinquante centimètres. Dans ces conditions, de bons yeux lisent aisément des caractères de trois points gravés convenablement et fortement éclairés.

Mais l'expérience de tous les jours nous enseigne que le public repousse généralement les caractères de quatre, cinq, six et sept points, et que ceux de huit points ne trouvent pas grâce auprès de tout le monde : les amétropies les plus répandues nous contraignent donc à employer des caractères de dimensions linéaires triples, et de surface neuf fois supérieure à celles qui suffiraient si tous les yeux étaient rigoureusement corrects (1), ou rigoureusement corrigés par des lunettes appropriées.

Nous pourrions nous en tenir là et adopter ces résultats, fournis par l'expérience quotidienne des éditeurs de journaux, parfaitement compétents en pareille matière ; mais nous préférons analyser les causes du verdict rendu par la masse des lecteurs.

On sait, depuis des siècles, que ce sont les presbytes et jamais les myopes qui réclament contre la finesse exagérée des caractères, et que leurs plaintes reconnaissent pour cause la formation d'images de diffusion sur leur rétine.

Calculons la dimension de ces images de diffusion, en nous servant de l'œil réduit de Listing. Soit p le diamètre de la pupille, d celui du cercle de diffusion, l la distance du livre au foyer antérieur de l'œil, on a

$$d = \frac{300\,p}{300 + 20\,l} = \frac{15\,p}{15 + l}$$

et pour $p = 4^{mm}$ il vient $d = \dfrac{60}{15 + l}$. A la simple inspection

---

(1) Toutes choses égales d'ailleurs, il faut quadrupler le format d'un livre si on doit l'imprimer en *huit* qui soit rigoureusement double d'un *quatre* donné, et, par exemple, recourir à l'in-4° au lieu de l'in-16 ou à

de cette formule on voit que les diamètres des cercles de
diffusion sont à peu près inversement proportionnels à la
distance qui sépare l'œil de l'objet, mais que, pour les
objets très voisins, ils croissent un peu moins rapidement à
proportion que la distance diminue. Effectuant le calcul,
nous trouvons pour des points lumineux situés respectivement en avant du foyer antérieur à

4m	2m	1m	0m50	0,25	0,125	0,0625
des cercles de 0mm015	0,03	0,06	0,12	0,23	0,43	0,77

Ces chiffres ont été calculés, je le répète, en mesurant la
distance du point lumineux au foyer antérieur de l'œil, ainsi
que l'avait fait Listing pour son petit tableau, reproduit dans
l'*Optique physiologique*, p. 101 (137 de la traduction). On voit
que, lorsque l'objet se rapproche de l'œil, les cercles de
diffusion croissent moins rapidement que la valeur inverse
de l, et c'est sur ce fait que de Graefe s'était fondé pour
expliquer pourquoi certains hypermétropes ont avantage à
tenir les objets très près de l'œil, de manière à faire croître
la dimension des images rétiniennes plus rapidement que
celles des cercles de diffusion.

En pratique, c'est la distance des objets à la cornée qui
nous intéresse ; la cornée étant située à 13 millimètres en
arrière du foyer antérieur, si nous nommons λ la distance
de l'objet à la cornée, on a $\lambda = l+13$ et notre formule ci-
dessus deviendra $d = \dfrac{15\,p}{15+\lambda-13}$. Dans un but de simplification, je préfère mesurer la distance de l'objet au plan
principal, qu'on peut, sans erreur notable, confondre avec
l'iris. Nommons D cette distance ; puisque nous plaçons le
foyer antérieur à 15mm en avant du plan principal, notre
formule se réduit à la plus excessive simplicité ; il vient, en
effet, $d = \dfrac{15\,p}{D}$, et pour $p = 4$ on a $d = \dfrac{60}{D}$ ce qui nous
donne les valeurs suivantes :

D étant 4m	2	1	0,50	0,25	0,125	0,0625
d sera = 0mm015	0,03	0,06	0,12	0,24	0,48	0,96

l'in-8° au lieu de l'in-32. — Cette proportion est diminuée si les dimensions horizontales des lettres décroissent moins vite que les verticales,
ce qui est le cas général.

Nous allons comparer ces chiffres avec la grandeur des images formées par les objets sur la rétine. — Supposons, par exemple, qu'un œil examine deux traits blancs sur fond noir, dont les milieux soient écartés d'un angle de 50″ et dont l'épaisseur soit égale à la distance qui les sépare. Cette distance de 50″ correspond, sur la rétine, à une étendue de $0^{mm},00365$, et une excellente vue permet encore de distinguer ces traits l'un de l'autre (1).

Or, on admet généralement que cette distinction cesserait d'être possible si les cercles de diffusion se touchaient ; mais, si l'espace noir compris entre les traits est supposé égal à l'épaisseur des traits, c'est-à-dire à 0,00182, il suffira que le rayon des cercles de diffusion soit égal à la moitié de cette quantité, ou que leur diamètre soit précisément de 0,00182. Dans la formule $d = \dfrac{15\,p}{D}$, posons $p = 1$ et $d = 0,00182$; il vient environ 8^m pour la valeur de D, c'est-à-dire que, pour cesser de distinguer les deux traits l'un de l'autre, il suffit d'une inexactitude d'accomodation *d'un huitième* de dioptrie (2).

Admettons qu'on veuille distinguer les traits, malgré une erreur d'accommodation d'une dioptrie : il faudra les écarter huit fois plus, ce qui conduit à les écarter de 6′ 40″, en d'autres termes, la distance des traits, d'axe en axe, devra être de près d'un millimètre si l'objet est à un mètre ; elle devra être d'environ un quart de millimètre si l'objet est à

---

(1) *Optique physiologique*, p. 296 de l'édition française.
(2) Si l'on veut pousser l'exactitude un peu plus loin, pour calculer la dimension des images nettes sur la rétine, il faut se servir de triangles semblables opposés par le sommet au point nodal. On voit alors que lorsque l'objet se rapproche, la grandeur de l'image croît un peu moins vite que celle des cercles de diffusion, ce qui met à néant le raisonnement de de Graefe, cité tout à l'heure. J'avais cru trouver dans cette circonstance l'explication du fait connu d'après lequel la pupille se contracte légèrement pendant l'accommodation ? Cependant le calcul de la variation de diamètre de la pupille, nécessaire pour que le rapport du diamètre du cercle de diffusion au diamètre de l'image reste constant, ne me paraissait pas conduire à une contraction de la pupille aussi grande que celle qui accompagne en réalité les efforts d'accommodation. Des recherches plus récentes de Tscherning, qui sont relatées en note dans son excellente traduction française de Thomas Young, paraissent avoir démontré que la contraction de la pupille, qui se produit lorsqu'on regarde des objets voisins, a pour but principal de compenser les phénomènes d'aplanétisme.

vingt-cinq centimètres. Il suffit d'énoncer ce résultat pour faire naître un doute sur les données généralement admises pour la lisibilité des caractères ; en effet, les chiffres qu'on vient de voir reviennent à dire que, pour un excellent éclairage, le plus fin caractère, lisible sans lunettes à vingt-cinq centimètres pour une personne dont le *punctum proximum* est à trente-trois centimètres, sera plus grand que le n° 1 ancien de Snellen.

Si les calculs que nous venons de faire conduisent à des résultats concordant peu avec l'expérience, cela ne peut tenir qu'à l'inexactitude des données que nous avons soumises au calcul. Examinons ces données.

Je ferai remarquer tout d'abord qu'il est contraire à la réalité des faits observés d'admettre, comme on le fait généralement, que deux lignes blanches cessent de pouvoir être distinguées l'une de l'autre dès que leurs images de diffusion arrivent au contact. En effet, l'image de diffusion d'une ligne de largeur appréciable ne forme pas une teinte plate sur la rétine. Loin de là, les cercles de diffusion, qui entourent chacun des points qui constituent la bande blanche se superposent, de telle sorte que l'image formée sur la rétine est bien plus claire en son milieu que sur ses bords. Prenons l'exemple de deux bandes blanches, larges d'un millimètre et séparées par un intervalle d'un millimètre, *et supposons que les cercles de diffusion aient, sur la rétine, un diamètre précisément égal à l'épaisseur de l'image formée par la bande sur cette membrane ;* dans ces conditions, les images de diffusion des deux bandes se touchent précisément par leurs bords, mais les intensités de ces images ne seront conservées intactes que pour une ligne dessinant précisément le milieu de chaque bande, et, sur les bords de ces images, l'intensité ira en décroissant suivant une certaine loi, donc il est évident que des lignes pourront être distinguées les unes des autres, malgré une inexactitude d'accommodation plus grande qu'il ne semblerait d'après le calcul ci-dessus : il suffit, en effet, que la différence d'éclairage entre les lignes claires et le milieu de la partie sombre qui les sépare puisse être perçue.

Il nous est impossible d'exposer ici les lois mathématiques des variations de l'intensité lumineuse sur les bords des objets entourés de cercles de diffusion : c'est une discussion qui est d'ailleurs du domaine du calcul intégral (1); bornons-nous à noter : 1° que l'image de diffusion d'une ligne d'épaisseur négligeable possède, en ses divers points, des intensités proportionnelles aux ordonnées d'un cercle ; 2° que la courbe des intensités monte bien plus rapidement quand l'épaisseur de la ligne n'est pas négligeable par rapport au diamètre des cercles de diffusion.

L'inspection de cette courbe permet de voir très clairement dans quelle mesure les cercles de diffusion portent obstacle à la possibilité de distinguer les lignes les unes des autres. Cette étude suffit pour expliquer comment, avec une accommodation inexacte, on peut lire des caractères notablement plus fins que cela n'aurait lieu si la lisibilité cessait dès que les cercles de diffusion se touchent.

L'examen des courbes nous fournit cet autre résultat, fort important, que, lorsque la vision d'une série de droites parallèles cesse d'être possible par suite de l'augmentation de diamètre des cercles de diffusion, la condition la plus favorable à la vision est celle où les pleins sont égaux aux vides.

D'où cette conclusion que, si la lecture consistait simplement à distinguer les uns des autres les jambages verticaux des lettres, il faudrait faire les vides égaux à l'épaisseur des jambages, toutes les fois qu'on voudrait obtenir une impression qui restât lisible malgré une accommodation inexacte de la vue.

D'autre part, notre formule $d = \dfrac{15\,p}{D}$ nous enseigne que, dans le cas d'accommodation imparfaite, le diamètre p de la pupille exerce une influence énorme sur la netteté de la vision ; en effet, on admet généralement que le diamètre de la pupille peut descendre au-dessous d'un millimètre et dépasser largement quatre millimètres ; ces variations suffisent pour expliquer comment un presbyte, qui ne peut pas déchiffrer sans lunettes, à un faible éclairage, un texte imprimé en très gros caractères, lira un texte beaucoup plus fin quand il sera en présence d'une forte lumière : aussi voit-on des presbytes mettre une bougie entre eux et le livre pour obtenir une constriction suffisante de leurs pupilles. C'est certai-

(1) Voir Helmholtz. *Optique physiologique,* § 13.

nement pour la même raison que, bien souvent, les presbytes
se plaignent de voir plus mal à la lumière artificielle qu'en
plein jour (1).

  L'expérience nous apprend que les presbytes ne recourent
guère aux lunettes avant que le déficit de leur accomodation
ne dépasse une dioptrie, et que, bien souvent, ils attendent
davantage encore. D'après le calcul que nous avons fait
tout à l'heure, avec une pupille d'un millimètre de diamètre,
c'est-à-dire avec un très bon éclairage, il leur faudrait, pour
lire facilement à 25 centimètres, des lettres dont les traits
fussent écartés d'environ un quart de millimètre, d'axe en
axe, ce qui correspondrait aux caractères de 2 points 1/4,
groupe 3 de la *fig. 41* p. 114. En d'autres termes, une inexactitude d'une dioptrie dans l'accommodation réduirait l'acuité
visuelle des trois quarts, dans le cas d'un éclairage précisément assez fort pour réduire à un millimètre le diamètre de
la pupille. Nous avons déjà dit que ces résultats du calcul
dépassent sans doute un peu la réalité ; en attendant, on nous
accordera que la théorie conduit à n'admettre des lettres de
cinq points typographiques que dans le cas où les pleins
seraient égaux aux vides.

  Mais cela ne serait encore vrai que si la lecture ne consistait qu'à compter les jambages des lettres ; pour que les
détails de leur forme soient perçus, pour qu'on voit suffisamment une partie des déliés, il faut aller bien au delà, et
ce n'est guère trop de demander, pour les presbytes imparfaitement corrigés, une dimension double, c'est-à-dire des
lettres de dix points typographiques, dont les pleins auraient
un demi-millimètre d'épaisseur et les déliés un quart de millimètre.

  Pour apporter quelque précision sur ce point, il faudra
remarquer que le cas où l'on doit distinguer l'un de l'autre
deux traits parallèles ne se présente, en somme, qu'exceptionnellement. Pour lire, il faut distinguer des points et des
lignes de différentes formes, et c'est dans les conditions de

(1) Dans ce qui précède, nous trouvons l'explication de ce fait, bien
connu, que la pupille des myopes est généralement plus grande que celle
des presbytes. En plein air, les uns et les autres contractent leur pupille
pour arrêter l'excès de lumière, mais, tandis que, pour lire, le soir, le
presbyte s'approche de la lumière et trouve avantage à contracter sa
pupille, le myope, qui n'est pas gêné par les cercles de diffusion, dilate
sa pupille au maximum et se contente de l'éclairage le plus médiocre.

visibilité de points et de lignes qu'on pourra puiser des règles, tant soit peu précises, sur le sujet qui nous occupe actuellement. Après avoir recherché les qualités que doivent posséder les caractères typographiques pour être appropriés aux exigences des presbytes, nous allons examiner ce qu'il faut faire pour tenir compte des convenances des myopes.

Les personnes qui ont la vue basse préfèrent généralement les impressions fines, et cette prédilection est tout à fait justifiée, car la proximité du livre leur fait paraître suffisamment grands les plus fins parmi les caractères usités généralement, tandis que les lettres de dimension un peu grande viennent occuper sur leur rétine une étendue bien supérieure à celle qui est nécessaire pour qu'elles soient vues nettement. Si une impression trop fine est insupportable pour les presbytes, une impression trop grosse est incommode pour tout le monde, surtout pour les myopes, car l'étendue relativement considérable occupée par chaque mot oblige le lecteur à faire des mouvements rapides avec les yeux et même avec la tête si sa myopie est tant soit peu forte.

Il ne saurait être question de confectionner des livres spécialement pour l'usage des myopes, mais, par considération pour eux, on ne doit pas employer de caractères plus grands qu'il n'est nécessaire pour donner à peu près satisfaction aux presbytes. Or, nous avons vu que les caractères de dix points peuvent être lus par les presbytes avec un déficit d'accommodation d'une dioptrie; nous pouvons admettre que les verres convexes sont d'un usage assez répandu pour qu'il soit légitime de faire choix de types tels que les presbytes ne pourront les lire qu'en corrigeant à peu près le défaut de leur vue, et ceci nous amène à faire choix de caractères d'environ huit points, sauf à mécontenter un certain nombre de presbytes, qui résistent trop longtemps à la nécessité de prendre des verres.

Chez les peuples Européens, l'astigmatisme a généralement pour effet de faire voir les traits horizontaux plus distinctement que les verticaux (1). Il se peut fort bien que cette cir-

---

(1) Dès 1865, j'avais fait observer que si, dans les caractères hébraïques dits « carrés » les pleins sont horizontaux, cela tient sans doute à ce que l'astigmatisme *inverse* est fréquent chez les Juifs. (Voir *Bulletin de la Société d'Anthropologie*, de WECKER, 15 juillet 1869, p. 545 et JAVAL, 1ᵉʳ mars 1877, p. 157).

constance soit pour quelque chose dans la distribution des pleins et des déliés dans leur écriture et dans leur typographie. — On verra plus loin, dans le chapitre consacré au mécanisme de l'écriture, comment cette distribution résulte de notre tenue de plume ; mais on peut se demander si ce n'est pas, au contraire, notre tenue de plume qui résulte du désir que nous avons de faire des pleins verticaux. En effet, ceux qui écrivent de l'hébreu à pleins horizontaux y parviennent aisément en tenant la plume dans un plan parallèle aux bords supérieur et inférieur du papier, c'est-à-dire à 90° de notre position usuelle.

CHAPITRE XI.

ACUITÉ TACTILE.

Nous disions « *acuité* » et non « sensibilité » tactile pour marquer l'analogie entre le sujet qui nous occupe et l' « acuité visuelle » étudiée précédemment. En effet, la lecture des caractères en points saillants, à l'usage des aveugles, repose sur la faculté de percevoir le nombre et les positions des points et non pas sur la sensibilité, qui permet de reconnaître leur existence.

On trouve dans tous les traités de physiologie la description du procédé qui consiste à explorer la tactilité des différentes parties de la peau à l'aide d'un compas à pointes mousses. La personne soumise à l'expérience doit reconnaître si l'expérimentateur applique une pointe ou en applique deux sur sa peau ; ainsi que cela était facile à prévoir, l'ouverture du compas employé diffère considérablement suivant la région explorée. Les réponses diffèrent aussi suivant que la pression exercée par l'expérimentateur est plus ou moins forte. Sans entrer dans plus de détails, il suffit de dire ici que l'extrémité du doigt perçoit généralement la simultanéité de deux pointes écartées d'environ deux millimètres. Nous ne serons donc pas surpris de voir employer, suivant les pays, pour l'écriture en points saillants, des rayages variant de 2 millimètres (Belgique) à 2 millimètres et demi (France).

Mais où notre surprise commence, c'est quand nous constatons que l'acuité tactile est moindre chez les aveugles que chez les clairvoyants, et cela dans une assez forte mesure. On trouvera, par exemple, que, si l'on examine l'index d'un aveugle grand lecteur, pour que les pointes du compas donnent nettement deux sensations, il faut les écarter de 3 millimètres au lieu de 2 qui suffisent au clairvoyant pour reconnaître la double sensation.

Ce sujet comporterait une série d'expériences dont le programme est facile à tracer et dont les résultats seraient de nature à donner une assez grande étendue au présent chapitre dans le cas d'une seconde édition. Dès maintenant, je puis affirmer que l'acuité tactile de mon index droit est devenue très inférieure à celle de mon index gauche, depuis que je pratique la lecture du Braille, et ce n'est pas une affaire d'augmentation d'épaisseur de l'épiderme. Bien plus, et je ne suis pas le seul aveugle dans ce cas, après quelques heures de lecture, la sensibilité de mon index diminue au point de devenir insuffisante. Si, alors, je pose sur les caractères l'extrémité d'un doigt inemployé pour lire, les points semblent beaucoup plus nets. Cette diminution de sensibilité est comparable à l'éblouissement visuel. La pratique de la lecture émousse l'acuité tactile, et il me semble subjective-, ment qu'il y a diminution d'acuité par diminution de sensibilité.

Paradoxe apparent : les doigts dont l'aveugle ne fait pas usage habituellement pour lire, et dont la sensibilité est notablement plus forte, sont incapables de lire aussi bien que l'index, présentant un phénomène analogue à celui de tant de clairvoyants, familiers avec le Braille, et qui sont incapables de lire par le toucher.

L'explication de ce dernier fait me paraît résider en ce que la lecture de notre écriture en relief ne se fait pas par contact immobile, mais en tâtant ou frôlant les caractères, ce qui exige une adresse spéciale, que la pratique développe inconsciemment.

Pour étudier les mouvements que doit faire l'aveugle pour lire le Braille, il faudrait mettre en œuvre un des ingénieux procédés d'enregistrement créés par Marey. Par exemple, après avoir noirci l'index d'un lecteur habile et fixé sur son ongle une perle brillante, on lui ferait lire du Braille tracé sur papier noir. On mettrait ainsi en évidence les variations de vitesse dans le sens horizontal, les arrêts, les petits mouvements verticaux. Dans un livre qui me parvient au moment de corriger la présente épreuve. M. Th. Heller (1) dit que les aveugles grands lecteurs exécutent constamment avec la pointe du doigt de petits mouvements presque imperceptible, dans le sens vertical. Cette sorte de trépidation rapide aurait son siège dans les pointures des phalanges. Cette manière d'agir me paraît reposer sur un phénomène tout à fait

(1) *Studien zur Blindenpsychologie*, Leipzig, Eugelmann, 1904.

analogue à celui qui oblige nos yeux à être constamment en mouvement pour empêcher la vision de s'émousser par la production d'images accidentelles.

L'étude de la performance de lecteurs habiles donnerait des indications pour l'éducation des novices.

De cette étude on pourrait déduire aussi des indications pour le perfectionnement des signes en relief. Par exemple, en ce qui me concerne, le *b* du Braille est plus lisible que le *c*, car, lorsque mon doigt se promène horizontalement, il m'arrive de n'éprouver qu'une sensation pour les deux points juxtaposés qui constituent le *c*, tandis que cela n'a pas lieu pour les deux points superposés verticalement qui forment le *b*. Pour cette raison et pour d'autres analogues, reposant sur la direction horizontale suivie par le doigt, il me semble donc qu'il y aurait intérêt à diminuer la hauteur des lettres et à augmenter leur largeur ainsi que celle des intervalles qui les séparent.

M. Kunz, Directeur de l'institution d'aveugles d'Illzach près de Mulhouse, a étudié avec détails la comparaison entre la sensibilité tactile chez les voyants et les aveugles ; dans une brochure in-8° de 34 pages intitulée *Zur Blindenphysiologie* (Das Sinnenvicariat) Edit. Moritz Perles, Vienne, 1902, il a analysé longuement les expériences de sensibilité faites par M. Griesbach à Illzach et plus récemment, en 1902, à l'institution des sourds et des aveugles de Weimar.

M. Kunz a examiné un autre aspect de la question, et il a trouvé avantageux, pour les adultes qui apprennent le Braille de se départir d'un des principes fondamentaux de Barbier, et de remplacer, peut-être plus souvent qu'il ne conviendrait, la figure formée de deux points par un petit trait de même longueur ; il a imprimé des livres d'après ce système.

La diminution de sensibilité pendant la lecture, dont j'ai parlé plus haut, ne me paraît être un fait ni anormal, ni isolé. En effet, chez un aveugle dont le front jouissait de ce qu'on nomme « le sens des obstacles » (1), je crois avoir constaté que la finesse de ce sens s'émoussait très rapidement. D'ailleurs sans chercher aussi loin, à qui n'est-il pas arrivé de continuer à marcher presque sans douleur,

(1) Voir, dans mon livre : *Entre aveugles,* le chapitre intitulé : *Le sixième sens.*

malgré la présence, sous le pied, d'un petit caillou ou d'une pointe de clou, dont le contact avait commencé par être très pénible. Quelqu'incomplet que soit malheureusement l'état actuel de nos connaissances sur l'acuité tactile, ce qui vient d'en être exposé trouvera son application dans le chap. XXV consacré à l'accélération de la lecture des aveugles.

CHAPITRE XII.

LE MÉCANISME DE LA LECTURE.

Dans un important travail exécuté par M. Lamare à mon laboratoire (1), il a été démontré que, loin d'être continu, le mouvement horizontal des yeux pendant la lecture se fait par *saccades*. Le lecteur divise la ligne en un certain nombre de *sections* d'environ dix lettres, qui sont vues grâce à des temps de repos rythmés ; le passage d'une section à la suivante se fait par une saccade très vive, pendant laquelle la vision ne s'exerce pas. M. Lamare a fait de nombreuses expériences pour compter le nombre de saccades exécutées par ses yeux pour lire des caractères plus ou moins fins; le comptage se faisait au moyen d'un microphone construit à cet effet par M. Verdin.

Une pointe mousse, posée sur la paupière supérieure du sujet en expérience, actionnait un microphone dont le son, transmis par un tube en caoutchouc, parvenait à l'oreille de l'observateur. Chaque saccade se traduisait par un bruit bref, tandis que le grand mouvement fait pour passer de la fin d'une ligne au commencement de la suivante produisait un bruit plus prolongé. Avec un peu d'habitude, on arrivait ainsi à compter les saccades.

A notre grande surprise, il se trouva que le nombre des saccades restait le même, quelle que fût la distance de l'observateur au livre. Cette distance n'avait donc aucune influence sur la grandeur absolue des sections, mais la grandeur angulaire des sections de ligne imprimée dont la lecture se faisait sans mouvement des yeux était inversement proportionnelle à la distance du livre. Or, cette relation est identique à celle qui régit la visibilité des objets; il paraissait donc probable que le lecteur divise la ligne im-

(1) LAMARE. Des mouvements des yeux pendant la lecture. *Compte rendu de la Société française d'Ophtalmologie.*

primée en sections précisément aussi grandes qu'il convient pour que l'œil, dirigé vers le milieu de la section, puisse encore distinguer en vision indirecte les lettres qui en forment le commencement et la fin.

Certaines observations faites par M. Lamare font naître un doute sur mes conclusions antérieures, relatives à la longueur qu'il convient de donner aux lettres longues de la typographie, car, dans mes raisonnements, je n'ai tenu compte que de la vision directe. Or, si l'on admet qu'en lecture rapide, un lecteur exercé s'arrange pour diminuer le nombre des saccades par l'emploi de sections de plus de dix lettres, dont les premières et les dernières seraient plutôt devinées que lues, on conçoit que le raccourcissement démesuré des lettres longues serait défavorable à ce mode de procéder. Il est clair qu'aux extrémités des sections, des lettres longues seront plus reconnaissables que des lettres courtes. De plus, les lettres longues contribuent à donner aux mots qui en contiennent des physionomies reconnaissables dans leur ensemble. J'incline donc à croire que, pour l'agrément de la lecture, il ne faudrait pas pousser aux dernières limites le raccourcissement des lettres longues que j'ai préconisé pour le cas où l'éditeur veut pousser à l'extrême l'utilisation de la surface du papier.

Quoi qu'il en soit, le raccourcissement des lettres longues n'a de raison d'être que si l'on ne met pas d'interlignes : quand on se donne le luxe de ménager entre les lignes un espace blanc assez large, il est logique d'en profiter pour recevoir les saillies, aussi importantes que possible, faites par les lettres longues au-dessus et au-dessous de l'alignement des lettres courtes.

Voici des extraits du mémoire de M. Lamare :

Je viens vous présenter le court résumé des longues recherches que j'ai faites il y a treize ans, au laboratoire d'ophtalmologie de la Sorbone, sur les *mouvements des yeux dans la lecture*, mais que je n'ai pas eu le loisir de faire aussi étendues que j'aurais voulu, malgré les conseils et l'aide éclairée que m'a prodigués M. Javal.

La récente publication de M. Landolt sur ce sujet me fait un devoir d'exposer tels quels les résultats de mes expériences.

Ces recherches devaient compléter les études sur la physiologie de la lecture publiées par M. Javal dans les *Annales d'Oculistique* en 1878 et 1879.

L'œil ne peut voir distinctement à la fois qu'une petite étendue du champ visuel ; pour toute une ligne, l'œil doit la parcourir successivement, et, exécutant un certain nombre de *mouvements,* la partager en un nombre égal de *sections* plus une.

Ainsi dans l'article de tête d'un journal, je fais, pour lire une ligne, trois saccades des yeux : car mon œil partage cette ligne en quatre sections.

Le but que j'ai poursuivi a été de rechercher le *nombre de lettres* contenu dans une section, et l'étendue de cette section, c'est-à-dire de savoir le nombre de lettres qu'on peut lire en une fois et l'étendue qu'elles occupent ; puis, de connaître les influences qu'exercent sur ces deux quantités les modifications éprouvées par la forme des caractères dans des textes divers.

Le procédé le plus rationnel consiste à rechercher la vitesse totale de la lecture, et à calculer la durée employée à lire les lettres d'une section.

. . . .

J'ai, par un autre procédé, recherché combien de lettres on peut lire et déchiffrer par vision périphérique, l'œil restant fixé sur une lettre quelconque au milieu d'une ligne : cette étendue lisible, pour des caractères de 11 points, est d'environ 34 millimètres, contenant 21.7 lettres. Mais, dans cette étendue, il y a des lettres qui ne sont vues en réalité qu'imparfaitement, et plutôt devinées. Quand je ne tiens compte, dans une autre série d'expériences, que des lettres qui m'apparaissent à l'instant même très distinctement, l'étendue lisible se réduit à la moitié, c'est-à-dire une moyenne de 17 millimètres, contenant 10.8 lettres.

Enfin, j'ai employé une troisième méthode, qui consiste à *compter* les mouvements qu'exécutent les yeux le long d'une ligne.

Un aide peut *voir* ces mouvements ; il peut les *sentir* avec les doigts posés sur la paupière fermée d'un œil.

Mais le procédé qui donne les meilleurs résultats est celui par lequel on *entend* ces mouvements au moyen d'un petit tambour, dont la membrane d'ébonite supporte à son centre une petite tige qui s'applique sur un point du globe oculaire (conjonctive ou paupière), sans aucun inconvénient et dont la caisse communique avec les oreilles de l'aide par deux tuyaux de caoutchouc.

. . . .

J'ai enfin tenté, dans le laboratoire de M. Fr. Franck, d'enregistrer les mouvements des yeux; les quelques expériences que j'y ai faites me permettent d'espérer qu'on pourra par ce procédé arriver à des résultats intéressants.

Je ne me suis pas contenté d'une seule lecture pour une ligne. En effet, par suite d'états d'attention différents, la même ligne peut être lue, à des moments divers, en un nombre de sections variable. Et d'ailleurs, les variations que j'ai constatées plus haut font aussi penser que dans chaque section, les yeux n'embrassent pas le maximum de ce qu'ils pourraient lire ; ils ont une sorte de liberté d'allure, dont ils semblent user avec indifférence, tout en se tenant dans une moyenne assez régulière, autour de laquelle oscillent les nombres de sections faites par lignes.

On peut comparer les mouvements des yeux aux pas que fait un individu qui descend le lit d'un torrent à sec parsemé de pierres : il est plus que douteux qu'à chaque descente renouvelée du même point de départ il mette le même pied au même endroit, qu'il fasse chaque fois le même nombre exact d'enjambées. Mais, en fin de compte, une moyenne pourra servir à apprécier avec justesse la façon dont le phénomène s'est accompli.

J'ai appliqué ce raisonnement aux nombres de sections différents faits à divers moments dans la même ligne ; et j'ai défini la lecture de cette ligne par un nombre représentant la moyenne des sections trouvées.

J'ai fait de même pour les groupes de lignes lues consécutivement ; et j'ai caractérisé chacun de ces groupes par une moyenne de sections.

Mes expériences n'ont été faites que le soir, à la lumière d'une lampe de quatre à cinq bougies, distante de 80 centimètres. Et j'ai placé le livre lu à 34 centimètres de mes yeux.

J'ai lu des vers et de la prose. Les vers ont cet avantage de présenter des lignes écrites avec les mêmes caractères, mais de différentes longueurs. J'en ai pu tirer une loi qui montre l'influence de l'augmentation de longueur d'une ligne sur l'étendue des sections.

Diverses étendues de lignes sont lues en un même nombre de sections: une section offre donc des étendues diverses. Au moment où la section acquiert une certaine étendue (16 millimètres, avec des lettres de 10 points), l'œil a une tendance à faire une section de plus par ligne, et par suite à diminuer l'étendue des sections, de façon à ce qu'elle ne soit plus que de 12 à 13,6 millimètres.

En outre, plus les lignes sont longues, moins facilement elles admettent de sections nouvelles, les sections tendant alors plus facilement à avoir leur étendue maxima.

Dans les expériences que j'ai faites en lisant de la prose, je me suis appliqué à rechercher à quel degré les différents éléments, dont sont composés les caractères, peuvent influer sur l'étendue d'une section et sur le nombre de lettres qu'elle contient.

Ces éléments sont surtout la *hauteur* et la *largeur*.

La hauteur est évaluée en points typographiques de 376 millièmes de 1 millimètre ; la largeur doit être considérée sur une lettre qui représente la largeur moyenne des lettres d'un même alphabet (sur l'*o*, d'après nos calculs).

Il faut tout d'abord remarquer, que la largeur des lettres ne diminue pas en rapport avec leur hauteur. Les graveurs font les petites lettres plus larges qu'elles n'auraient été proportionnellement ; ils diminuent les caractères moins en largeur qu'en hauteur. Mais dans les textes que nous avons étudiés, il se trouve que les petits caractères (de 2, 3, 5 points) sont des reproductions photographiques de caractères plus grands : de sorte qu'en définitive les caractères hauts de 2 à 9 points *avaient une largeur proportionnelle à la hauteur* (tout près de la *moitié*), tandis que les. lettres de 10 et 11 points avaient une largeur égale à celle des lettres de 9 points.

Quelle est l'influence de la hauteur des lettres, ainsi construites sur l'étendue d'une section ?

Pour les lettres de 5, 7, 8, 9, 10, 11 points, l'étendue de section est proportionnelle à la hauteur (un peu moins de cinq fois cette hauteur, exprimée en millimètres).

Mais nous savons que la largeur des lettres de 9, 10, 11 points que nous avons employées est identiquement la même ; nous devons alors penser que l'augmentation de l'étendue de section, pour ces grandes lettres, est due à l'augmentation de leurs seules dimensions verticales.

Entre la largeur des lettres et l'étendue de section, j'ai pu établir la fonction suivante :

L'étendue d'une section est égale à 9 fois la largeur moyenne des lettres, plus 2 millimètres.

La moyenne des nombres de lettres par section n'est pas la même pour chaque hauteur. Mais, pour la plupart, et même pour quelques caractères d'annonces, ces nombres se ressemblent tellement qu'il faut bien les considérer comme identiques, et dire qu'en général le nombre de lettres par section ne change pas quand on lit des caractères de grandeurs différentes, et se trouve égal en moyenne à 10,5.

Nous avons pu, grâce au grand nombre de nos expériences, étudier l'influence qu'ont séparément les variations de la largeur et celles de la hauteur des caractères sur le nombre des lettres contenues dans une section et sur l'étendue de celle-ci.

Pour les caractères de 8, 9, 10, 11 points, l'étendue de la section augmente, quand la largeur de ces lettres s'approche de la largeur moyenne correspondant à chacune de ces hauteurs (1mm,47 — 1mm,64 — 1mm,69). Une augmentation de 1 point de hauteur augmente l'étendue de la section de 1 à 2 millimètres.

Pour les caractères d'une même hauteur quelconque, l'augmentation de la largeur entraîne une diminution du nombre de lettres par section.

Si des lettres de différentes hauteurs ont la même largeur, ce sont les lettres les plus hautes qui fournissent le plus grand nombre de lettres par section (une augmentation de 1 point dans la hauteur des lettres produit, pour des largeurs identiques, une augmentation d'environ une demi à

trois quarts de lettre dans le nombre de lettres par section).
Aussi, on aura avantage à prendre de *grandes lettres étroi-
tes*, si l'on veut obtenir le plus grand nombre possible de
lettres par section.

Enfin, je crois que l'on peut représenter les rapports exis-
tant entre le nombre de lettres par section, la hauteur H et
la largeur de ces lettres, par la formule suivante, construite
d'après maints schémas et calculs :

$$\textit{Nombre de lettres par section} = \frac{16 \; - \; 0,9 \; H \; - \; 4 \; \text{Larg.}}{1,5 \; - \; 0,1 \; H \; - \; 0,4 \; \text{Larg.}}$$

Une des lois les plus importantes que nous ayons trouvées
est celle qui est relative à l'influence de la distance sur le
nombre de lettres par section. *Quelle que soit la distance à
laquelle s'effectue la lecture d'un même texte* (de $0^m,30$ à 1^m), *le
nombre de lettres par section ne varie pas.*

On voit immédiatement les conséquences de cette loi, en
particulier, au point de vue de l'acuité visuelle périphérique
de la *macula lutea*, sur laquelle se projette exclusivement
l'image de l'étendue d'une section : cette acuité visuelle va en
diminuant du centre à la périphérie sur la *macula lutea*,
comme sur le reste de la rétine.

Voilà, sommairement énumérés, les résultats de mes recherches. Je n'ai pas osé poser de conclusions en un sujet dont
la portée et les éléments ne sont pas encore assez bien définis. En tout cas, je ne crois pas que le grand nombre de
mouvements exécutés par des yeux sains dans la lecture
ordinaire, soit une cause de fatigue pour eux ; suivant même
quelques-unes de mes expériences, l'augmentation du nombre de ces mouvements, pour un même nombre de lettres
accroît la vitesse de la lecture. La fatigue surviendrait, si
ces mouvements ne s'effectuaient pas avec la régularité, la
cadence, qui est nécessaire à tout mouvement qui se répète
un grand nombre de fois ; et, dans ce cas, l'œil, exécutant
des mouvements rapides, non coordonnés, éprouverait une
fatigue particulière, l'asthénopie, de même que le manque
de rythme dans les mouvements des membres amène la cho-
rée, et que l'absence de coordination, de cadence dans les
mouvements des organes de la parole amène le bégaiement.

Bien que les résultats de ce travail soient incomplets, et
non étayés par une théorie, ils peuvent être utiles à ceux
qui voudront poursuivre cette intéressante étude et je
tiens mes nombreux calculs, notes et schémas, à leur
disposition.

Je viens de me faire relire le travail de M. Lamare et
deux points me paraissent appeler des rectifications.

En premier lieu, nous comptions comme lettre chaque
espace séparant les mots; en effet, il est probable que ce qui
détermine la longueur des sections, c'est l'étendue qu'elles
occupent sur la rétine et les blancs y occupent chacun à peu
près autant de place qu'une lettre.

En second lieu, nous avions commis une faute de raisonnement en faisant des moyennes pour établir la longueur
des sections. Admettons, en effet, que pour une certaine
typographie, un certain lecteur fasse habituellement, et, bien
entendu, sans que nous le sachions, des sections de 12 lettres, si nous comptons les saccades qu'il fait en lisant des
lignes où le nombre des lettres soit un multiple de 12, nous
avons des chances de rencontrer pour toutes les lignes le
même nombre de saccades. Par exemple : des lignes de
48 lettres seront partagées régulièrement en 4 sections;
mais si ce même lecteur fait l'expérience en lisant un livre
où le nombre des lettres de chaque ligne ne soit plus un multiple de 12, les résultats devront être irréguliers ; si par
exemple, ce lecteur qui fait couramment des sections de 12
lettres, lit des lignes contenant 30 lettres, il y a des chances
pour qu'il les décompose en 3 sections et on aurait tort,
après avoir compté les saccades de conclure qu'il fait des
sections de 10 lettres ; il est fort possible qu'en lisant ces
lignes de 30 lettres, il commence par faire, par exemple,
2 sections de 12 lettres pour terminer par une de six lettres
et si, ce que nous ignorons, il a lu cette ligne en 3 sections
de 10 lettres chacune, il n'en faut pas conclure que la section qu'il est capable de voir d'un seul coup n'est que de
10 lettres.

Le problème que nous nous sommes posé est de rechercher
la grandeur des sections dont fait usage l'homme qui lit et
après avoir établi que cette grandeur se mesure par le nombre
des lettres, en comptant pour une lettre l'espace entre deux
mots, nous avons vu que, quelle que soit la grosseur de l'impression, nos expérimentateurs de la Sorbonne faisaient des
sections d'environ dix lettres, en moyenne.

Pour qui voudra pousser ces recherches plus loin, je répète que nous avons eu tort de prendre des moyennes ; cette
manière de combiner les chiffres, si communément employée,
n'est pas logique, et, pour m'en expliquer, je vais reprendre
une comparaison employée ci-dessus par M. Lamare.

Je suppose qu'on veuille connaître la grandeur des pas ou plutôt des bonds que fait un alpiniste en descendant à toute vitesse une montagne abrupte. Si ce chemin parcouru était constitué par un éboulis uniforme, pour avoir la longueur du pas, il suffirait de diviser la longueur du chemin par le nombre de pas. — Supposons maintenant que le chemin soit accidenté, qu'il s'y rencontre, disséminés, de nombreux morceaux de roche sur lesquels l'homme puisse poser le pied avec sécurité. S'aidant parfois de son alpenstock s'il craint, par exemple, qu'une pierre soit rendue glissante par le suintement d'une source, etc., il fera des pas inégaux, souvent plus courts que le pas régulier qu'il faisait dans l'éboulis, et parfois plus longs ; son vrai pas est sûrement plus long que celui exprimé par la moyenne obtenue en divisant le chemin parcouru par le nombre de pas.

De même, pour la lecture, le calcul de la moyenne doit donner, pour la section, un chiffre trop faible.

Admettant, avec M. Lamare, que les adultes lisent habituellement par section de 10 lettres environ, pour fabriquer un livre qui pût être lu en supprimant les saccades horizontales et en profitant, dans le sens vertical, des renseignements fournis par la vision indirecte, il faudrait imprimer par colonnes ne comportant guère plus de dix lettres. Je suis loin de recommander cette disposition, dont l'un des inconvénients est le grand nombre de mots coupés en fin de ligne.

Dans l'*Année psychologique* de 1899, M. Victor Henry analyse longuement et avec compétence un livre de MM. Erdmann et Dodge, intitulé : *Psychologische Untersuchungen ueber das Lesen auf experimenteller Grundlage*, paru en 1898 à Halle (Niemeyer). Sans avoir eu connaissance des travaux ci-dessus rappelés, les auteurs ont fait de nombreuses expériences pour démontrer que la lecture s'opère par saccades, et que la vision n'a lieu que pendant les temps de repos des yeux, et ils ont accumulé des observations intéressantes, qui eussent été plus clairement groupées, s'ils avaient remarqué, comme nous, que le nombre de lettres par section ne dépend ni de la grosseur du texte, ni de la distance à laquelle se fait la lecture.

Notons que, d'après eux, le nombre de lettres par section diminue de près de moitié si on lit « en correcteur », c'est-à-dire comme pour relever les fautes typographiques.

Ils ont observé que le nombre des mouvements effectués pour lire était plus grand chez un jeune garçon n'ayant appris à lire que depuis un an, et ils ont fait la même observation chez des adultes lisant une langue étrangère.

Dans deux séries d'expériences, les auteurs ont observé que les sections étaient un peu plus grandes que l'étendue de la vision nette et que, par conséquent, dans son besoin de réduire au minimum le nombre des saccades, le lecteur exercé s'arrange pour deviner quelques lettres. Ces expériences ayant été faites sur un livre allemand, les parties devinées étaient principalement constituées par des fins de mots ; la différence était d'ailleurs assez marquée pour que nous puissions admettre le fait comme s'appliquant à toutes les langues. Ils ont remarqué également que le point de fixation se porte de préférence sur la troisième ou quatrième lettre des mots longs.

Ce qui est le plus intéressant, c'est l'idée qu'ils ont eue de lire, après avoir produit sur la rétine une petite image accidentelle sous forme d'un fer de flèche dirigé vers le haut, et dont on voyait la pointe se poser, après chaque saccade, en un point généralement situé à gauche du milieu de chaque section. Je me figure les gambades de l'image accidentelle tout-à-fait analogues aux bonds de l'alpiniste dont il a été question plus haut.

Enfin, MM. Erdmann et Dodge ont remarqué que, lorsque l'impression est trop fine pour être lue facilement, il arrive que des mots sont reconnus d'après leur configuration générale. Comme cette configuration dépend en partie de la présence de lettres longues, il faudrait peut-être en tenir compte dans la forme à donner à des caractères d'imprimerie, ce qui est en opposition avec les indications contenues dans le chap. XVII relatif à l'impression compacte.

Dans la livraison de juillet 1898 de *American Journal of Psychology* (Stanley Hall, Worcester, Mass., A. Orpha, éditeur), M. Delabarre a publié une note sur un procédé qu'il a employé pour enregistrer le mouvement des yeux. Sur la cornée rendue insensible par la cocaïne, il applique une cupule de plâtre percée d'un trou correspondant au centre de la pupille, et sur laquelle il fixe, pour l'étude des mouvements lents, un fil qui va passer sur une poulie de renvoi, et pour

celle des mouvements rapides, un style qui peut tracer une
courbe sur une feuille enfumée.

L'œil supporte sans dommage des séances de plus d'une
heure à condition de laisser plusieurs jours d'intervalle.

Dans la même livraison se trouve un important article de
M. Edmond B. Huey intitulé : *Preliminary experiments in
the physiology and psychology of reading.*

Par des procédés tout à fait différents de ceux employés
en Allemagne par MM. Erdmann et Dodge, M. Huey a été
amené à conclure que l'attention se porte plus volontiers sur
la première moitié des mots que sur la seconde. Il a présenté
successivement à plusieurs personnes des textes imprimés
altérés suivant deux types. Dans le premier, les mots étaient
tronqués par la suppression des premières lettres, et dans le
second, les dernières lettres des mots manquaient. Il recommandait de lire assez vite, mais sans précipitation, et il a
noté que les textes du premier type étaient compris plus
rapidement que ceux du second. Il fait observer judicieusement qu'en anglais la première moitié des mots est plus
caractéristique que la seconde. S'il avait eu l'expérience de
la lecture au toucher, pratiquée par les aveugles, il aurait
remarqué aussi qu'en lisant vite, les clairvoyants comme les
aveugles doivent avoir la tentation de sauter la fin des mots,
dès qu'ils ont lu assez de lettres pour deviner le reste.

D'autre part M. Huey a fait de nombreuses expériences
pour voir si, comme je l'avais présumé, il y aurait avantage,
sous certains rapports, à disposer les mots par colonnes
verticales. Il a disposé des colonnes formées respectivement
de mots de deux, trois, quatre... jusqu'à seize lettres et,
malgré ce que ce mode de lecture a d'insolite, il a trouvé
une rapidité presque égale à celle de la lecture ordinaire
pour les colonnes formées de mots de dix à douze lettres,
c'est-à-dire telles que la lecture se fasse sans saccades horizontales. Je présume que la lecture rapide de mots ainsi disposés résultait moins de la substitution de petites saccades
verticales aux grandes saccades horizontales, que du fait
de l'entrée en jeu de la vision périphérique permettant de
lire deux ou trois fois plus de lettres sans aucun mouvement :
on conçoit qu'avec de l'exercice, il se forme des sections
verticales de plusieurs mots. Supposons un moment qu'on
mette l'un sous l'autre dix mots formés chacun de dix lettres ;

il semblerait que ces cent lettres pourraient être perçues
sans aucun déplacement de l'œil. Mais notre typographie
emploie des lettres plus hautes que larges, si bien que, par
exemple, dix lettres imprimées en colonnes verticales occupent au moins deux fois plus de longueur que dix lettres en
ligne horizontale ; d'autre part, l'étendue de la vision nette
occupe, sur la rétine, un peu moins de hauteur que de largeur ;
il est donc clair qu'un œil qui voit, sans mouvement, dix
lettres rangées horizontalement, n'en voyant pas moitié
autant rangées verticalement, la disposition en colonnes,
pour le sujet le plus exercé, sera loin de décupler le nombre
de lettres lues d'un seul coup d'œil, mais elle pourrait l'augmenter considérablement. Il serait intéressant de connaître
sur ce sujet l'opinion d'un sinologue.

*
* *

Dans ce qui précède, il n'a été question que des mouvements des yeux ; examinons maintenant les variations
d'accommodation qui sont la conséquence de ces mouvements. — Quand les lignes sont longues, il n'est pas permis
de négliger la différence entre la longueur de la perpendiculaire menée de l'œil au papier et celle des obliques qui
vont de l'œil au commencement et à la fin des lignes. La différence entre ces longueurs est d'autant plus marquée que le
lecteur se tient plus près du livre, et elle doit obliger les personnes qui lisent de près à faire varier constamment leur
accommodation.

Soit, par exemple, un lecteur affecté d'une myopie de
10 dioptries, la distance GD entre ses yeux étant de 0^m06
(*Fig. 42*). Pour lire une ligne d'impression AA' longue
de 0^m12, s'il veut voir nettement le commencement et la fin
de la ligne, notre myope devra s'approcher assez pour que
les lignes GA et DA' ne mesurent l'une et l'autre que 0^m10.
Voici ce qui se passera :

Le commencement de la ligne est vu nettement de l'œil
gauche, mais la ligne AD étant de 0^m12, il s'en faut de plus
de deux dioptries pour que l'œil D voie nettement. Pour
voir B, l'œil G accommode d'environ une demi-dioptrie et,

même s'il n'a pas accommodé par un mouvement associé, l'œil D est encore loin de voir nettement. Passant de B en C, nous voyons que l'œil G doit relâcher son accommodation totalement. Puis, à partir de C, il faut que l'œil D se mette à accommoder, pendant le parcours de C à B', puis à relâ-

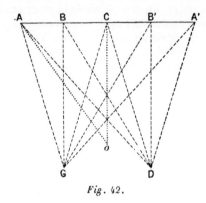

Fig. 42.

cher depuis B' jusqu'à la fin de la ligne A', avec cette difficulté que, pendant le parcours de C à B', il serait désirable que G n'accommodât pas.

En réalité, je doute que le myope de dix dioptries, pris pour exemple, résiste à la tentation de se mettre un peu plus près, et alors les deux yeux accommoderont tout le temps et il faudrait que, pendant le parcours d'A en B, leur accommodation augmentât inégalement, que de B en B' celle de l'œil G diminuât pendant que celle de l'œil D augmenterait, puis enfin que l'accommodation de l'un et de l'autre diminuât inégalement pour passer de B' en A'.

Quelle que soit la distance adoptée, je me figure difficilement, pendant une lecture rapide, les yeux réussissant, à chaque ligne, à passer chacun successivement par un maximum d'accommodation — l'œil G au moment où tous les deux regardent en B et l'œil D au moment où tous les deux regardent B', — et je pense qu'au lieu d'exécuter la manœuvre que je viens de décrire, plus d'un myope se rapprochera davantage, assez pour que l'un des yeux puisse voir nettement toute la ligne en faisant varier son accommodation. Alors cet œil se mettra en face du milieu de la ligne, en O. Dans ces conditions, la ligne AO étant de 0^m10 et AC de 0^m06, on a OC = 0^m08, et la variation d'accommodation pour passer de A en C sera de 2,5 dioptries, chiffre obtenu par un calcul dont il sera question tout-à-l'heure.

Il est présumable que les changements d'accommodation dont il vient d'être question se produisent synchroniquement avec les saccades décrites plus haut, mais cette question me paraît difficile à élucider.

Quoi qu'il en soit, on lit aisément cent lignes par minute, soit six mille lignes par heure. Les nombreuses variations d'accommodation qui en résultent sont d'autant plus importantes que les lignes sont plus longues ; on conçoit donc que, surtout dans l'intérêt des myopes, j'aie protesté contre de larges justifications, et ma voix a trouvé de l'écho, surtout en Allemagne.

J'avais remarqué la fréquence extrême de la myopie chez les personnes qui lisent beaucoup et sa rareté relative chez les couturières, qui appliquent leurs yeux avec bien plus d'assiduité : la particularité principale de la lecture m'a paru résider dans les variations de l'accommodation.

Soit l la demi-longueur de la ligne imprimée, m la distance du *punctum remotum* pour le myope, et d la distance de l'œil au milieu de la ligne, on a, dans un triangle rectangle,

$d^2 = m^2 - l^2$; la variation d'accommodation $\dfrac{1}{d} - \dfrac{1}{m}$ s'en déduit aisément.

Pour épargner au lecteur tout calcul, j'ai construit la *Fig. 43* ci-après, qui permet de résoudre instantanément toutes les questions où est engagée la relation entre la myopie, la longueur des lignes et l'accommodation. Les abscisses sont, en grandeur naturelle, les demi-longueurs de lignes d'impression ; les ordonnées mesurent la myopie, en dioptries, et les courbes correspondent aux variations d'accommodation.

1er exemple : pour une ligne de 10 centimètres, quels sont les degrés de myopie qui nécessitent des variations d'accommodation de 0.25...., 0.50...., 0.75..., 1..., 2..., 3... dioptries ? Il suffit de remarquer que l'ordonnée 5 coupe les courbes en des points répondant sur l'axe vertical à 4 1/2..., 5 3/4..., 7 1/4..., 9..., 11..., 12... dioptries.

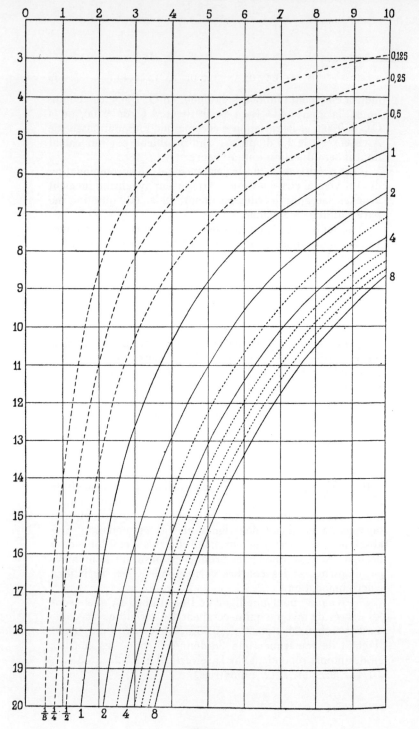

Fig. 43.

2ᵉ *exemple :* si l'on admet, avec M. Badal, qu'une variation d'accommodation de 0.125 D, est très appréciable,
quelles sont les longueurs de lignes que les myopes de 4, 5,
6, 7, 8... dioptries peuvent accepter sans trop grande variation d'accommodation ? Il suffit de suivre la courbe 0,125 D,
et sa rencontre avec les horizontales 4, 5, 6, 7, 8... nous fait
remonter aux chiffres 6..., 4.25..., 3.25..., 2.66..., 2.15...;
les lignes seront donc respectivement de 12..., 8.5..., 6.5...,
5.33..., 4.33..., centimètres.

Sans multiplier les exemples, reprenons celui que nous
avions choisi en 1877 ; on voit que, pour un myope de
15 dioptries, une ligne de 10 centimètres exige une variation
d'accommodation d'environ 7 *dioptries* (1).

Il était nécessaire d'exposer avec quelques détails mes
idées sur les variations de l'accommodation pendant la lecture, car elles trouveront dans la troisième partie de ce volume leur application à la prophylaxie de la myopie par la
proscription des justifications trop larges.

La prophylaxie du strabisme, bien moins importante, demande également qu'il ne soit pas fait usage de lignes trop
longues par les jeunes hypermétropes, ainsi que cela va être
expliqué dans la citation suivante extraite de mon *manuel du
Strabisme.*

« § 41. — *Lecture contrôlée.* — Cet exercice consiste à
« lire binoculairement dans des conditions analogues à
« celles de l'expérience précédente ; on interpose une barre
« perpendiculairement à la ligne des yeux (*Fig. 44*) entre
« une page imprimée en gros caractères et le strabique,
« lequel doit réussir sans aucun mouvement de tête à
« lire d'une manière continue, sans qu'aucune lettre soit
« cachée par l'obstacle (2). Peu à peu on passe à des impres-
« sions de plus en plus fines. — Même quand la guérison
« paraît définitivement obtenue, il importe de recom-
« mander au strabique honoraire de continuer pendant

(1) Communication faite au Congrès international de Genève en 1877,
et qui a été reproduite dans les *Annales d'oculistique,* 1877, t. LXXVIII,
p. 164.
(2) La tige forme deux images qui paraissent transparentes : celle de
gauche appartenant à l'œil droit et celle de droite étant perçue par l'œil
gauche.

« bien des mois à toujours interposer un crayon ou un
« porte plume entre ses yeux et son livre.

« Quand la lecture est bien binoculaire : 1° la première
« section de la ligne d'impression est vue binoculairement ;
« 2° l'œil gauche seul voit les lettres situées derrière l'image
« de gauche de la tige (vue par l'œil droit); 3° la partie
« médiane de la ligne est vue binoculairement; 4° l'œil droit
« seul lit les lettres situées derrière l'image de droite de la
« tige ; et 5° la fin de la ligne est lue binoculairement. Si les
« yeux sont inégaux, les lettres qui ne sont vues que par
« l'œil le moins bon sont moins distinctes que le reste, et
« le strabique remarque, sur toute la page imprimée, une
« colonne verticale où, dans chaque ligne, les lettres vues à

Fig. 44.

« travers l'une des deux images de la barre de contrôle
« sont moins visibles que le reste.

« Pour bien analyser cette expérience, qu'on mette
« devant les deux yeux des verres de couleur différente,
« par exemple, un bleu et un rouge : le papier paraîtra
« nettement bleu et rouge derrière les deux images de la barre,
« et sur le reste de la page la coloration bleue ou rouge

« dominera suivant que l'un ou l'autre œil joue un rôle pré-
« pondérant dans la vision.

« Souvenons-nous d'autre part que, d'après les expé-
« riences de Lamare, les yeux, bien loin de se déplacer
« d'une manière continue pendant la lecture, exécutent un
« certain nombre de saccades, et partagent ainsi la ligne
« d'impression en un certain nombre de sections qui sont
« lues successivement, les yeux restant en repos pour
« chacune d'elles. On conçoit dès lors qu'un strabique
« pourra, par exemple, commencer par lire de l'œil droit
« deux sections de la ligne imprimée, depuis le début de
« la ligne jusqu'à l'image gauche de la barre de contrôle
« et, à ce moment, par une même saccade, alterner son
« strabisme et lire de l'œil gauche en trois ou quatre sec-
« tions le reste de la ligne, si bien qu'une fois par ligne, il fera
« coïncider un changement d'œil avec une saccade, et lira les
« lignes d'un bout à l'autre, sans omettre une seule lettre
« et cependant sans avoir un instant regardé binoculaire-
« ment. Dans ce cas, le résultat est manqué.

« J'ai fait construire récemment un *contrôleur multiple*

Fig. 45.

« (*Fig. 45*). C'est un gril métallique formé de cinq barreaux,
« qu'on pose sur la page à lire. Les vides sont cinq fois
« plus larges que les pleins. Il en résulte que, pour chaque
« œil, un cinquième de l'impression est caché et trois cin-
« quièmes sont vus binoculairement. Surtout si l'on s'aide
« de deux verres, bleu et rouge, mis devant les yeux, on
« voit assez nettement, pendant la lecture, deux grils trans-
« parents qui s'approchent ou s'éloignent l'un de l'autre
« quand on fait varier la distance du livre. Les pieds du gril
« sont d'une hauteur telle que les dix barreaux paraissent
« équidistants à un observateur dont les yeux ont un écarte-

« ment de 60 millimètres et qui se tient à 25 centimètres du
« papier. Les sections étant beaucoup plus nombreuses
« qu'avec une simple barre de contrôle, le sujet qui se sert
« de ce gril n'est guère tenté de recourir, pour lire, à des
« alternances réitérées de strabisme. »

Par cette longue citation on voit comment les connaissances théoriques relatives aux mouvements des yeux peuvent
être utilisés dans le traitement du strabisme. On peut en
tirer aussi cette conséquence d'une utilité plus générale, que
l'emploi de livres à large justification, nuisibles aux myopes,
comme on l'a vu plus haut, peut être défavorable aussi aux
jeunes hypermétropes, en les prédisposant au strabisme.

CHAPITRE XIII.

LE MÉCANISME DE L'ÉCRITURE.

Nous emploierons, dans la présente étude, la méthode qui doit guider tous ceux qui veulent tracer les règles à suivre pour bien exécuter les exercices corporels. Cette méthode, créée par Marey, consiste à observer la manière de faire des sujets les mieux doués, qui, soit par aptitude naturelle, soit par tradition, sont en possession d'une exceptionnelle virtuosité.

Examinons donc les mouvements d'un habile écrivain, par exemple d'un secrétaire-rédacteur de la Chambre des députés, qui, tout en regardant constamment autour de lui, rédige, séance tenante, le procès-verbal analytique. Son écriture est fine, penchée, régulière et assez lisible pour ne laisser aucune hésitation aux typographes.

Nous remarquons tout d'abord une oscillation continuelle de la main entière; c'est l'articulation du poignet qui fait un mouvement d'extension pour chaque délié, un mouvement de flexion pour chaque jambage. De plus, les trois doigts qui tiennent la plume exécutent en même temps des mouvements d'extension quand le poignet s'étend et de flexion quand il revient; ces mouvements des doigts ont pour effet de diminuer un peu la pente des déliés et davantage celle des pleins. Les doigts font encore d'autres petits mouvements, pour parfaire la forme de certaines lettres et pour soulever la plume. L'écriture la plus rapide et la plus régulière est celle qui réduit au minimum les mouvements des doigts, et se fonde le plus possible sur les mouvements du poignet, lesquels, par leur isochronisme et leur identité, sont un gage de célérité; ces mouvements du poignet forment une espèce de vibration, de tremblement absolument régulier, qui se produit sans fatigue et en quelque sorte sans que la volonté ait à intervenir : c'est pour ainsi dire la base de l'écriture rapide; mais il faut que, sur ce mouvement, se greffent d'autres mouvements variés qui ont pour but de différencier les lettres entre elles. Le mouvement en question donne la rapidité et la régularité : les autres mouvements donnent la lisibilité.

Mais les mouvements du poignet et des doigts, assistés, chez certaines personnes, d'un mouvement du bras suivant sa longueur pour former les lettres longues, ne permettraient que d'écrire en place ; il faut encore un mouvement de translation. C'est un point sur lequel nous devons insister tout particulièrement.

L'écrivain habile, s'il a oublié les préceptes de son maître d'écriture, appuie son coude sur le bord de la table, si bien que, tant qu'il écrit sur une feuille étroite, le coude reste absolument immobile et la ligne d'écriture est non pas une ligne droite, mais un arc de cercle ayant pour rayon la longueur de l'avant-bras, augmentée de celle de la main et de la partie de la plume qui dépasse les doigts (1). Pour en acquérir la preuve, après vous être installé commodément pour écrire sur la feuille de papier que vous avez placée obliquement par instinct, posez la pointe de la plume au commencement d'une ligne et faites mouvoir l'avant-bras autour du coude pris comme centre; la plume tracera sur la feuille un arc de cercle de rayon assez grand pour pouvoir être confondu avec une ligne droite parallèle au bord supérieur de votre papier. Cette immobilité du coude est favo-

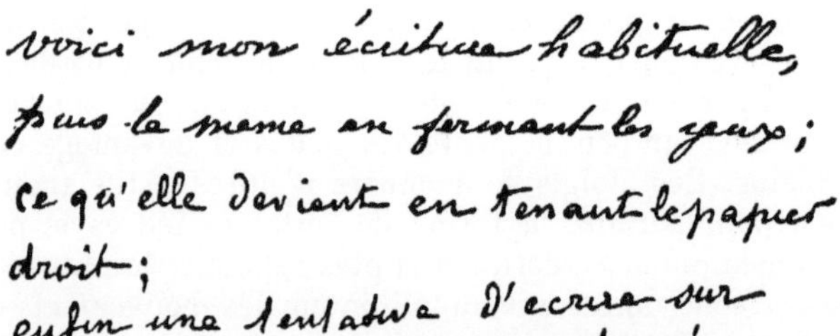

Fig. 46 (tracée en 1881).

(1) Comme exemple à l'appui, voici le *fac similé* (*Fig.* 47) d'une circulaire émanant d'un écrivain illustre ; la courbure est un peu augmentée par le fait de la réduction photographique de ces lignes qui avaient été écrites sur une feuille extrêmement large.

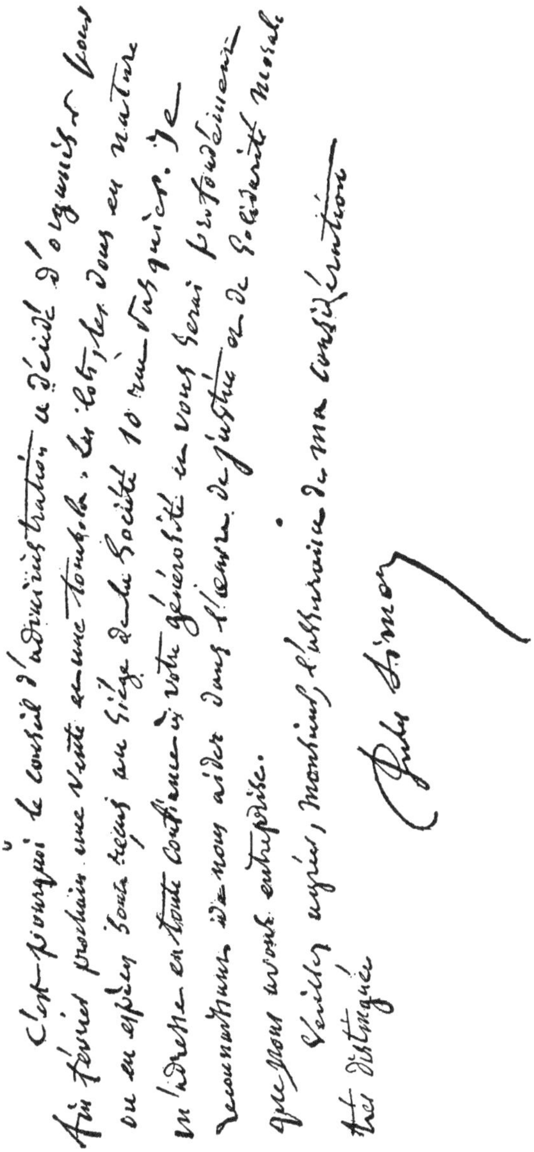

C'est pourquoi le conseil d'administration a décidé d'organiser pour fin février prochain une vente en une tombola. Les lots, les dons en nature ou en espèces sont reçus au siège de la Société 10 rue [illegible]. Je m'adresse en toute confiance à votre générosité et vous serai profondément reconnaissant de nous aider dans l'œuvre de justice et de solidarité morale que nous avons entreprise.

Veuillez agréer, Monsieur, l'assurance de ma considération très distinguée.

Jules Simon

Fig. 47.

rable à la rapidité de l'écriture, car la rotation de l'avant-
bras se fait graduellement, sans exiger le moindre temps,
tandis qu'il se produit nécessairement un arrêt quand on
déplace le bras en totalité pour mener la plume tout le long
de la ligne. Un autre avantage de ce système, c'est que la
rectitude de la ligne se conserve, pour ainsi dire, automati-
quement; avec le coude bien appuyé, rien n'est plus facile
que d'écrire des lignes parfaitement régulières avec les yeux
fermés.

L'emploi du coude comme pivot entraîne d'autres conséquences. — La première est la position oblique du papier,
qui est adoptée par tous les écrivains rapides, la diagonale
qui joint l'angle supérieur droit à l'angle inférieur gauche de
la feuille se trouvant à peu près perpendiculaire au bord de
la table. — La seconde est la pente de l'écriture; du moment
que la ligne qu'on écrit est perpendiculaire à l'avant-bras,
les mouvements du poignet produisent forcément une pente
qui serait supérieure à 45°, si les mouvements des doigts et le
mouvement de translation de la main ne venaient pas l'atténuer très notablement, surtout pour les pleins.

La méthode graphique permet d'analyser les mouvements
de l'écriture; mettez au poignet et au petit doigt de l'écrivain
un bracelet et une bague munis chacun d'un crayon. Pendant que sa plume trace l'écriture, qui est une résultante,
ces crayons tracent sur le même papier les mouvements de
l'avant-bras et de la main, qui en sont deux composantes.

Avec la position du bras et du papier telles que nous venons de les décrire, les pleins viennent naturellement prendre une position à peu près perpendiculaire au bord de la
table. Il en résulte que, pour écrire sans pente, l'écrivain
habile qui se tient comme nous avons dit, n'a qu'à mettre la
feuille droit devant lui : aussitôt les mouvements du poignet
dont nous avons parlé cesseront de produire la pente et,
sans aucun apprentissage, il écrira droit avec une assez
grande rapidité et tout à fait involontairement; la seule
difficulté, c'est que pour chaque mot et même plusieurs fois
dans le courant d'un mot un peu long, il devient nécessaire
de déplacer l'avant bras, et, par conséquent, le bras, vers
la droite, sous peine de tracer des lignes montantes, comme
le font bien des personnes qui s'obstinent à tenir leur
papier droit devant elles, ainsi qu'on le leur a enseigné dans

leur enfance. Cette remarque trouvera son application au chapitre XXIV *des expertises en écritures.*

Ainsi, en observant la manière de faire des écrivains habiles, — qui n'est pas celle des calligraphes, — nous sommes arrivé à cette conséquence qu'il faut incliner le papier vers la gauche d'un angle à peu près égal à la pente de l'écriture et qu'il faut écrire penché. C'est pour plus de clarté que nous avons supposé le coude appuyé sur la table ; on peut, sans inconvénient, n'y placer qu'une partie de l'avant-bras ; bien que n'ayant pas de point d'appui, le coude peut parfaitement servir de pivot immobile pour les mouvements de l'avant-bras.

Il faut l'avouer immédiatement ; sous le rapport de l'attitude du corps, la position que nous adoptons n'est pas tout à fait sans inconvénient ; bien qu'elle permette d'écrire les yeux fermés, on regarde volontiers ce qu'on fait, et cela est même nécessaire pour mettre les points et les accents (*Fig. 46*). Or, pour des raisons physiologiques fort complexes, les yeux sont ainsi faits qu'il leur est désagréable de parcourir des lignes obliques. Aussi, les personnes qui écrivent comme nous le conseillons sont-elles portées invinciblement à pencher la tête à gauche, de manière à mettre à peu près dans un même plan la ligne d'écriture et les deux yeux ; c'est un faible inconvénient pour les adultes, chez qui les déformations du corps ne sont plus guère à craindre.

Un défaut d'écriture, très répandu, résulte du déplorable usage des points sur les *i* et des accents. La plupart des personnes n'attendent pas que le mot soit terminé pour mettre les points, les accents et les barres de *t*. Il en découle toute une série d'inconvénients. D'abord, une interruption des déliés, qui devraient réunir, à peu près sans solution de continuité, toutes les lettres d'un même mot. Ensuite, un retard extrêmement considérable, car il faut plus de temps pour s'interrompre, mettre un point sur un *i* et reprendre le cours du mouvement régulier de la plume, qu'il n'en faut pour écrire deux ou trois jambages. Enfin, bien des personnes, surtout en Allemagne, ne lèvent pas la plume pour faire les points sur les *i*, et certains accents, d'où résulte des liaisons qui réunissent les accents aux lettres et nuisent considérablement à la lisibilité. D'autres, dans la rapidité de l'action, jettent les points et les accents un peu au hasard, généralement trop à droite, tandis qu'avec le système dont nous allons parler, ces signes sont toujours posés à leur place.

Les calligraphes conseillent de ne poser les accents et les points sur les *i* qu'après avoir terminé le mot qui doit les recevoir; c'est une habitude difficile à inculquer aux enfants et qu'ils ne conservent pas souvent. Le mieux serait d'interdire absolument l'usage des points et des accents pendant l'écriture, et d'exiger qu'il ne soient placés qu'ultérieurement, en relisant; tandis que la ponctuation doit être mise scrupuleusement du premier abord. Par ce système, on peut écrire extrêmement vite, et régulièrement. Si l'on écrit pour soi-même ou pour les imprimeurs, il est complètement inutile d'ajouter les points et les accents, qui ne sont nécessaires que pour rendre l'écriture lisible malgré ses défauts et pour les personnes les moins exercées. En supprimant les points et les accents, il est facile de prendre *currente calamo* des notes à un cours, de dresser le procès-verbal complet de la discussion la plus animée, et il reste loisible d'ajouter tous ces signes en se relisant, ou de les faire mettre par un secrétaire. Ce système présente même le très grand avantage qu'un seul coup d'œil nous permet de constater si une page de notre écriture a été relue ou non; nous écrivons avec régularité et rapidité, et nous augmentons ensuite la lisibilité, sans perte de temps, au moment où nous relisons, par l'addition des points et des accents, que la politesse nous défend d'ailleurs d'omettre dans les écrits que nous ne réservons pas exclusivement pour notre usage personnel.

La rapidité exige ensuite que les pleins soient produits par une dépense de force extrêmement faible, et plutôt par la largeur du bec de plume que par la pression. Nous rejetterons donc les plumes à pointes *fines* et *extra fines*, et adopterons les becs *medium*.

La vitesse exclut les queues démesurément longues, ce n'est pas un mal, car le caprice de la mode empêche seul de les trouver aussi disgracieuses qu'elles le sont en réalité ; dans les belles *bâtardes*, les longues ont une dimension totale qui ne dépasse guère deux corps.

Enfin, pour écrire rapidement, il importe de réduire le nombre des levées de plume qui constituent une perte de temps considérable. Or, si nous voulons écrire d'une

seule traite, nous remarquons que sept lettres nous obligent
à lever la plume ; il faut quitter le papier avant les lettres *a*,
c, *d*, *g*, *o*, *q*, au milieu des lettres *a*, *g* et *q* et après les *q* et
s. Un grand nombre de défauts d'écriture proviennent de
liaisons qui se produisent pour éviter ces solutions de continuité : introduisons systématiquement ces liaisons où cela
sera possible, en formant la panse de l'*a* au moyen d'une sorte
d'*e* très ouvert, et appliquons le même système au *d*, au *g*
et au *q*, et voilà quatre lettres qui se feront d'un seul trait
de plume. Quant à l'*s*, autorisons la liaison, et il prendra
une forme analogue à un *e* renversé, facile à tracer rapidement, et ne pouvant se confondre avec aucune autre lettre.
En résumé, si l'on veut que l'homme des professions
libérales ait une bonne écriture quand il aura quitté les
bancs du lycée, il faut lui enseigner, à un moment donné,
une écriture telle que la vitesse ne la déforme pas trop désa-
gréablement. Si l'on recherche une très grande rapidité,
cette écriture sera penchée, tracée sur papier incliné, et son
mécanisme reposera sur un mouvement de trépidation régulière du poignet.
Tout ce qui précède s'applique à l'écriture *expédiée*, ou à
main levée, dans laquelle les mouvements du poignet jouent
un rôle prépondérant, écriture dont les principes ont été
parfaitement posés par Taupier et par Grimal. Si les méthodes de ces calligraphes sont tombées dans un oubli immé-
rité, c'est qu'ils ont eu le tort de vouloir appliquer à l'enseignement de l'enfance des principes qui leur avaient réussi
pour rectifier des écritures d'adultes destinés à se faire *expé-
ditionnaires*. Ils ont oublié que l'immense majorité de la
nation n'a pas besoin d'écrire à grande vitesse. Que le
peuple tout entier écrive posément et lisiblement, et réservons
aux virtuoses de la plume, et à eux seuls, les méthodes Taupier et Grimal.
Les principes de la calligraphie à main posée sont tout
différents. Il ne manque pas de méthodes où l'on trouvera
des indications pour la tenue de plume qui convient pour
tracer la ronde, la coulée et la bâtarde. Nous dirons seulement en passant que, parmi ces écritures qui se tracent
au moyen de plumes à bec large, il en est une, non
dénommée, qui nous paraît préférable à toutes : c'est une
ronde dans laquelle les *n* diffèrent des *u* comme dans la

bâtarde et où les *l*, les *b*, etc., sont bouclés. Cette écriture, tracée avec une plume à bec moyen, devrait devenir *l'écriture nationale*.

Après avoir sommairement fait connaître les raisons qui conduisent certaines personnes à préférer l'écriture penchée. nous allons démontrer que, pour les enfants, l'enseignement de l'écriture droite est préférable à tous égards.

L'écriture à main posée. — Il ne peut venir à l'idée d'une personne raisonnable de vouloir enseigner à un enfant de six ans, qui ne connaît à peine la forme des lettres, le mécanisme si compliqué dont font usage certains adultes pour écrire rapidement. D'ailleurs, le voulût-on, que son organisation ne s'y prêterait pas, car, son avant-bras étant beaucoup plus court que celui de l'adulte, le pivotement autour du coude ferait tracer à la plume un arc de cercle très différent d'une ligne droite, et son écriture est beaucoup trop hésitante pour pouvoir faire usage du mouvement de trépidation du poignet. Il faut donc renoncer à ces mouvements, laisser l'enfant déplacer son avant-bras en totalité, presque pour chaque lettre, et lui permettre de se servir à peu près uniquement de ses doigts pour mouvoir la plume : il n'y a qu'à le laisser faire à cet égard.

D'autre part, comme on donne toujours aux enfants du papier réglé, il n'existe aucune raison pour mettre le cahier de travers : la rectitude des lignes d'écriture est assurée par la réglure et ne peut pas être obtenue par la rotation de l'avant-bras autour du coude. Nous posons donc le cahier droit devant l'enfant.

On a vu plus haut que, même pour l'adulte habitué à écrire penché, la position droite du cahier a pour conséquence l'écriture droite. Pour s'assurer qu'il en est ainsi pour l'enfant, faites-lui copier un modèle d'écriture penchée : si vous le laissez faire, son cahier étant droit, il écrira droit, malgré la pente du modèle. Pourquoi contrarier cette tendance naturelle? Donnez-lui des modèles d'écriture droite, il les copiera plus facilement, ce qui n'est pas un mal, et *en écrivant droit, il se tiendra plus volontiers droit*, ce qui est utile pour éviter la déviation de la colonne vertébrale, ou *scoliose*, et surtout la myopie, qui reconnaît souvent pour cause une mauvaise attitude en écrivant.

Si, méprisant la tendance instinctive de l'enfant, qui est

bonne, on veut lui enseigner l'écriture penchée, on est en présence de deux solutions : cahier incliné à gauche ou cahier droit (posé en face ou repoussé un peu vers la droite). Quant on prescrit la position inclinée du cahier, la position oblique des lignes entraîne la position inclinée de la tête, laquelle réagit de proche en proche sur la position de tout le corps. Le cahier tenu obliquement vers la gauche a pour effet de faire pencher la tête à gauche et le reste du corps suit le mouvement pour éviter une flexion trop considérable du cou et pour ramener à droite le centre de gravité, si bien que le cahier tenu obliquement produit la scoliose à concavité gauche, telle qu'on l'observait il y a trente ans.

Quand, au contraire, ils exigent une écriture penchée tracée sur un cahier tenu droit, les maîtres demandent une chose contre nature : il ne suffit pas de mettre le coude *contre* le corps : il faudrait le mettre *dans* le corps, et le malheureux écolier est obligé de se creuser le flanc droit pour y loger son coude, ce qui l'amène à baisser l'épaule droite et à porter tout le poids de son corps sur la fesse gauche, ce qui produit la scoliose à concavité droite (1). Un calligraphe éminent nous vantait cette attitude en présence de la Commission réunie au ministère de l'Instruction publique.

Notre réponse fut topique :

Mais tournez-vous, de grâce, et l'on vous répondra.

Le calligraphe célèbre avait lui-même une belle déviation de la colonne vertébrale qui, vue de dos, affectait la forme d'un C : l'épaule droite était bien plus bas que la gauche.

Mais la scoliose est un mal relativement insignifiant : inconvénient plus grave, l'une et l'autre des attitudes précédentes entraînent la tête en avant, après quelques minutes, et cela par un mécanisme dont la description occuperait trop de de place ici, et contre lequel les exhortations du maître le plus attentif viennent échouer forcément.

_____

(1) La scoliose en question est moins fréquente et moins marquée chez les garçons que chez les filles, parce que ces dernières se calent, pour ainsi dire, en amenant instinctivement une épaisseur de jupes et jupons entre les bancs et la partie droite de leur individu.

154   DEUXIÈME PARTIE. — CONSIDÉRATIONS THÉORIQUES.

Nous avons exposé ailleurs (1) en détail le mécanisme physiologique par lequel l'écriture penchée est une cause de scoliose et de myopie ; on peut s'y reporter et étudier les nombreux auteurs qui ont écrit sur ce sujet, surtout en Allemagne.

Schubert photographia deux groupes de dix filles dans deux classes d'une même école de Nurenberg : les élèves du premier groupe écrivaient penché; celles du second groupe pratiquaient l'écriture droite depuis un an.

Nous avons sous les yeux les photographies de Schubert et il est certain que les attitudes des enfants du second groupe étaient beaucoup meilleures que celles des enfants du premier.

En résumé tout en préconisant l'enseignement exclusif de l'écriture droite aux jeunes enfants, nous ne proscrivons aucunement l'emploi de l'écriture penchée pour les adultes.

Les personnes qui savent nos efforts pour faire adopter l'écriture droite dans les écoles primaires éprouveront quelque surprise à nous voir accepter l'écriture penchée pour les adultes des professions libérales. Nous leur répondrons qu'on n'obtient rien quand on demande trop. Aux personnes qui écrivent rapidement avec pente, et qui s'en trouvent bien, on démontrerait difficilement qu'elles ont tort, alors qu'elles ont raison. Vouloir obliger tous les adultes à écrire droit serait aussi absurde que de faire écrire les jeunes enfants avec pente. Notre espoir de faire adopter l'écriture droite dans les écoles primaires repose précisément sur la distinction, subtile en apparence, mais fondée sur la physiologie, que nous avons établie entre le mécanisme de l'écriture enfantine et celui de l'écriture expédiée des adultes.

*
* *

Ecriture en miroir, écriture lithographique, écriture des gauchers. — Ce qui suit ressort des observations de mon collaborateur M. Dreyfuss.

La structure de nos écritures résulte, en grande partie, de l'anatomie de la main et du bras. Jamais un gaucher,

(1) Javal, Attitudes scolaires vicieuses, *Revue d'hygiène*, 1881,p. 500 et 570.

jamais une personne qu'une amputation oblige à écrire de
la main gauche, n'écriront nos écritures cursives avec la
même aisance que nous, puisque l'allure générale, et certains détails de nos écritures résultant des mouvements
qui sont adéquats au membre qui les exécute. Pour n'en
citer qu'un seul exemple, dans la grande rapidité, l'écriture
anglaise se déforme pour devenir analogue à la coulée :
les *n* s'identifient aux *u* tandis que ce ne sont presque jamais
les *u* qui s'identifient aux *n*. La main droite a, de plus, une
tendance à tracer, à la descente, des pleins dont la concavité est tournée vers la droite. C'est par des raisons physiologiques qu'on attaque l'*o* par son côté gauche et non en
descendant d'abord par la droite et remontant en délié par
la gauche. Si donc une personne frappée subitement de
paralysie, ou de crampe de la main droite, voulait acquérir
de la main gauche, une écriture aussi rapide que possible
elle ne saurait mieux faire que d'écrire de droite à gauche,
sauf à se servir de papier pelure, l'écriture étant destinée à
être lue au verso, ou bien à engager ses amis à lire ses écrits,
dans un miroir. — On possède de nombreux manuscrits de
Léonard dè Vinci présentant cette disposition et tracés, très
vraisemblablement, au moyen de la main gauche.

La symétrie naturelle de nos mouvements est telle que,
pour réussir à tracer, de la main gauche, une écriture en
miroir, on se trouvera bien, pour les premiers essais,
d'écrire *en même temps* avec la main droite, de gauche à
droite ; l'expérience est très démonstrative.

On comprend maintenant certaines attitudes de l'écrivain
lithographe. — Pour écrire de la ronde il la trace renversée,

Fig. 48.

comme la seconde ligne de la figure 48. — Pour écrire de
l'anglaise, le lithographe la trace de haut en bas, dans la
position représentée ci-après par la figure 49. Cette attitude,

étrange en apparence, a pour but de mettre les doigts dans une position où ils tracent presque spontanément des courbes analogues à celles de l'écriture courante, sur papier.

Cette bizarrerie d'une écriture tracée verticalement et destinée à être lue horizontalement, m'ayant mis en mémoire l'écriture syriaque du vi^e siècle, j'ai prié M. Dreyfuss d'en faire un croquis, qui est reproduit fig. 50 et il me dit que son flair de lithographe lui a commandé d'exécuter ce croquis dans la position où il est reproduit et non pas suivant la direction horizontale destinée à la lecture, laquelle se fait de droite à gauche.

Fig. 49.

Au cours de sa collaboration au présent chapitre, M. Dreyfuss a remarqué que, pour écrire de la main gauche à main posée il faut placer le papier dans une direction perpendiculaire à celle habituellement usitée ; quand on écrit ainsi avec la main gauche, en colonnes verticales de haut en bas, les pleins et les déliés se forment régulièrement sans la moindre difficulté.

Fig. 50.

CHAPITRE XIV

RAPIDITÉ DE L'ÉCRITURE ET DE LA LECTURE.

Le but principal des recherches exposées dans ce qui précède est de rendre plus faciles et plus rapides la lecture et l'écriture. Le terme d'*écriture* étant pris ici dans son sens le plus large et comprenant les différents moyens d'inscrire l'expression de la pensée humaine.

Quoiqu'on ait pu dire, la parole n'est pas le substratum nécessaire de la pensée dont elle n'atteint pas la rapidité : pour s'en assurer il suffit par exemple de faire l'essai d'exprimer en paroles la suite des parades, des feintes et des ripostes qui constituent une reprise d'escrime, ou bien encore de décrire, en paroles, tout ce qu'on a pu percevoir la nuit, pendant la lueur à peu près instantanée d'un éclair.

Il ne semble pas que la vitesse de la pensée soit très différente chez les différents peuples bien que les langues soient très inégales quant à la concision ; par exemple le latin qui manque de précision est plus concis que le grec qui l'a précédé et que le français et l'italien auxquels il a donné naissance. On raconte que Rousseau, ayant parié d'écrire plus laconiquement que Voltaire, lui adressa cette courte missive : « *Eo rus* » (je vais à la campagne) et que Voltaire, par retour du courrier, répondit simplement « *I* » (allez-y).

De même en anglais, les mots *omnibus, cabriolet* sont devenus *bus* et *cab ;* le verbe allemand *gehen* s'est transformé en *go*. Les mots de nouvelle formation tel que *lift* (ascenseur) sont plus courts que les nôtres. Cette remarque ne devra pas être oubliée quand nous comparerons tout à l'heure les records de rapidité de dactylographie ou de lecture.

Quand il s'agit d'écrire, la rapidité moindre du français n'est pas attribuable seulement à la longueur des mots mais aussi à l'encombrement produit par les lettres inutiles ; il y a donc lieu de mentionner ici la grande accélération d'écriture qui serait un des bénéfices de la réforme orthographique.

Il paraîtrait, d'après des comptages sérieux, que dans notre orthographe les lettres inutiles se montent à treize pour cent.

Parmi les protagonistes les plus radicaux de la réforme orthographique, après avoir cité Appius Claudius l'aveugle, qui réforma l'orthographe latine, et qui est plus connu par sa résistance à Pyrrhus et par la voie Romaine qui porte son nom, je fais une enjambée de vingt-et-un siècles pour arriver à Charles Barbier, mentionné dans le chap. VI de ce volume et qui commence sa brochure de 1834 par les lignes suivantes :

« L'écriture de prononciation est celle que nous pratiquons tous avant d'avoir étudié l'orthographe et la grammaire ; beaucoup de personnes n'en sauront jamais d'autres ».

Barbier avait démontré magistralement dès 1820 que, pour tous les illettrés, y compris les aveugles et les sourds-muets, il est beaucoup plus facile d'apprendre une écriture phonétique bien comprise qu'une écriture orthographique. Au lendemain de la célèbre loi Guizot de 1833, qui organisa l'instruction primaire en France, et en présence du nombre immense des adultes illettrés, il revint à la charge. Il pensait que ce serait chose sage que de réduire le premier effort des instituteurs à enseigner une phonographie à la masse des enfants, réservant à une minorité les difficultés de la grammaire et de l'orthographe.

Le temps a marché, mais la nature de l'esprit humain est restée la même. Aujourd'hui encore, dans les pays de langue française ou anglaise, il est toujours vrai que le moyen le plus rapide d'enseignement de la lecture usuelle consiste à passer par la phonographie.

On avait objecté à Barbier que la pratique de la phonographie devait nuire à celle de l'orthographe. Avec autant de bon sens que d'esprit, Barbier répondait que la parole est une phonographie par excellence, et que, pour être logiques, ses contradicteurs devraient interdire la parole aux enfants jusqu'au moment où ils apprendraient l'orthographe.

Tandis que Barbier proposait pour une partie de la

nation l'adoption immédiate d'une écriture phonétique, depuis Voltaire une évolution lente tend vers la simplification de notre orthographe suivant une marche méthodique précisément inverse à l'évolution historique dont Ronsard marque le point culminant.

De ses transformations, notre langue a gardé, comme témoins, des lettres muettes qui, malgré la résistance des grammairiens, ont une tendance à disparaître. L'Académie française en supprime quelques-unes à chaque réédition de son vocabulaire, si bien que la connaissance des étymologies est devenue une source de fautes d'orthographe. Un helléniste n'hésiterait pas à écrire « ophthalmie », « anhémie », « rhythme », etc. contrairement aux dernières décisions académiques.

L'orthographe étymologique a vécu et depuis qu'on nous oblige à écrire « philantropie » au lieu de « philanthropie », nous roulons sur une pente au bas de laquelle sont parvenus les Italiens, qui écrivent «fotografo» où nous écrivons encore « photographe ».

Ce même mouvement de simplification se produit en Allemagne avec une telle vitesse qu'on peut présumer parfois l'âge d'une personne d'après le nombre des lettres muettes dont elle fait usage en écrivant.

La simplification de l'orthographe aura pour effet d'accélérer un peu l'écriture des générations futures, à condition qu'on ne commette pas l'erreur d'augmenter le nombre des accents, ce qui, on l'a vu, ralentirait et gâterait l'écriture, car les levées de plume sont fâcheuses à tous égards et on perd plus de temps qu'on n'en gagne à écrire, avec Monsieur Malvezin, « cèle » au lieu de « celle », etc. L'usage des accents est un des grands obstacles à la diffusion de l'*Esperanto*.

Pendant qu'en France et en Allemagne on voit évoluer l'orthographe pour se rapprocher de la représentation phonétique de la langue, en Amérique, des Sociétés, dites *philologiques*, font une active propagande pour rendre plus *logique* l'orthographe anglaise, malgré le misonéisme si obstiné de la race anglo-saxonne. Les langues évoluent donc vers une simplification de l'orthographe.

La situation de nos écritures modernes, dit M. Philippe Berger, rappelle assez celle des écritures de l'ancien monde au moment de l'invention de l'alphabet. A cette époque aussi,

le monde était partagé entre deux ou trois systèmes d'écriture différents, dont l'un surtout, l'écriture Égyptienne, avait
porté au plus haut degré de perfection l'expression de toutes
les formes de langage.

Qu'ont fait les Phéniciens ? Ils ont pris dans cet arsenal une
vingtaine de signes, ceux qui leur étaient strictement nécessaires, et ils en ont tiré une écriture nouvelle, sans aucun
souci de toutes les finesses de l'orthographe, sabrant dans les
désinences vocaliques des verbes, jetant au panier tous les
compléments phonétiques.

Mais cette écriture, quelque grossière qu'elle fût, reposait
sur un principe nouveau et fécond, le principe de l'écriture
alphabétique, c'est-à-dire d'une écriture dans laquelle chaque
lettre répond à un son !

Il faut reconnaître que nous nous en sommes singulièrement écartés et que cette définition ne saurait s'appliquer
rigoureusement à nos écritures modernes. Elles ne sont plus
phonétiques que dans une très faible mesure ; elles sont devenues des écritures savantes, qui ne sont pas sans quelque
analogie avec les hiéroglyphiques des Égyptiens ; chaque
mot forme un petit ensemble, dans lequel, à côté d'éléments
phonétiques, il y en a d'autres qui ne se prononcent pas et
qui servent, soit à distinguer à l'œil un mot d'un autre et à
en marquer l'origine et la signification, soit à en indiquer la
forme grammaticale. Ce défaut, commun à presque toutes
nos langues, est particulièrement sensible en Français :
il faut six lettres pour écrire le mot « aiment », où la prononciation ne fait entendre que deux sons ; encore le premier de
ces sons ne répond-il à aucune des deux lettres qui servent
à le rendre : beaucoup d'autres mots sont dans le même cas.
De là vient, entre l'écriture et la prononciation, un écart
toujours plus grand, qui crée une difficulté, souvent presque
insurmontable, pour ceux qui veulent apprendre à écrire nos
langues, et contribue encore à séparer les peuples.

Le sentiment des inconvénients de cet état de chose et des
dangers qu'il présente pour l'avenir de notre écriture et, par
suite, de notre langue, a provoqué un mouvement en faveur
d'une réforme de l'orthographe qui en ferait disparaître les
anomalies et la rapprocherait, dans la mesure du possible,
du langage parlé. À la tête du mouvement s'est placé résolument un des maîtres des études linguistiques en France,
M. Louis Havet.

L'entreprise n'est pas nouvelle, et, depuis trois cents ans,
elle a été tentée plus d'une fois ; mais le trait caractéristique
du mouvement actuel, c'est qu'il est parti des hommes qui
ont le plus étudié l'histoire de notre langue et les lois qui président aux transformations du langage. Elle est la conséquence des travaux accomplis depuis le commencement du
siècle dans le domaine de la linguistique et de la philologie
comparée. C'est une réforme demandée au nom de la science,
qui cette fois est allée au-devant du sentiment public, et

l'accueil qu'elle a reçu dès l'abord dans l'Université et parmi ceux qui sont chargés d'enseigner la langue française, semble prouver qu'elle répond à un besoin réel.

« Le phonétisme pour, but idéal, la modération comme règle immédiate », voilà ce que réclame M. Havet, de l'Institut, dans un article du *Journal des Débats* du 4 mars 1890, article reproduit en tête de sa brochure, aujourd'hui introuvable, intitulée : *La simplification de l'orthographe,* par Louis Havet, professeur au Collège de France (1890). Cette brochure est un modèle de dialectique réformiste. L'auteur fait ressortir, avec beaucoup d'esprit, les incohérences de notre orthographe, dont l'étude coûte, à nos écoliers, un temps qui pourrait être beaucoup mieux employé. Il démontre, d'accord avec nos linguistes les plus compétents, Gaston Paris, Darmsteter, Michel Bréal, etc., l'inanité de l'argument d'après lequel notre orthographe serait systématiquement étymologique. Elle ne l'est que par accès. Il expose comment les simplifications désirables, loin d'offenser l'histoire de notre langue, seraient bien souvent un retour à ce qui se pratiquait au moyen âge. Quand à l'objection d'après laquelle on créerait des confusions en écrivant de la même façon des mots dont le sens est différent, tels que *vers, verre* et *vert,* c'est dans un article paru le 1er août 1889 dans *la Revue de l'enseignement secondaire et de l'enseignement supérieur,* et reproduit dans cette brochure, qu'il faut voir combien elle est insoutenable (1).

Les indications qui précèdent, relatives à la rapidité respective des diverses langues et à la simplification de leur orthographe, ainsi que les notions relatives à la sténographie (Chap. IV) et au mécanisme de l'écriture (Chap. XIII), prêtent de l'intérêt à la réunion de données numériques qui vont suivre.

Voici quelques indications sur la rapidité des divers moyens que l'homme emploie pour exprimer sa pensée.

Quand je ne dirai pas le contraire, j'admettrai, avec les dactylographes, que les mots entiers entrent seuls en ligne de compte. Par exemple *« l'homme »,* compte pour un mot.

_____

(1) Un rapport tout récent de M. P. Meyer au ministre de l'Instruction publique (Imp. Nat. 1904) fait au nom d'une commission spéciale, est soumis au jugement très conservateur de l'Académie française (Me Faguet rapporteur).

Pour l'écriture ou la dactylographie j'admets que l'écrivain doit mettre les majuscules, les accents et la ponctuation; de même pour le Braille.

Il ne serait pas difficile de réunir quelques chiffres sur la rapidité de la lecture mentale, celle qui importe réellement à l'homme lettré. On trouverait des différences individuelles considérables. Faute de renseignements précis, j'admettrai qu'on lit aisément, *sans rien laisser passer,* cinq cents mots par minute.

Un de mes amis, lecteur très rapide, a pris la peine, à mon intention, de lire, sans rien passer, le roman de Paul Bourget, *Cruelle énigme.* Cette lecture lui demanda une heure, et, faisant le calcul, il en a conclu qu'il avait lu 550 mots par minute.

Pour la lecture de l'anglais, d'après un mémoire remarquable de M. Edmond B. Huey (american journal of psychologie, vol. XI et XII) on voit qu'une personne a pu lire mentalement plus de huit cents mots par minute, et trois cent soixante à haute voix.

Pour l'exécution musicale, il paraît qu'un bon pianiste peut exécuter près de 700 notes égales par minute.

Nous sommes mieux renseignés sur la rapidité de la parole. D'après ce qui m'a été dit à l'*Institut sténographique* (150, boulevard Saint-Germain, à Paris), l'orateur le plus lent prononce plus de cent mots par minute, et le plus rapide en dit rarement plus de deux cents. Une bonne moyenne paraît être cent soixante mots par minute.

Un dactylographe exercé écrit facilement, pendant des heures, quarante mots par minute. Le record de dactylographie, obtenu lors de l'Exposition de 1900, est de soixante-sept mots. On peut donc dire que la rapidité de la dactylographie est à peu près quatre fois moindre que celle de la lecture à haute voix. A l'Exposition de Chicago en 1892, le record en langue anglaise avait été de quatre-vingt-dix-sept mots.

J'estime que la rapidité d'une écriture parfaitement lisible est de vingt mots, soit environ moitié de celle obtenue couramment par les dactylographes. Une écriture extrêmement rapide, en supprimant les accents et les points sur les *i,* mais pas la ponctuation, lisible sans hésitation pour celui qui l'a tracée, peut atteindre trente-cinq mots.

Les télégraphistes exercés transmettent, en Morse, vingt-cinq mots de cinq lettres par minute, mais ils se dispensent de différencier les lettres majuscules ou accentuées. C'est donc une vitesse comparable à celle de l'écriture ordinaire. L'employé récepteur d'une transmission Morse, qui perçoit la dépêche par l'audition, l'écrit donc aisément à la plume. Tous sont d'accord pour dire qu'à l'oreille ils comprendraient encore les télégrammes sans hésitation, si la vitesse était beaucoup plus grande. Le phototélégraphe de Siemens et Halske transmet 2.000 lettres à la minute.

Arrivons au Braille. De toutes les écritures, c'est la moins rapide, surtout pour qui s'y met sur le tard. J'écris quatre mots par minute. L'aveugle le plus exercé ne dépasse guère huit mots ; à l'aide de l'abrégé, bien peu arrivent à dépasser dix, et encore, aux dépens de la lisibilité, car en se pressant trop, on fait des fautes et on écrit mal en points saillants. Cependant M. Villey, agrégé des lettres, m'affirme qu'il dépasse 20 mots par minute.

La lenteur du Braille est encore plus marquée quand il s'agit de la lecture. J'arrive à lire vingt-cinq mots ; beaucoup d'aveugles-nés en lisent soixante, un petit nombre arrive à cent, quelques-uns arrivent à cent vingt. M. Deménieux, le bibliothécaire de l'Association Valentin Haüy, a lu en ma présence à haute voix, tout près de deux cents mots à la minute. Au moment où son index droit atteint la fin d'une ligne, l'index de sa main gauche a déjà parcouru la moitié environ de la ligne suivante; si bien que presque tout le temps, la lecture mentale de la main gauche précède d'une quantité variable la lecture de la main droite, laquelle précède probablement plus ou moins la parole.

Après avoir récapitulé les vitesses obtenues actuellement, il est intéressant de se demander si l'avenir ne nous réserve pas des progrès dans la facilité et la rapidité des procédés d'inscription de la parole.

L'un des procédés de la sténographie réside dans le retour à l'artifice qu'emploient encore aujourd'hui les langues sémitiques, et qui consiste à supprimer la plus grande partie des voyelles. Une accélération plus grande encore peut être obtenue par un retour à un passé encore plus lointain ; je veux parler de l'écriture syllabique dérivée de l'hiéroglyphique : c'est quelque chose d'analogue à nos rebus.

Supposons un signe hiéroglyphique représentant un chat et un autre représentant un pot, la succession de ces deux signes représentera le mot « chapeau ». Une écriture syllabique est évidemment bien plus rapide à tracer, mais bien plus lente à apprendre, qu'une écriture phonétique. La machine à sténographier Lafaurie et celle de Bivort, si rapides, font usage de signes syllabiques.

On est donc tenté de formuler ce paradoxe apparent, que, dans certains cas plus une écriture est rapide et plus l'acquisition des signes qui la constituent doit demander de temps; et, en effet, aucune écriture n'est plus simple et plus vite apprise que la phonographie pour aveugles de Barbier (page 55), tandis qu'il faut un apprentissage excessivement long pour employer avec aisance la sténographie Prévost-Delaunay, ou la machine sténodactyle de Lafaurie.

Les peuples d'Extrême-Orient possèdent deux écritures, l'une idéographique à l'usage des lettrés, internationale à tel point que, commune à un grand nombre de peuples asiatiques, aux Chinois et aux Japonais, etc., elle est également lisible pour ces deux peuples dont les langues sont profondément différentes, et l'autre, phonétique, si facile que les Européens se l'assimilent après un court séjour au Japon; de même, nous devrions peut-être avoir deux écritures, l'une phonétique, facile à apprendre et suffisante pour la masse profonde de la population et l'autre, étymologique et compliquée, à l'usage des érudits.

En résumé, dans les temps modernes, l'écriture s'accélère par l'évolution des langues, par celle de l'orthographe, et, pour les professionnels, par le progrès de la sténographie et des machines, lesquelles étendent même leur domaine aux dépens des ouvriers typographes.

Quant à la lecture, il ne semble pas utile de rechercher les moyens de la rendre plus rapide, car la rapidité de la lecture mentale est bien supérieure à celle de la parole, sauf pour la lecture des aveugles, à l'accélération de laquelle je consacrerai un chapitre spécial.

*
* *

L'une des plus frappantes manifestations du progrès consiste dans l'amélioration du rendement du travail humain. Le souci de cette amélioration, en ce qui concerne l'écriture, constitue un lien entre la plupart des chapitres qui précèdent; mais, tandis que notre attention se portait sur les progrès scientifiques obtenus ou à obtenir, il ne faut pas oublier qu'une évolution naturelle agit dans le même sens.

Dans l'Introduction de son *Histoire de l'Ecriture dans l'Antiquité*, livre déjà cité plus haut. M. Philippe Berger s'exprime ainsi:

Le grand facteur des transformations de l'écriture qui ont abouti à la création de nos alphabets modernes, c'est la paresse de la main, qui cherche à se soulever le moins souvent possible et à faire en un seul trait, ce qu'on faisait en plusieurs ; ou plutôt, à prendre les choses de plus haut, c'est la loi du moindre effort, par laquelle s'expliquent tous les progrès de l'industrie humaine et qui consiste à produire le même travail en dépensant moins de force.

La loi du moindre effort régit non moins utilement la lecture que l'écriture. On en a vu des applications dans plusieurs des paragraphes précédents.

Cette préoccupation a dominé également, sans que cela fût dit explicitement, dans l'exposé que j'ai fait des écritures sténographique et musicale, et elle est la base des considérations qu'on trouvera dans la troisième partie, sur les moyens d'accélérer la lecture des aveugles.

Nos écritures liées et penchées, plus rapides que leurs devancières, sont distancées par la dactylographie et surtout par la sténographie, et l'inscription sténographique est battue par l'inscription phonographique, dont la vitesse est égale à celle de la parole.

*
* *

S'il est intéressant d'étudier les procédés qui permettent de rendre la lecture et l'écriture aussi faciles et aussi rapides que possible, il est plus intéressant encore de rechercher les moyens d'accélérer l'enseignement de l'une et de l'autre. Cette question pédagogique dont la solution a pour effet d'augmenter le *rendement* de l'école, ou, en d'autres termes, de demander le *moindre effort* aux maîtres et aux élèves, préoccupe à juste titre les pédadogues.

Les développements dont elle a été l'objet, dans les chapitres IV et V, ne nous ont pas dispensé de l'examiner sous un autre aspect dans le présent chapitre, où nous avons donné à l'examen de la réforme orthographique une place considérable, ce qui nous permettra d'être plus bref dans les chapitres que nous consacrons, plus loin, à l'enseignement de la lecture et de l'écriture.

TROISIÈME PARTIE

DÉDUCTIONS PRATIQUES

Les personnes qui s'occupent d'hygiène scolaire trouveront ici, sous une forme tout à fait familière, des conseils relatifs à l'éclairage diurne et nocturne, à la confection des livres et atlas, enfin à l'enseignement de l'écriture, conseils fondés sur les notions théoriques relatives à l'optique de l'œil, à la photométrie, à l'acuité visuelle, et aux mécanismes physiologiques de l'écriture et de la lecture.

C'est sur ces mêmes théories que s'appuient les chapitres où il sera traité du déchiffrement des écritures, des expertises et de la planchette à écrire pour aveugles.

C'est également en se fondant sur les théories exposées dans la précédente partie de ce volume qu'a été écrit en 1880, et remanié avec le concours de M. Dreyfuss, le chapitre XVII, sur la typographie compacte.

CHAPITRE XV.

L'ÉCLAIRAGE PUBLIC ET PRIVÉ
AU POINT DE VUE DE L'HYGIÈNE DES YEUX.

Vers 1880, les progrès des procédés d'éclairage ont vivement sollicité l'attention du public ; et, notamment d'ardentes discussions se sont élevées au sujet du meilleur mode d'éclairage diurne des écoles ; depuis cette époque nous n'avons pas cessé de porter notre attention sur les questions d'éclairage, en tenant compte des enseignements de la physiologie et de la pathologie oculaires.

Éclairage diurne. — On est généralement d'accord pour préférer la lumière du jour à toutes les autres. Malgré les variations colossales de son intensité, et même de sa coloration, il ne vient guère à l'idée de personne, dans nos climats, d'en modifier la composition, en s'affublant de lunettes colorées ou de voiles, ni d'en amortir l'éclat par des verres fumés : ces *tutamina* ne deviennent nécessaires que lorsque nous mettons l'organe dans des conditions tout à fait insolites ; l'œil sain ne réclame de verres protecteurs que pour les courses dans les glaciers ou pour les voyages dans les contrées où le soleil brille avec un éclat inaccoutumé pour nous.

Il est impossible de se défendre d'un étonnement extrême quand on réfléchit aux variations colossales que subit l'adaptation de l'œil ; la lumière du soleil est environ un million de fois plus intense que celle de la pleine lune, et cependant l'œil permet de distinguer les objets éclairés par l'un ou par l'autre de ces astres. Les variations de diamètre de la pupille contribuent pour une faible part à cette précieuse faculté d'adaptation de l'œil ; c'est à peine en effet si, entre la dilatation et la contraction extrêmes de l'iris, la surface du diaphragme formé par cette membrane varie dans la proportion de 1 à 100. C'est dans la rétine, dont la sensibilité s'émousse au grand jour, et s'exalte dans l'obscurité, que réside, pour la grosse part, la faculté d'adaptation de l'œil à l'éclairage.

Grâce à cette remarquable aptitude, l'œil est précisément le contraire d'un bon appareil photométrique ; pour lui, des variations d'éclairage énormes passent tout à fait inaperçues, et c'est ce qui nous permet de vaquer à nos occupations, malgré les variations inimaginables de l'éclairage diurne.

Il ne faut cependant pas demander à nos organes le maximum d'adaptation dont ils sont susceptibles ; c'est ainsi que la lecture d'un livre éclairé par les rayons directs du soleil aura sûrement pour effet, sinon de nuire à la vue, tout au moins de déplacer le parcours de l'adaptation au point de nous rendre incapables, pour un temps plus ou moins long, de voir clair dans une demi-obscurité. Des recherches très précises sur les variations de l'adaptation ont été faites par le professeur Aubert ; bornons-nous à citer en note (1), comme plus pittoresque, un passage de Théophile Gautier sur les maisons de Madrid.

Inversement, le séjour prolongé dans l'obscurité peut exalter la sensibilité de la rétine au point de rendre pénible un retour brusque à la lumière du jour.

Comme conséquence de ce qui précède, dans les ateliers, dans les écoles, partout où la place de chaque individu est marquée, nous devons éviter l'accès de la lumière directe du soleil, et, d'autre part, nous ne mettrons pas aux chambres à coucher des volets pleins, qui exposeraient les yeux à passer brusquement de l'obscurité complète à la pleine lumière du jour.

La notion du mécanisme par lequel se fait l'adaptation, nous conduit aussi à inonder de lumière les salles destinées à recevoir de nombreux travailleurs, dont une partie

---

(1) Les stores sont toujours baissés, les volets à moitié fermés, de sorte qu'il reste dans les appartements une espèce de tiers de jour auquel il faut s'accoutumer, pour savoir discerner les objets, surtout lorsque l'on vient du dehors. Ceux qui sont dans la chambre voient parfaitement, mais ceux qui arrivent sont aveuglés pour huit ou dix minutes, surtout lorsqu'une des pièces précédentes est éclairée. On dit que d'habiles mathématiciennes ont fait sur cette combinaison d'optique des calculs dont il résulte une sécurité parfaite pour un tête-à-tête intime dans un appartement ainsi disposé.

sera nécessairement éloignée des fenêtres, et elle nous explique pourquoi l'insuffisance de l'éclairage est surtout préjudiciable aux enfants. En effet, avec un bon éclairage, équivalant à plusieurs milliers de bougies à un mètre de distance, on ne se sert, pour lire, que d'une bien petite fraction de la cornée ; la contraction de la pupille a pour effet de diminuer dans une énorme proportion le diamètre des cercles de diffusion que peuvent produire sur la rétine les différents défauts optiques de l'œil, dont la description a fait l'objet du Chap. VII. Dans ces conditions, un œil mal conformé rend des services très suffisants, et se fatigue modérément. L'éclairage peut varier dans des limites excessivement étendues, sans qu'on perde le bénéfice de la netteté que procure la contraction extrême de la pupille. Mais, quand le jour baisse, la scène change : dès que l'image rétinienne n'est plus assez lumineuse pour permettre une vision nette, la pupille se dilate, et l'inégalité entre les différents yeux devient de plus en plus manifeste. Pour les yeux dont la construction optique ne laisse rien à désirer, la diminution d'éclairage passe à peu près inaperçue, car elle est compensée par l'augmentation de surface utile de la cornée. Au contraire, les yeux moins parfaits ne pouvant plus fonctionner convenablement, les hypermétropes, suivant le degré de l'affection, sont obligés de se livrer à des efforts d'accomodation fatigants, ou même de quitter la partie ; les astigmates se fatiguent également, ou, ce qui est pis encore, deviennent myopes par suite de l'habitude qu'ils prennent de compenser le trouble de leur vue par un rapprochement plus grand de l'objet, ce qui entraîne des efforts considérables suivis souvent de l'élongation de l'œil qui caractérise la myopie ; enfin, ceux qui sont déjà myopes voient augmenter rapidement cette infirmité, pour peu qu'ils s'obstinent à lire malgré l'insuffisance de l'éclairage (Voyez la note de la p. 189).

Pour les adultes, les inconvénients d'un éclairage insuffisant sont bien moins graves que pour les enfants, et cela pour plusieurs raisons. D'abord leur pupille est moins dilatable, ce qui a pour effet de les obliger plus rapidement à s'abstenir de tout travail quand il ne fait pas assez clair ; ensuite ils font bien plus fréquemment usage de verres correcteurs plus ou moins exacts ; de plus ils sont rarement parqués comme des écoliers et contraints de continuer leur travail quand l'éclairage devient trop défectueux ; enfin les enveloppes de l'œil sont bien moins extensibles, et s'ils ont échappé à la myopie dans leur enfance, malgré les déplorables conditions d'hygiène où l'on place les yeux des écoliers, ils ont des chances sérieuses de rester indemnes.

On le voit, c'est surtout au point de vue de la construction des maisons d'école qu'il faut se préoccuper du bon aménagement de l'éclairage diurne. Bien que la mauvaise disposition des classes ne soit pas la seule cause de la myopie scolaire, il importe de formuler des règles qui puissent guider les architectes et les municipalités dans la confection des plans. Le nombre considérable d'écoles qu'on est sur le point d'édifier en France, nous engage à donner quelque développement à cette partie de notre sujet. Nous nous occuperons plus particulièrement des écoles rurales, de beaucoup les plus nombreuses, et dont l'édification est souvent confiée à des architectes inexpérimentés ; nos propositions seront aisément modifiées en tant que de besoin, par les autorités qui président à l'édification des écoles urbaines.

Les hygiénistes d'un pays voisin, avaient posé des règles établissant un rapport entre le nombre des élèves que doit recevoir une classe, et la surface qu'il convient de donner au vitrage, comme si la lumière qui pénètre dans la salle se partageait entre les enfants un peu de réflexion suffit pour remarquer que le même carreau de vitre laisse arriver, suivant plusieurs directions, la lumière à un grand nombre d'élèves : il n'y a aucune proportionnalité à établir entre la dimension des baies et le nombre des écoliers. A la suite de mes publications, les Allemands ont abandonné la célèbre règle par laquelle, leurs hygiénistes conseillaient : « Trente pouces carrés de vitrage, par pied carré de plancher ».

Le problème est plus simple : il faut que le point le plus sombre de la classe soit suffisamment clair, et cette condition sera remplie, si chaque pupitre reçoit suffisamment la lumière directe du ciel. Toutes les personnes qui ont fait de la photographie savent combien, par tous les temps, le ciel agit plus vivement sur la couche sensible qu'aucun corps terrestre : il importe que les rayons partis de cette voûte lumineuse arrivent abondamment à la place la moins favorisée de toute la classe (1).

Pour la photométrie, voir plus haut chapitre IX (p. 100).

Mais s'il est bon que la lumière du ciel pénètre largement dans la salle, nous n'en dirons pas autant de la lumière directe du soleil, qui est trop vive et qu'il convient d'éviter.

— Si cette disposition ne présentait pas d'autres inconvénients, il serait facile d'obtenir un éclairage suffisant, par la lumière diffuse, en n'ouvrant de fenêtres que du côté nord ; avec un pareil éclairage latéral, on mettrait les bancs perpendiculairement au mur occupé par les baies ; les élèves recevraient le jour de haut en bas et de gauche à droite, ce qui est très convenable pour écrire, et le résultat serait assez satisfaisant, si le ciel n'était pas caché par une construction voisine. Pour les élèves placés le plus loin des fenêtres, il faut ouvrir de nouvelles baies qui devront être situées de préférence dans la paroi opposée, et, à la rigueur, derrière les élèves. Dans tous les cas, il faut éviter de mettre des jours en face des élèves, règle dont les architectes se soucient médiocrement, mais dont la justesse est incontestable.

Les statistiques, d'accord avec la théorie, démontrent que l'éclairage bilatéral ne présente aucun inconvénient pour la conservation de la vue ; il n'y a nulle part moins de myopes que dans une école libre, dont j'ai examiné tous les élèves, et où les classes reçoivent largement le jour des deux côtés et aucune école ne fournit de plus tristes résultats que les constructions neuves de Zittau, où les classes ne reçoivent le jour que d'un côté, pour obéir à certaines idées théoriques.

Du moment où l'éclairage devient bilatéral, il faut renoncer à l'orientation que nous avons supposée jusqu'ici, parce qu'elle amènerait à pratiquer une partie des jours vers le Sud, ce qui est intolérable à cause de l'éclat très grand du soleil au milieu de la journée. On est donc conduit, sous le climat de Paris, à demander que l'axe de la classe soit dirigé du nord au sud, sauf à tempérer par des rideaux transparents l'éclat du soleil du matin et du soir. Ce système présente de plus l'avantage d'éclairer au mieux le matin et le soir, pendant les courtes journées d'hiver.

Dans cette orientation de la classe, nous admettrons une certaine latitude ; en l'accordant de quarante degrés de part et d'autre, c'est-à-dire en acceptant pour l'axe toutes les positions comprises entre le nord-ouest et le nord-est, ce qui suffit pour se prêter à toutes les dispositions possibles du terrain, on recommanderait d'incliner l'axe plutôt vers le nord-est que vers le nord-ouest, pour des raisons d'hygiène générale, de manière à recevoir le soleil plus longtemps le matin que le soir. Autant que possible, le maître fera face au midi, afin que, pendant les jours courts, les élèves reçoivent la lumière plutôt par derrière que par devant.

Dans le nord de la France, nous admettrons l'ouverture au haut de la paroi sud d'un jour qu'on pourra tempérer par un rideau quand le soleil donnera et qui rendra des services pendant les temps sombres.

Il est absolument indispensable d'assurer, non seulement pour le présent, mais encore pour l'avenir, en prévoyant les constructions voisines, le libre accès de la lumière dans les classes, et pour atteindre ce but il suffit de le vouloir; en effet la dépense se réduit à l'acquisition d'un terrain assez grand pour isoler convenablement l'école, dépense tout à fait insignifiante, car ce terrain est de peu de valeur dans les communes rurales.

Et d'ailleurs ne faut-il pas ménager un préau pour les élèves, un jardin pour l'instituteur? La question se réduit donc à placer la construction dans une partie convenable du terrain destiné à recevoir l'école et ses dépendances.

Admettons que la largeur de la partie de classe éclairée par des baies situées d'un côté soit égale à la distance du haut des fenêtres au sol ; l'élève le plus mal placé ne recevra de jour que par la moitié supérieure des fenêtres, s'il existe une construction voisine dont la hauteur soit précisément égale à la moitié de la distance qui sépare l'axe de la classe du pied de cette construction voisine. En posant donc simplement la règle qu'on devra toujours réserver, de part et d'autre de l'axe de l'école, un espace libre d'une largeur au moins égale au double de la hauteur des plus grandes constructions en usage dans la contrée, on aura amplement satisfait aux nécessités, étant bien entendu qu'on a adopté l'éclairage bilatéral pour les classes dont la largeur dépasse 4 mètres (1).

(1) D'après le décret du 27 juillet 1859, la hauteur des maisons neuves ne devait pas dépasser à Paris :

$11^m,70$ dans les rues où la largeur est inférieure à $7^m,80$
14 60   —   —   9 75
17 55   —   —   supérieure à 9 75
20 00   —   —   — 20 00

Quant à l'ombre que peuvent apporter les arbres plantés
par les voisins, il me paraît difficile de poser des règles fixes

Transportons la classe unilatérale du type officiel, large de 6 mètres
et haute de 4 mètres, au rez-de-chaussée d'une maison bordant la rue, et,
sans tenir compte de l'épaisseur des murs ni de la hauteur des tables,
recherchons si, dans cette classe, représentée en coupe par le rectan-

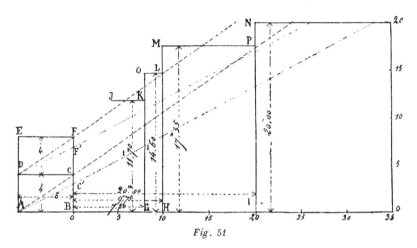

Fig. 51

gle ABCD, le point A reçoit la lumière directe du ciel. Dans ce but,
mesurons à partir du point B des distances de 7^m,80 9^m,75 et 20 mètres
et aux points G, H et I, ainsi déterminés, élevons des verticales mesurant
respectivement 11^m,70, 14^m,60, 17^m,55 et 20 mètres, puis par les points K,
L, M et N ainsi obtenus, menons des horizontales ; enfin prolongeons la
verticale GK jusqu'en O. Nous obtenons alors une sorte de gradin
JKOLMPN ; la prolongation de l'oblique AC se trouve entièrement sous
ce gradin, jusqu'à l'abcisse 24 ; le point A ne verra donc le ciel que si
la classe est située sur une avenue d'une largeur supérieure à 24 mètres.

Passons au premier étage et supposons qu'on ait sacrifié le rez-de-
chaussée pour d'autres services et que le plancher soit à 4 mètres au-
dessus du sol ; la classe sera figurée par le rectangle CDEF. Sauf une
exception pour les rues dont la largeur est comprise entre 6 et 8 mètres,
ce n'est qu'à partir de la largeur de 14^m,20 qu'il parviendra une parcelle
de lumière directe en D, et encore avons-nous négligé les lucarnes qui
peuvent s'élever au-dessus de la hauteur accordée pour les façades des
maisons. Même sur un boulevard de 20 mètres, l'éclairage d'une classe
située au premier étage sera compromis. On voit donc qu'il ne sera
possible que très exceptionnellement, dans les villes, de disposer d'un
jour suffisant pour permettre l'emploi de l'éclairage unilatéral, heureux
si l'on parvient toujours à obtenir assez de lumière au moyen de baies
percées dans les deux faces.

Pour que l'éclairage soit véritablement bon, il faut au moins faire voir
le ciel à travers les imposthes, auxquels nous donnons une hauteur de

pour en éviter les inconvénients, qui sont bien atténués par l'absence des feuilles pendant les courtes journées de l'hiver et par l'intensité de la lumière dont on jouit généralement en été ; il faudrait cependant attirer sur ce point l'attention des autorités locales.

Je ne me dissimule pas les résistances que les municipalités et les architectes opposeront à la mise en pratique des règles que je viens de formuler. Les amours-propres locaux ne céderont pas aisément quand on leur demandera de construire l'école obliquement par rapport à l'alignement de la rue. Pour les amener à ne laisser en façade qu'un pignon sans fenêtres, ce qui est nécessaire quand le terrain est au sud d'une rue dirigée de l'est à l'ouest, il ne faudra rien moins qu'un refus de subvention du département et de l'État.

L'énergie des résistances auxquelles les principes que je viens d'exposer se sont heurtés et se heurteront encore, servira d'excuse à la vivacité de mon langage.

Au moment où paraît devoir s'ouvrir une nouvelle ère de constructions d'écoles il m'a semblé utile de répéter ici, presque dans les mêmes termes, les indications dont j'avais saisi les autorités scolaires à la veille du grand mouvement de 1881.

---

1 mètre ; on obtient ainsi les obliques AC' et DF' qui démontrent qu'à Paris une classe de 6 mètres, au rez-de-chaussée, ne sera vraiment claire qu'en face d'un espace libre large de 30 mètres ; au premier étage, il faut encore une avenue de 25 mètres, plus large que bien des boulevards.

Pour plus de détails, consulter, dans la *Revue d'hygiène* (15 août 1879) une discussion où l'on trouvera un plaidoyer de M. Émile Trélat en faveur de l'éclairage unilatéral, une excellente réplique de M. Gariel, et, à titre de curiosité, la communication suivante :

« *M. Leroy des Barres*. — J'ai l'honneur de mettre sous les yeux des membres de la Société les plans de l'École communale du cours Chavigny, à Saint-Denis, dans laquelle l'éclairage des classes est unilatéral.

« L'école comprend trois corps de bâtiments : l'éclairage du bâtiment médian est sud, celui des bâtiments latéraux est est et ouest. Chaque classe est carrée (7,70 sur 7,70) et est éclairée par deux baies dont chacune a 2 mètres de largeur et 4 mètres de hauteur. La hauteur du linteau est à 5 mètres du sol. — Grâce à la hauteur des baies d'éclairage, la surface lumineuse est très étendue, et l'éclairage est très satisfaisant, à en juger dans cette saison, même dans la partie profonde de la classe. Le mobilier est disposé pour que chaque enfant reçoive la lumière par le plan latéral gauche. — Toutes les classes prennent jour sur une cour intérieure de récréation de 1500 mètres ; par conséquent ces bonnes conditions d'éclairage ne seront jamais compromises.

« Je dois à M. Laynaud, architecte de la ville de Saint-Denis, de pouvoir mettre sous les yeux de nos collègues ces plans si intéressants. »

Voilà donc, à la porte de Paris, une immense école, presque terminée,

Éclairage artificiel. — La différence capitale entre l'éclairage naturel et l'éclairage artificiel réside dans l'excessive faiblesse de ce dernier. Pour prouver combien le plus brillant éclairage artificiel est faible, il suffit de remarquer combien est insignifiante la clarté produite en plein jour par une lampe ou un bec de gaz. Autre preuve : ainsi qu'il est facile de s'en convaincre, dans les lieux de réunion les plus brillamment éclairés, les pupilles ont un diamètre beaucoup plus considérable qu'en plein jour.

Le sentiment du public, pour lequel un éclairage *à giorno* est toujours une forte attraction, confirme pleinement nos vues théoriques. D'année en année nous voyons, par un effet de la concurrence, les lieux publics s'éclairer de plus en plus vivement ; il faudra bien que les municipalités suivent le mouvement, et nos petits-enfants, en nous entendant parler des lanternes que la police oblige de mettre aux voitures, seront bien plus surpris que nous ne le sommes en pensant qu'il y a cent ans les piétons ne circulaient pas la nuit sans lanternes dans les rues de Paris.

Si ce mouvement vers un éclairage plus vif se produit plus lentement dans les habitations, il n'en faut accuser que le haut prix des matières éclairantes. Tandis qu'avec une dépense relativement minime nous chauffons nos habitations au point d'en bannir totalement le froid, il faudrait une dépense folle pour éclairer les appartements dans toutes leurs parties ; c'est pourquoi sans pousser les choses aussi loin que l'horloger qui fait converger les rayons lumineux au foyer d'une grande lentille, nous avons soin de placer sur notre lampe un abat-jour pour concentrer la lumière, et de mettre à profit la loi inverse du carré des distances pour obtenir un éclairage suffisant au moyen d'un rapprochement extrême de la source lumineuse qui éclaire notre papier. Dans le cas de certains défauts optiques de l'œil dont la correction ne peut se faire exactement par des verres, il m'est arrivé de conseiller l'emploi de plusieurs lampes du plus fort calibre pour permettre de lire la nuit

dit-on, qui sera dans des conditions absolument défectueuses et que ses auteurs présentent naïvement comme un modèle ! les hygiénistes n'ont pas la prétention de donner aux architectes des leçons d'art décoratifs ; ne serait-il pas équitable que les architectes consentissent à se laisser diriger par les médecins en matière d'hygiène?

aussi facilement et avec aussi peu de fatigue qu'en plein jour.

La lumière artificielle ne diffère pas uniquement de la lumière du jour par le degré bien moins élevé de son intensité : chaque source de lumière artificielle possède une composition spectrale différente. Sauf pour la lumière électrique, pour celle du magnésium, tous ces spectres sont très sombres du côté le plus réfracté ; les rayons chimiques, les violets et les bleus, y présentent une très faible intensité. On en a conclu que la lumière des flammes, bien plus pauvre en rayons chimiques que la lumière solaire, devrait lui être préférée par les travailleurs. Peut-être trouvons-nous là l'explication du cas de Barthélemy Saint-Hilaire qui ne pouvait travailler aisément le jour qu'à condition de fermer ses volets et d'allumer sa lampe ; s'il en est ainsi, des lunettes taillées dans ce verre jaune que les photographes emploient pour éclairer leurs laboratoires, et qui élimine fort passablement les rayons chimiques, aurait pu permettre à ce savant de renoncer à son singulier système.

Si l'absence de rayons chimiques est un avantage, ce qui est possible, il ne semble pas que cette supériorité de la lumière des flammes soit bien généralement appréciée, car la plupart des personnes préfèrent, et de beaucoup, la lumière blanche du jour. Je serais tenté d'attribuer une utilité plus grande à la pâleur des rayons bleus et violets dans les spectres de certaines flammes; en effet, quand la lumière est faible, la dilatation de la pupille doit avoir pour effet de rendre plus sensible le chromatisme de l'œil, et il est heureux que cet inconvénient des lumières artificielles soit compensé par un raccourcissement considérable de leur spectre, circonstance sans laquelle l'œil aurait besoin d'être achromatisé pour donner des images nettes le soir. Cette considération vient à l'appui de la proposition que j'ai faite de prescrire l'emploi de verres jaunes aux personnes dont la pupille est fortement dilatée en plein jour et qui sont affectées de certaines formes rebelles d'asthénopie; proposition introduite avec succès dans la pratique par Fieuzal. En tout cas, si la lumière électrique produisait de mauvais effets sur la rétine par suite de ses rayons chimiques, rien n'empêcherait de remédier à cet inconvénient en donnant aux globes qui l'entourent une teinte jaune dont l'interposition ne ferait pas perdre une quantité de lumière bien notable (1).

Tous nos éclairages artificiels sont d'une pauvreté misérable, et ce n'est pas dans l'éclat excessif des sources lumineuses mais bien dans leur insuffisance qu'il faut chercher le motif de la fatigue qui accompagne souvent le travail du soir.

Combien n'entend-on pas de personnes dire qu'elles se sont brulé la vue en travaillant à la lumière du gaz ou de l'électricité? et de ne pouvoir plus lire à la lueur d'une bougie ou d'une petite lampe ; elles devraient comprendre que la même gêne se serait produite, avec les progrès de l'âge, si elles n'avaient pas fait usage de gaz ou d'électricité et qu'en réalité, grâce à un éclairage meilleur, elles ont été mises à même de continuer, pendant des années, des travaux auxquels elles auraient dû renoncer si elles avaient été réduites au chétif luminaire qui leur suffisait dans leur jeunesse.

En résumé, pour l'éclairage artificiel, privé ou public, comme pour l'éclairage diurne des vastes salles dont toute la superficie doit être occupée par des travailleurs, l'hygiéniste peut s'approprier le mot de Gœthe mourant : « Apportez de la lumière, encore plus de lumière! »

(1) On trouve dans le commerce des lampes à incandescence à ampoule jaune, auquelle certaines personnes, donnent instinctivement la préférence.

CHAPITRE XVI.

LES LIVRES ET LA MYOPIE.

Nous nous proposons dans ce chapitre d'étudier l'influence que la mauvaise confection typographique des livres exerce sur le développement de la myopie.

Nous commencerons par donner quelques notions très sommaires sur certains points de l'anatomie et de la physiologie de l'œil, et plus particulièrement de l'œil myope (1). Nous rechercherons ensuite les causes qui font de la lecture une occupation particulièrement fatigante.

En nous fondant sur les données que nous aurons ainsi réunies, nous indiquerons les modifications qu'il nous paraît urgent d'apporter à la confection des livres classiques.

Enfin nous terminerons par quelques considérations sur la myopie progressive.

Anatomie et Physiologie. — Nous avons dit plus haut (p. 65), que l'œil myope est celui dont la longueur est trop grande. Dans un organe affecté de ce défaut, l'image renversée des objets extérieurs éloignés, au lieu de se peindre sur la rétine, est située plus en avant ; il en résulte que la membrane sensible reçoit une image d'autant moins nette que la myopie est plus considérable.

De nombreuses observations nécroscopiques concordent pour démontrer que la myopie n'existe presque jamais chez les enfants nouveau-nés. L'examen fonctionnel démontre aussi que la myopie ne se présente guère chez les jeunes

---

(1) Il a été traité des origines de la myopie avec quelques détails dans le chapitre VII ci-dessus, p. 65 ; on rencontrera ici quelques redites à l'usage des personnes qui, rebutées par sa longueur et son caractère abstrait, auraient laissé de côté ce chapitre VII.

enfants. Nous n'avons pas de statistiques précises à cet égard, mais je ne me souviens pas d'avoir jamais été consulté pour des myopes âgés de moins de sept ans, et cependant les enfants de cinq ou six ans sont bien assez développés pour que leur myopie, si elle existait, se traduise par des faits palpables et assez accentués pour attirer l'attention d'une mère tant soit peu anxieuse. D'autre part, je ne manque jamais d'interroger patiemment les jeunes myopes qui me sont amenés, et quand ces enfants ont des souvenirs un peu lointains, l'interrogatoire permet souvent de remonter à l'époque où ils voyaient parfaitement bien au loin.

Ces résultats d'expérience concordent tout à fait avec ceux des nécropsies et avec les renseignements fournis par l'examen ophtalmoscopique des myopes. — On sait, en effet, que l'élongation de l'œil myope s'accompagne généralement de la production d'un staphylôme postérieur, c'est-à-dire d'une distension dont la partie postérieure est le siège.

L'examen *post mortem* a démontré que le staphylôme de la partie postérieure de l'œil siège habituellement au voisinage du point d'entrée, ou papille, du nerf optique. La sclérotique a cédé en se distendant, mais la choroïde, le plus souvent, s'est rompue de telle manière qu'elle cesse de tapisser la partie de la sclérotique qui avoisine le nerf optique. Cette altération s'aperçoit très aisément sur le vivant, lorsqu'on explore le fond de l'œil en faisant usage de l'ophtalmoscope : on aperçoit la sclérotique sous forme d'un croissant ou même d'un anneau blanc, plus ou moins large, le long de l'image ophtalmoscopique de la pupille. Il n'y a pas de forte myopie sans staphylôme, et on ne voit guère de staphylôme dans des yeux exempts de myopie. Nous avons donc en notre pouvoir un moyen simple et rapide de reconnaître la myopie chez les enfants qui ne savent pas encore lire.

Autre moyen d'étude : certains ophtalmoscopes présentent une disposition qui permet à l'observateur de mesurer la myopie sans recourir à aucun interrogatoire. J'ai dû, en qualité de médecin-major auxiliaire, examiner ainsi, en 1870, un assez grand nombre de mobilisés qui, lors d'une première révision, avaient réussi à se faire exempter en simulant la myopie; ce procédé ou mieux encore la skiascopie permettent d'atteindre une grande précision. On voit donc que

les moyens de constater la myopie chez les jeunes enfants
ne nous font pas défaut et que nous avons le droit d'affirmer
de visu que l'élongation du globe oculaire n'est presque
jamais congénitale et ne se produit le plus souvent qu'à partir
de l'âge où les enfants apprennent à lire.

Quel est le mécanisme de cette élongation? — Nous ne
pouvons adopter, sur ce point, l'opinion la plus répandue,
d'après laquelle l'œil s'allongerait par suite du tiraillement
exercé sur lui par les muscles moteurs pendant l'acte de
la convergence; aux auteurs de cette explication il nous
suffira de répondre que les borgnes, qui n'ont pas besoin de converger pour regarder de près, n'échappent en
aucune façon à la myopie. Voici, suivant nous, comment se
produit cette affection. Il existe, derrière l'iris, autour du
cristallin, un muscle circulaire, connu sous le nom de *muscle ciliaire*, auquel Brucke, lorsqu'il le découvrit, donna le
nom de *tenseur de la choroïde*. Ce muscle contient des
fibres qui, par l'intermédiaire de la *zonule de Zinn*, agissent
sur le cristallin et dont la contraction a pour effet d'augmenter la convexité de cette lentille, et, par suite, la réfringence de l'appareil dioptrique oculaire. Il n'importe pas ici
d'entrer dans le détail de ce mécanisme, par lequel se fait
l'accommodation de l'œil aux distances ; mais il est nécessaire, au contraire, pour notre objet, de faire entrer en
scène certaines fibres du muscle ciliaire qui, dirigés d'avant
en arrière, vont se noyer dans la choroïde et de citer les
belles expériences de Hensen et Voelkers, d'après lesquelles
pendant l'accommodation, ces fibres se contractent de manière à exercer sur la choroïde la tension pressentie par
Brücke quand il découvrit le muscle accommodateur. Il nous
semble légitime d'admettre que, dans certains yeux, lors des
efforts d'accommodation, le muscle ciliaire exerce sur la
choroïde une traction assez énergique pour produire la distension et la rupture de cette membrane en son point le plus
faible, c'est-à-dire au pourtour du nerf optique. Nous ne serons pas surpris de voir se produire ultérieurement une
ectasie postérieure de la sclérotique : dans l'organisme on
voit assez souvent le contenant s'adapter aux changements
de forme du contenu, malgré des différences de résistance
considérables. Il suffit de penser aux déformations des os
auprès des anévrismes pour ne pas être surpris de voir la

sclérotique se modeler sur les membranes dont elle est l'enveloppe.

Si donc on nous parle de myopie héréditaire, nous répondrons qu'il peut seulement exister une *prédisposition héréditaire* à la myopie; on conçoit assez bien qu'un excès de force des fibres choroïdiennes du muscle ciliaire puisse prédisposer à la myopie, et c'est même ce qui paraît résulter des recherches d'Iwanoff sur la structure de ce muscle. Il se peut aussi que, dans certaines familles, ou dans certaines races, la résistance de la choroïde soit plus grande que dans d'autres. Mais les résultats statistiques sont là pour nous empêcher d'attribuer une importance exagérée à ces prédispositions natives : les relevés que j'ai faits d'après mes observations personnelles concordent avec des travaux analogues, faits en Allemagne, pour n'attribuer à la prédisposition héréditaire qu'une influence tout à fait restreinte dans la production de la myopie.

Il m'a paru nécessaire de faire ressortir la faible importance du rôle joué par l'hérédité dans la production de la myopie, car si l'hérédité exerçait une action prépondérante dans l'affaire, nous aurions peu de chance d'obtenir des résultats considérables en nous occupant de modifier l'influence du milieu et celle de l'objet.

C'est à cette dernière que nous devons nous attaquer maintenant, et nous pensons que c'est dans une modification de l'impression des livres classiques qu'il faut chercher un des principaux moyens préventifs contre le développement de la myopie chez les écoliers et même chez les adultes.

Causes qui rendent la lecture fatigante.— Ce n'est pas sans raison que la lecture passe pour l'une des occupations les plus fatigantes qu'on puisse imposer à la vue ; nous allons rechercher les causes spéciales de la fatigue éprouvée par tant de personnes, lorsqu'elles lisent pendant longtemps sans désemparer, et déduire de cette étude les conditions qu'il faut remplir pour pouvoir lire impunément pendant un temps presque indéfini.

Il faut remarquer tout d'abord que la rétine peut fonctionner sans interruption toute la journée, sans qu'il se produise le moindre symptôme de fatigue. En effet, à la chasse ou en voyage, nous pouvons regarder autour de nous pendant des

journées entières sans que nos yeux éprouvent jamais le
moindre sentiment de lassitude.

Il n'en est plus de même, quand nous appliquons notre
vue à distinguer des objets très rapprochés : dessinateurs,
écrivains, ouvriers de précision ou couturières, ceux qui
passent de nombreuses heures tous les jours à leur table de
travail, sont sujets à se fatiguer plus ou moins et à devenir
myopes. L'application prolongée de la vue sur des objets voisins est donc une cause de fatigue si généralement reconnue,
qu'elle n'est mise en doute par personne. Ce n'est pas une
raison pour poser en axiome l'influence nocive de la vision
des objets voisins ; à priori, rien ne permettait de prévoir ce
fait, qu'il nous faut accepter tout d'abord comme purement
expérimental.

Nous avons réfuté tout à l'heure l'opinion, généralement
accréditée, qui attribue à la tension des muscles oculomo-
teurs droits internes une bonne part, sinon la totalité de la
fatigue occasionnée par la vision prolongée d'objets voisins.
Molière nous paraît avoir fait justice, par avance, de cette
théorie, par la bouche de Toinette ; si elle était exacte, les
borgnes seraient bien mieux lotis que le commun des mor-
tels. C'est par une tension permanente interne que nous
avons expliqué la fatigue de l'homme de lettres, de l'artiste
et de l'ouvrier de précision.

Mais cette fatigue, et la myopie qui en résulte si souvent,
atteignent un degré d'intensité et de fréquence bien plus remarquable chez le lecteur que chez les ouvriers qui se livrent
au travail le plus assidu ; pour le démontrer il n'est même
pas besoin de recourir aux statistiques, dont les résultats
confirment d'ailleurs nos assertions. Passez en revue les
artisans, les couturières, les artistes les plus laborieux que
vous connaissez, et si vous prenez la peine de mettre en
parallèle le nombre des myopes que vous remarquez parmi
eux et celui des myopes que vous comptez parmi les savants
de votre connaissance, c'est parmi ces derniers que la proportion des myopes est la plus grande, et de beaucoup. Con-
naissez-vous beaucoup de bibliothécaires qui ne soient pas
myopes ? Comptez-vous beaucoup de myopes parmi les couturières ?

Autre exemple : entrez dans la salle de rédaction d'un
journal, les myopes sont en majorité ; passez dans l'atelier

des compositeurs, la proportion est retournée; et cependant les compositeurs, tout comme les couturières, fournissent généralement un nombre effectif d'heures de travail bien plus grand que les littérateurs les plus laborieux.

Remarquons encore, parmi les littérateurs, la fréquence plus grande de la myopie chez ceux qui lisent beaucoup : le compilateur a bien plus de chances d'être myope que le poète, l'auteur dramatique ou le compositeur de musique.

Si nous voulons remonter aux causes, nous remarquerons tout d'abord que la myopie date souvent de l'enfance : nous consacrerons plus loin un paragraphe spécial à la myopie des écoliers. Mais nous ferons observer dès à présent que, de tous les apprentissages exigeant une vision exacte, celui de la lecture et de l'écriture est le seul qui soit pratiqué dès l'âge de six ou sept ans.

Nous noterons ensuite que la lecture exige une application *absolument permanente* de la vue. L'artiste, l'écrivain, l'artisan même, interrompent à tout instant leur travail pour réfléchir; tandis que le lecteur n'accorde pas un instant de repos à l'organe. La couturière n'a besoin de toute son attention qu'au moment où elle pique dans l'étoffe, le typographe ne regarde la lettre que, tout au plus, au moment où il la saisit, tandis que le lecteur voit défiler les mots sans trêve ni relâche pendant des heures. Cette application continue est accompagnée nécessairement d'une tension permanente du muscle ciliaire, tension dont nous avons signalé les inconvénients dans le paragraphe précédent.

En troisième lieu, les livres sont imprimés en noir sur fond blanc; devant eux, l'œil est donc en présence du contraste le plus absolu qu'on puisse imaginer, et il n'est guère de profession où cette circonstance se présente à un aussi haut degré. — Nous proposons d'atténuer les inconvénients de ce contraste en faisant usage de papier jaune pour l'impression des livres. La nature du jaune à employer n'est pas chose indifférente. Nous préférerons du jaune résultant de l'absence des rayons bleus et violets, analogue à celui que donnent les pâtes de bois et qu'on corrige bien à tort par une addition de bleu d'outremer, ce qui donne du gris et non pas du blanc. — En effet, l'œil n'étant pas achromatique, la vision doit être plus nette quand on supprime l'une des extrémités du spectre fourni par la couleur du papier; ne pouvant amortir le rouge, sous peine d'avoir une teinte d'un vert foncé qui serait insupportable, surtout à la lumière du gaz, il faut recourir à un papier qui réfléchisse le bleu et le violet plus faiblement que les autres couleurs; le papier jaune, de la teinte produite par la pâte de bois, remplit bien ces conditions (Voy. p. 178 et 179).

Pour l'encre d'impression nous ne voyons pas de raison pour choisir une couleur autre que le noir. Chose étrange : il n'est pas utile que ce noir soit parfait, car, d'après Grœnouw, si au lieu de tracer sur un fond blanc un dessin avec un noir intense cinquante-huit fois moins lumineux que ce fond, on les trace avec du gris seulement seize fois moins lumineux la visibilité est à peine diminuée.

Une quatrième particularité de la lecture réside dans la disposition des caractères en lignes horizontales que nous parcourons du regard. Si nous conservons, pendant la lecture, une immobilité parfaite du livre et de la tête, les lignes imprimées viennent se peindre successivement sur les mêmes parties de la rétine, tandis que les interlignes, plus claires, affectent constamment aussi des parties de la rétine toujours les mêmes; il doit en résulter une fatigue analogue à celle qu'on éprouve quand on fait des expériences sur les *images accidentelles* (1) et très certainement les physiciens ne nous contrediront pas si nous affirmons que rien n'est plus funeste pour la vue que la contemplation prolongée de ces images. — Ceci nous amène à donner la préférence aux petits volumes, qu'on peut tenir à la main, ce qui suffit pour éviter la fixité absolue du livre et la fatigue résultant des images accidentelles.

Il est enfin une cinquième cause de fatigue, résultant des variations que subit l'accommodation des myopes pendant la

---

(1) On nomme *images accidentelles* des images subjectives qu'on aperçoit lorsqu'après avoir fixé pendant quelques secondes des objets extérieurs, on vient à fermer subitement les yeux. Ces images se développent avec une extrême facilité lorsqu'on regarde un objet très lumineux, tel que le soleil ou une lumière électrique. En s'y exerçant, on peut les voir après avoir regardé fixement un objet quelconque. Mais les images accidentelles ne peuvent avoir de contours nets que si, pendant la période où l'impression s'est faite, l'expérimentateur a su conserver une immobilité parfaite du regard.

lecture et que nous avons mentionné ailleurs (Voir ci-dessus, Chap. XII, page 137).

La Myopie des Ecoliers et la Réforme des Livres scolaires. — D'après tout ce qui précède, on doit s'attendre à voir la myopie surgir généralement à l'âge où les enfants commencent leurs études. On concevrait, en effet, difficilement que cette affection se produisît plus tard, sur des yeux qui sont restés indemnes pendant l'enfance, à l'époque de la vie où le muscle ciliaire est le plus énergique, où la lecture demande une plus forte dose d'attention que plus tard, et où les écoliers sont soumis à l'influence du mauvais éclairage des classes. — Voyons si les faits confirment cette présomption.

Au premier abord, les statistiques si nombreuses relatives à la myopie scolaire, amèneraient à penser, au contraire, que, dans tous les pays le nombre des myopes va en augmentant colossalement pendant toute la durée des études. Nous ferons remarquer que ce résultat, généralement admis, repose sur un de ces mirages si fréquents quand on examine superficiellement les statistiques. C'est la *proportion* et non pas le *nombre* des myopes qui va en augmentant. Les statisticiens ont oublié, dans la circonstance, qu'une fraction peut augmenter par suite de la diminution du dénominateur, et, c'est ce qui a lieu ici dans une mesure considérable. Chaque année, un certain nombre d'emmétropes, et surtout d'hypermétropes, quittent les bancs pour se livrer à l'agriculture, au commerce ou à l'industrie, tandis que la plupart des myopes continuent leurs études, soit parce qu'ils sont généralement studieux, soit parce que leurs parents les jugent impropres à la vie du dehors. En réalité, la myopie n'apparaît pas bien souvent avant l'âge de dix à douze ans, et c'est par un trompe-l'œil de la statistique qu'on a été conduit à dire qu'elle se produit avec une fréquence croissante pendant toute la durée des études. J'ai vu la myopie débuter chez des adultes, mais c'est un fait tout à fait exceptionnel : en règle générale il faut placer le début du mal aux environs du moment où les enfants commencent à lire couramment. Nous pouvons même préciser davantage encore et dire que la myopie se produit chez les enfants auxquels on donne des livres imprimés en caractère fins avant qu'ils sachent lire aisément. Pour m'assurer que les choses se passent réellement ainsi, j'ai examiné les yeux des 525 élèves de l'Ecole Monge à Paris où les conditions d'éclairage des classes et la disposition des bancs et des tables étaient d'une perfection vraiment exceptionnelle. Ces enfants appartenaient tous à des familles aisées, l'éclairage dont ils jouissaient chez eux le soir ne devait donc pas être incriminé (1); j'avais ainsi l'avantage d'éliminer les myopies résultant d'un mauvais éclairage ou d'un mobilier scolaire défectueux. Après avoir noté l'âge de chacun, j'ai partagé les enfants de chaque classe en deux catégories d'égal nombre, comprenant d'une part les plus jeunes, et de l'autre les plus âgés. Comme je l'avais présumé, il s'est trouvé que, dans les petites classes, le plus grand nombre des myopes appartenait à la moitié la plus jeune: j'en conclus que la myopie se produit surtout chez les enfants relativement précoces, et qui ont dû lire trop tôt des livres imprimés en caractères ordinaires.

On sait que les pédagogues ont été conduits à employer des livres imprimés en très gros caractères pour enseigner la lecture aux enfants. Puis, graduellement, à mesure que la mémoire et la vue des élèves se sont familiarisées avec la forme des lettres, on passe à des impressions de plus en plus fines. Ce serait parfait si cette échelle descendante n'était pas trop rapide et n'aboutissait pas à, des types d'une trop grande ténuité. Pendant des années, l'enfant ne lit pas avec cette sorte de divination qui nous fait reconnaître les mots à leur configuration générale, si bien que les fautes d'impression nous échappent avec une étonnante facilité; pendant bien longtemps il envisage, il dévisage, pour ainsi dire, chaque lettre et éprouve le besoin d'en distinguer tous les détails. Aussi en dépit des admonestations et malgré l'emploi du mobilier scolaire le mieux conditionné, voit-on les pauvres petits écoliers se pencher pour mieux voir pendant cette période qui suit la première étude de la lecture et

---

(1) Le Docteur Romiée a remarqué, avec beaucoup de raison, que le mauvais éclairage domestique est beaucoup plus pernicieux que le mauvais éclairage des salles de classe, puisque les enfants, pour faire leur devoir, travaillent plus à la lumière chez leurs parents qu'à l'école. Il a remarqué, en outre, l'extrême rareté de la myopie chez les écoliers de Liège et il l'explique par le bas prix du pétrole qui, dans cette ville, permet aux ménages les plus pauvres d'employer des lampes d'assez fort calibre.

où on les oblige à faire usage de livres imprimés trop fin pour eux. Qui s'étonnera de voir la myopie faire son apparition au moment précis que nous venons de définir ?

S'il en est ainsi, la voie qu'il faut suivre pour combattre la myopie des écoles serait tout indiquée. Dans une classe nombreuse, choisie comme champ d'expériences on examinerait avec soin l'attitude des enfants, et, dans chaque division, on remplacerait les livres par d'autres, imprimés de plus en plus gros, jusqu'à ce qu'on ait atteint un degré suffisant pour que tous les élèves, y compris ceux qui sont affectés d'astigmatisme, et même pendant les heures où l'éclairage est le plus mauvais, renoncent spontanément à s'approcher trop de leurs livres pour mieux voir. Le résultat de cette étude expérimentale serait une échelle de caractères décroissants, dont chaque numéro correspondrait à un certain âge moyen des enfants. Il est certain qu'en interdisant, pour chaque division successive, l'emploi de livres imprimés avec des caractères plus fins que ceux de l'échelle dont nous venons de parler, on aurait entièrement supprimé une importante cause de myopie.

Mais cette solution du problème se heurte à une sérieuse difficulté économique. Avec le tirage colossal des livres classiques, et surtout de ceux employés dans les écoles primaires, le prix de revient de ces produits de nos grandes librairies se réduit à peu près exactement au coût du papier employé : la dépense fixe, constituée par la composition, est négligeable, si bien que les livres se vendent à peu près au poids. Il en résulte que, pour soutenir la concurrence et vendre suffisamment bon marché, les éditeurs sont obligés d'utiliser le plus complètement possible la surface du papier en réduisant au minimum les marges, les interlignes et surtout la surface occupée par chaque lettre. Il nous incombe de trouver le moyen de concilier une impression suffisamment lisible avec les nécessités de l'industrie des éditeurs. En d'autres termes, étant donnés la surface d'une feuille de papier et le nombre des lettres qu'on y veut entasser, nous devons nous poser le problème d'obtenir, pour la page, le maximum de lisibilité. On trouvera plus loin les détails extrêmement minutieux de l'étude à laquelle je me suis livré sur ce sujet (Chap. XVII), mais parmi les résultats de ces recherches, il en est un dont nous trouverons l'application et que j'énoncerai ainsi : *Toutes choses égales d'ailleurs, la lisibilité d'un texte imprimé ne dépend pas de la hauteur des lettres, mais de leur largeur.*

Ce n'est donc pas par points typographiques que nous définirons l'échelle de caractères mentionnée plus haut, mais nous indiquerons, par exemple, le nombre maximum de lettres que doit contenir un centimètre courant de texte. On dépasserait certainement le but en accordant, comme maximum un nombre de lettres égal à la moitié de l'âge des enfants : la règle exacte est encore à formuler, mais il en faut une. C'est aux autorités compétentes à faire entreprendre les recherches, assez fastidieuses, qui permettront de rédiger des prescriptions précises.

Malgré ces *desiderata*, parmi les trois causes de myopie que nous avons indiquées en commençant, et qui résident respectivement dans l'œil, dans l'éclairage et dans l'objet, la dernière, qui nous paraît la principale, bien qu'elle soit généralement méconnue, nous semble être la plus facile à faire disparaître.

En effet, ce serait une entreprise coûteuse que de mettre nos milliers d'écoles dans de bonnes conditions d'éclairage, et si l'on y parvenait, il resterait encore à s'assurer que nos millions d'écoliers, rentrés chez leurs parents, éviteront de lire à la lueur du feu ou d'une mauvaise chandelle.

Si nous ne traitons pas ici de la principale cause de la production de la myopie qui réside dans l'emploi de l'écriture penchée par les jeunes enfants, c'est parce que nous en avons exposé la théorie dans le chapitre XII et que nous consacrerons les chapitres XVIII et XIX aux moyens d'y obvier.

Sera-t-il facile de faire disparaître la myopie qui résulte d'une prédisposition héréditaire ou d'une amblyopie causée par d'autres défauts optiques des yeux? On n'entrevoit même pas l'époque où les enfants de nos écoles pourront être examinés par des spécialistes en cas de besoin, et encore n'est-il pas certain que des prescriptions de lunettes appropriées suffiront toujours à supprimer totalement la myopie résultant de causes organiques.

Comme pour contraster avec ces grosses difficultés, la cause de myopie que nous avons spécialement envisagée aujourd'hui peut se supprimer d'un trait de plume : il suffit

d'un arrêté ministériel pour interdire, dans les établissements scolaires de l'État, l'emploi de livres qui ne seraient
pas imprimés dans les conditions de lisibilité appropriées à
l'âge des enfants auxquels il sont destinés. Je le répète, la
question n'est pas assez mûre pour qu'on puisse proposer
dès maintenant aux autorités scolaires une réglementation
définitive ; mais les intérêts à sauvegarder sont assez considérables pour qu'il soit utile d'attirer l'attention du public
sur un problème dont la solution exacte ne pourra être
obtenue qu'au prix de longues recherches (1).

LA MYOPIE PROGRESSIVE. — On avait vainement cherché
jusqu'ici l'explication de ce fait que, chez beaucoup de personnes, la myopie augmente avec une rapidité plus ou
moins grande jusqu'à un certain moment où elle devient à
peu près stationnaire. La fréquence bien plus grande de
la myopie progressive chez les personnes qui lisent que
chez les couturières nous a suggéré l'explication suivante,
que nous avons publiée, il y a longtemps, dans les *Annales
d'oculistique*, et contre laquelle aucun de nos confrères n'a
élevé d'objection (Voir plus haut l'art. *Mécanisme de la
lecture*, page 127).

D'après ce que nous avons dit plus haut, page 137 sur
le mécanisme de l'accommodation, il n'est pas étonnant

---

(1) L'exposé de ces idées fait en novembre 1879 dans la *Revue scientifique*
ayant attiré l'attention du Ministre de l'Instruction publique, il constitua
presque aussitôt une Commission chargée de proposer des mesures propres
à diminuer la production de la myopie dans les écoles. Le rapporteur,
M. Gariel, adopta les vues qui viennent d'être exposées. Un peu plus tard,
le même sujet fut repris dans une Commission instituée au même minis-
tère·et chargée d'étudier les règles d'hygiène à l'usage des écoles primaires. L'auteur fut chargé de rédiger le rapport général des travaux de
cette Commission (JAVAL : *Rapport sur l'hygiène des écoles primaires*, in 8°.
Paris-Masson, 1881) (1). Ces travaux ont eu du retentissement à l'étranger et
notamment en Allemagne, où M. Hermann-Cohn, de Breslau, par de nombreuses publications réussit à faire adopter dans une assez large mesure
les idées exposées ci-dessus relativement à l'éclairage des écoles et à la
typographie des livres classiques.

(1) Les conclusions adoptées furent conformes à l'exposé qui précède, sauf sur
quelques points de détails; notamment pour les livres scolaires classiques, la
commission décida que « comme il ne paraît pas possible de caractériser ces
éléments par une évaluation précise, il faut définir par une épreuve d'ensemble
la lisibilité des ouvrages qui pourront être acceptés ; on devrait *refuser tout
livre* qui, tenu verticalement et éclairé par une bougie placée à une distance
d'un mètre, ne resterait pas *parfaitement lisible* pour une bonne vue *à la
distance* d'au moins 80 *centimètres* »

que la série de saccades imprimées à la choroïde par le muscle ciliaire des myopes ait pour effet d'augmenter progressivement leur infirmité (1). Si l'on veut bien songer qu'il est facile de lire cent lignes par minute et que, dans ces conditions, le muscle ciliaire est obligé de se contracter six mille fois par heure, on sera peu surpris de la rapidité avec laquelle les myopies fortes continuent à progresser.

Il vient heureusement un moment où le myope, lisant sans lunettes, ne peut plus lire sans déplacer la tête ou le livre. C'est alors que l'excès du mal produit un bien ; lorsqu'il s'est habitué à ces mouvements, le myope n'a plus besoin de faire varier son accommodation en lisant, et sa myopie devient stationnaire.

Si ces idées théoriques sont exactes, les personnes que leur myopie contraint à lire de très près devront s'appliquer à suivre les lignes par des mouvements de la tête ou du livre ; c'est le conseil que je ne manque pas de leur donner. Parmi ceux qui ont suivi ce conseil, en y ajoutant celui de prendre pour la lecture des verres concaves portant le *punctum remotum* à 25 ou 30 centimètres et à ne jamais se tenir plus près que la distance du *remotum* ainsi déplacé, presque aucun n'est venu se plaindre d'une augmentation de myopie (2).

Mais il ne faut pas s'attendre à voir tous les myopes recourir aux conseils d'un médecin ; cherchons donc à modifier les livres de manière à diminuer le nombre des cas de myopie progressive. Le moyen résulte avec évidence de tout ce que nous venons de dire ; il faut éviter les lignes longues. L'expérience est d'ailleurs là pour nous donner raison ; c'est dans les pays où les livres et les journaux sont imprimés avec les lignes les plus longues que la myopie progressive sévit avec la plus grande intensité.

A ceux qui disent complaisamment que le degré de civilisation d'un peuple peut se mesurer au nombre des myopes qu'il révèle aux statisticiens, nous répondrons que l'économie outrée de luminaire, l'emploi de caractères gothiques trop

---

(1) Voir à la fin du chapitre VII, p. 81, les explications sur le réglage de l'œil.

(2) Après une pratique ophtalmologique, vieille de bientôt 40 ans, j'affirme avec la plus grande énergie les idées exprimées ci-dessus relativement à la prophylaxie de la myopie.

petits et souvent usés, imprimés sur un papier gris et transparent, sont des causes bien suffisantes pour faire apparaître
la myopie chez les enfants, et que l'abus de la lecture au
détriment de la réflexion et de l'observation des faits réels,
joint à l'emploi de lunettes trop fortes et à l'adoption d'une
justification trop large pour les livres et les journaux, sont
les conditions les plus propres à rendre progressives les
myopies qui pourraient rester stationnaires, si l'on n'accu-
mulait pas, pour ainsi dire à plaisir, les conditions les plus
défavorables à l'emploi des yeux pendant le travail.

Les cartes géographiques murales, établies d'après les
règles qui suivent, fournissent un moyen excellent de trier
dans une classe les enfants affectés d'un commencement
de myopie. Nous devons à l'obligeance de M. Delagrave le
fac-similé d'une carte de ce genre (*Fig.* 52), réduite de
moitié, qu'il a fait construire au cours des travaux de la
Commission d'hygiène des écoles dont il faisait partie ; voici
un extrait du *rapport général* déjà cité de cette Commission:

« La 3ᵉ Sous-Commission a étudié par elle-même les con-
« ditions de lisibilité des *cartes murales*. Aucune des cartes
« qui sont en usage dans les écoles ne présente de noms qui
« puissent être vus par une classe entière ; sauf pour
« quelques mots écrits en très gros caractères (noms des
« contrées, des mers), on peut dire que, d'une manière géné-
« rale, rien ne peut être lu au delà de 3 ou 4 mètres. Dans
« ces conditions, la plupart des noms, tout à fait inutiles
« pour les élèves, ont pour effet fâcheux de nuire consi-
« dérablement à la netteté générale de la carte. Si l'on ne
« veut absolument pas se contenter des cartes muettes, nous
« serions disposés à proposer le parti, tout nouveau, d'ad-
« mettre deux catégories de noms. Les uns, peu nombreux,
« seraient assez gros pour être vus aisément à plus de
« 4 mètres ; les autres, très fins, ne seraient lisibles qu'à
« 1 mètre tout au plus et seraient utilisés seulement par le
« professeur ou par les rares élèves qui, entre les classes,
« voudraient spontanément examiner de près quelque région
« de la carte.

« Nous attachons de l'importance à ce *que tous les noms*
« *destinés à être vus de loin soient d'égale lisibilité*. Nous
« avons la satisfaction de soumettre à votre appréciation
« une carte de France de M. Levasseur où les noms ont

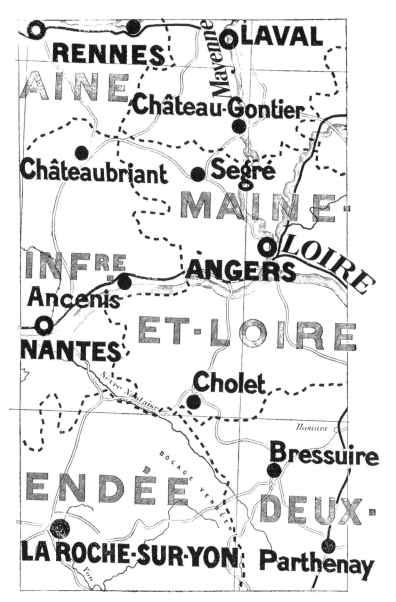

Fig. 52.

« été inscrits conformément à nos indications. Si vous la
« comparez au tirage ordinaire de la même carte, vous
« n'hésiterez pas à donner la préférence à celle que nous
« avons fait préparer. Vous voudrez bien remarquer que,
« malgré la diversité suffisante des caractères, si vous vous
« éloignez peu à peu, tout devient illisible du même coup.
« Nous avons également calculé l'épaisseur à donner aux
« traits qui représentent les chemins de fer, les rivières,
« etc., et donné des indications pour la grosseur des points
« qui figurent les villes, si bien que la carte présente ce
« double avantage d'être peu chargée et de cesser d'être lisi-
« ble à la fois dans toutes ses parties.

« L'introduction de cartes de ce genre dans les écoles,
« mieux qu'aucune inspection médicale, signalera immédia-
« tement tous les enfants dont la vue sera affaiblie, soit
« par de la myopie commençante, soit par tout autre
« cause. Dès qu'un enfant aura un défaut de vue, se tenant
« à la même distance de la carte que ses camarades, il sera
« dans l'impossibilité complète de suivre la leçon, et le maî-
« tre sera, par là même, mis en demeure d'avertir qui de
« droit. »

CHAPITRE XVII.

TYPOGRAPHIE COMPACTE.

Les typographes m'excuseront de rappeler ici que les caractères typographiques consistent en prismes rectangulaires dont l'une des extrémités porte en saillie la lettre, accentuée ou non. — Les typographes n'ayant pas adopté le système métrique et leur unité de longueur étant le *point* ($\frac{1}{6}$ d'une *ligne* ou $\frac{1}{72}$ de *pouce*), on dit qu'un caractère mesure 7, 8 ou 9 points, par exemple, quand la hauteur du rectangle dont il vient d'être parlé mesure 7, 8 ou 9 points. Les épaisseurs des interlignes ou *plaquettes* qui servent à séparer les lignes dans un texte interligné sont mesurées également en points.

DESSIN DES CARACTÈRES.

Les préliminaires historiques et théoriques sur lesquels nous nous sommes étendu (1) étaient nécessaires pour nous mettre en état d'étudier, dans l'intérêt de la lisibilité, tout ce qui, dans les caractères, est conciliable avec leur forme typique. — Par *forme typique*, nous voulons désigner les éléments caractéristiques de chaque lettre. Ainsi la forme typique d'un V est constituée par deux lignes droites : les traits terminaux, la différence entre l'épaisseur des deux branches, etc., ne sont pas ce qui constitue le type du V, mais deux lignes d'égale longueur se rencontrant sous un angle aigu par leur extrémité inférieure constituent un V ; les modifications accessoires ne lui donnent pas plus les attributs du V que si elles n'existaient pas.

Pendant la lecture, le regard n'a pas le temps d'examiner chaque lettre dans toutes ses parties ; loin de là, le point de fixation se déplace suivant une ligne, rigoureusement hori-

(1) Voyez ci-dessus, pages 17 et 109.

zontale, qui coupe toutes les lettres courtes, en des points
situés un peu plus bas que leur sommet ; les autres parties
des lettres sont donc vues indirectement et frappent des ré-
gions de la rétine plus ou moins distantes de la *fovea centralis*. La connaissance de cette manière de procéder du lecteur
devra influer sur les formes qu'il conviendra de donner aux
lettres.

Mais nous devons tout d'abord prouver que les choses se
passent réellement comme nous venons de le dire ; cela importe d'autant plus qu'il s'agit d'une assertion toute per-
sonnelle.

Voici comment nous avons été conduit à faire cette petite
découverte. — Lorsqu'on fait une série d'expériences sur
les images accidentelles (1), on acquiert bientôt la notion
précise du point sur lequel on dirige le regard à un moment
donné ; chez moi, cette notion était suffisamment développée
pour que je fusse absolument certain que, lorsque je lisais un
texte un peu gros, le point de fixation se déplaçait suivant une
ligne droite horizontale, située entre le haut et le milieu
des lettres courtes.

Pour m'assurer qu'il n'y a pas d'erreur dans cette appréciation subjective, j'ai encore fait l'expérience suivante:
après avoir lu une dizaine de lignes d'un caractère gras,
gros œil (c'est-à-dire à queues courtes) et non interlignées,
je fermais brusquement les yeux ; j'apercevais aussitôt dans
le champ visuel des stries horizontales, alternativement claires et sombres, qui n'étaient autre chose qu'une image accidentelle des lignes d'impression. Cette expérience suffit à
prouver une partie de notre thèse, à savoir que le regard se
déplace horizontalement pendant la lecture ; en effet, s'il se
produisait, le long des lettres, des excursions verticales du
regard, aucune image accidentelle ne pourrait se produire,
car alors les lignes ne viendraient pas se peindre constamment sur la même partie de la rétine.

Les images accidentelles dont nous venons de parler ne
sont pas faciles à voir, car leur production repose sur la
différence de teinte, assez peu marquée, qui existe entre le
blanc du papier et le gris résultant du mélange qui, pendant
le déplacement rapide du regard, se produit entre une grande

(1) Voir chap. XVI, la note de la page 187.

quantité de blanc et la petite quantité de noir qui constitue
les jambages des lettres courtes.

Le pourquoi de tout ceci est facile à trouver : si le regard
se contente de glisser horizontalement, c'est pour éviter des
mouvements compliqués et inutiles, et la position de l'horizontale choisie est commandée par la structure de nos caractères typographiques.

En effet, recouvrez d'une feuille de papier opaque la moitié supérieure d'une ligne d'impression ; il vous faudra un
certain effort pour deviner les mots dont vous ne voyez que
la moitié inférieure, tandis que si vous faites une expérience
analogue en couvrant la moitié inférieure de la ligne, vous
lirez tout à fait aussi couramment que si la ligne entière
était à découvert. Il est donc très naturel qu'il soit avantageux, pour la lecture, de faire filer le regard suivant une
ligne située plus haut que le milieu de la hauteur des caractères.

Remontons plus haut encore dans l'échelle des causes, et
comptons les lettres et parties de lettres qui dépassent les
lettres courtes par en haut et par en bas. Par en haut, nous
trouvons toutes les capitales, tous les accents, les points des
i et des j, et les lettres b d f h k l t, tandis que, par en bas,
nous ne trouvons que les lettres g j p q et y ; tenant compte
de la fréquence des capitales, points, accents et lettres longues, nous trouvons que, sur cent accidents qui dépassent
la ligne tant par le haut que par le bas, plus de 85 sont supérieurs et moins de 15 sont inférieurs. Cela suffit pour
obliger le lecteur à regarder plus haut que le milieu des lettres.

Cela étant, nous devons chercher à donner aux lettres une
forme telle qu'elles diffèrent le plus possible les unes des
autres, dans la région où elles sont rencontrées par le point
de fixation (1) ; or, c'est ce que les graveurs semblent avoir
pris à tâche d'éviter pendant la dernière de nos périodes
(p. 17), celle de 1740 à 1840. Couvrez le bas des lettres d'une
ligne d'impression moderne, de manière à ne laisser dépasser
que les longues supérieures et le sommet des lettres courtes,

(1) Si nous osions risquer une comparaison, nous dirions que, pour
rendre une lettre facilement reconnaissable, il est utile de grossir la tête
au détriment des pieds et des jambes et même du corps, artifice analogue
à celui des caricaturistes.

vous verrez apparaître, à peu près identiques, les lettres a, c, e, o, s, d'une part, n et r, d'autre part, et les différences entre h et b ou entre n et p sont rendues bien peu sensibles.

Ce défaut est moins marqué chez les elzéviriens modernes, et il est moins marqué encore dans les caractères de Garamond et surtout de Jaugeon (Voir ci-dessus, p. 21, 22 et 23).

Avant de passer en revue l'alphabet, remarquons que, quoi que nous fassions, certaines lettres seront plus visibles que d'autres : d'abord les longues possèdent une supériorité incontestable, grâce à leur dimension plus grande ; ensuite les lettres de forme simple, telles que l'u, seront toujours plus lisibles que les lettres compliquées, telles que l'a ; il faudra donc, pour ces dernières, recourir à des artifices afin de les améliorer le plus possible.

Remarquons aussi que, dans leur désir d'augmenter la régularité d'aspect, dont nous ne sommes point partisan, certains graveurs ont soin d'aplatir latéralement les lettres rondes et d'arrondir fortement les lettres carrées ; nous prendrons le parti contraire, et nous y trouverons, de plus, l'avantage d'introduire, vers le haut des lettres courtes, des différences bien notables, qui permettront, par exemple, de trouver dans cette région, une différence facilement appréciable entre le b et l'h.

De même, nous n'augmenterons pas les panses des b d p q dans l'intention de leur donner la même dimension apparente qu'aux o : cette recherche de régularité ne nous paraît aucunement utile.

Des innovations de fantaisie auraient bien peu de chances d'être adoptées par les typographes ; pour ce motif, nous aurons bien soin, au lieu de proposer des formes nouvelles en remplacement de formes défectueuses, de recourir, dans la mesure du possible, à des formes anciennes et de choisir, dans les formes du xve siècle, celles qui, tout en répondant à notre but, auront l'avantage de répandre sur toute notre typographie une certaine saveur archaïque de nature à plaire aux bibliophiles.

C'est là une condition indispensable à remplir, car les types nouveaux font toujours leur première apparition dans les éditions de luxe et ne passent dans les impressions cou-

rantes que lorsqu'ils sont à moitié usés ; nos modèles seraient
donc condamnés à un insuccès certain s'ils ne plaisaient pas
aux amateurs de beaux livres.

Parmi les *longues supérieures,* le d, le k et l'l ne prêtent à
aucune confusion. Pour bien différencier le b de l'h, nous
aurons soin, conformément à ce qui vient d'être dit, de faire
la panse du b bien ronde, et l'angle qui réunit la partie horizontale et le second jambage de l'h aussi peu arrondi que le
goût le permettra. Il en résulte, pour l'uniformité d'aspect,
que la panse du d devra être bien arrondie ; elle devra être une
idée plus large que celle du b, pour paraître égale. Les lettres f
et t prêtant à confusion lorsque la tête de l'f est brisée, ce qui
arrive bien souvent lorsque les caractères ont servi longtemps, nous aurons soin de prolonger vers la droite la petite
barre de l'f et vers la gauche celle du t, de raccourcir ces barres du côté opposé et de leur donner une épaisseur aussi
grande que possible, sans tomber dans une forme insolite.
De plus, nous ferons le t relativement court, nous empâte-
rons l'angle qui est situé en haut et à gauche de la lettre, et
nous éviterons de faire au bas de la lettre le crochet
remontant qui s'est substitué graduellement à la petite
partie horizontale des anciennes typographies ; ce crochet
ne peut se faire gracieux que s'il est extrêmement fin,
et l'on verra plus loin que nous réagissons contre la finesse
des déliés. La forme que nous proposons a un cachet d'an-
cienneté qui est aussi un motif de préférence pour nous, car
l'ensemble de nos caractères ayant un aspect un peu ancien,
tous doivent y concourir pour que le goût ne soit pas blessé.
Parmi les longues supérieures, nous pouvons ranger l'i,
bien que le point ne soit pas en contact avec le corps de la
lettre. Nous ferons le point plus gros que le fût de la lettre, car l'expression *mettre les points sur les i* indique tout
justement l'utilité des points, qui contribuent beaucoup à la
lisibilité. Il importe qu'il soit gros, non seulement pour éviter la confusion de l'i avec l'l et l'f dans les impressions fines,
mais aussi pour qu'il casse moins fréquemment. Nous
placerons le point aussi haut que possible pour aug-
meter sa visibilité.

Les *longues inférieures* g, j, p, q et y sont d'excellentes
lettres. Pour le g, nous éviterons la forme nouvelle, analogue
à celle du *g* italique, et qui le ferait ressembler par le haut à

un *q*; à l'exemple des plus anciens imprimeurs vénitiens, nous donnerons à sa partie supérieure la forme d'une ellipse à axe horizontal pour en augmenter la grandeur, qui est nécessairement restreinte dans le sens vertical, et nous rétablirons à la partie supérieure gauche de la boucle l'angle aigu, très élégant, qui a été abandonné après Garamond. Enfin, pour l'y, la forme qu'on vient de voir a un cachet plus ancien et n'est pas moins gracieuse que la forme plus nouvelle, où la partie inférieure de la lettre est verticale et qui est adoptée par l'Imprimerie nationale. Pour le p et le q, nous aurons soin de faire la panse du q un peu plus large que celle du p, pour qu'elle paraisse égale. Cette pratique est généralement suivie par les graveurs habiles.

Parmi les *lettres droites courtes*, m, n et u, l'm doit présenter un peu moins d'intervalles entre les jambages, et, si l'on adopte les traits terminaux habituels, il faudra faire l'u un peu plus serré que l'n, surtout par le haut, pour qu'il paraisse égal.

Depuis que notre œil s'est habitué aux *m* de la dactylographie (1) on nous pardonnera de réclamer des *m* un peu plus serrés que cela se fait d'habitude ; par une exception unique, nous obtiendrons ainsi une lettre dont la lisibilité augmentera par le fait de la diminution de l'espace que nous lui accordons.

Nous appellerons *rondes* les lettres a, c, e, o et s. Pour toutes, sauf dans la typographie très compacte, nous nous conformerons à l'usage de leur faire dépasser légèrement par le haut et par le bas l'alignement des lettres droites, pour qu'elles ne paraissent pas plus petites. Pour l'a, nous remonterons jusqu'au delà des premiers imprimeurs italiens, et, dans les manuscrits qui leur ont servi de modèle, nous choisirons un a dont la tête soit extrêmement petite et ne surplombe pas toute la panse. En effet, par des expériences faites en regardant de loin des lettres isolées et collées sans ordre sur un carton, on peut constater que les lettres a, c, et s sont les plus mauvaises de l'alphabet. Il faut donc simplifier la forme de l'a, ce qui peut se faire en diminuant considérablement la tête ; alors, vu de

---

(1) On fait maintenant des impressions en caractères de machines à écrire.

loin, l'a prend l'aspect d'un r renversé : ɹ, et devient aussi lisible qu'une autre lettre, si l'on a soin de donner une forme étroite et allongée à la panse. Pour le c, nous éviterons la forme actuelle, qui facilite la confusion avec l'o et avec l'e, et nous prendrons la forme ancienne, se rapprochant beaucoup d'une demi-circonférence. Pour l'e, nous n'hésitons pas à revenir à la forme ancienne, e, qui ramène le trait horizontal à peu près à l'endroit où passe la ligne de regard pendant la vision, et nous éviterons de faire trop remonter la ligne par laquelle l'e se termine en bas et à droite. Peut-être même nous résoudrions-nous à donner au trait transversal la position oblique qu'il affecte dans certains manuscrits, de manière à augmenter la longueur et l'importance de ce trait. Si ce n'était pas contraire à tous les usages, l'expérience, d'accord avec le raisonnement, conduirait à faire l'o rigoureusement rond, sans déliés, beaucoup plus petit que toutes les autres lettres. Enfin, l's reste, quoi que nous fassions, une mauvaise lettre ; tout ce que nous pouvons essayer est de lui faire gagner de la surface en le rendant un peu plus anguleux qu'on ne le fait habituellement : sa visibilité deviendra ainsi presque égale à celle du z.

Les lettres contenant des *droites obliques* v, w, et z, ne nous fournissent pas matière à observations, si ce n'est que le v et le w doivent dépasser un peu l'alignement par le bas, sous peine de paraître trop courts.

Il ne nous reste plus à parler que de l'r, dont nous ne ferons pas retomber la larme, comme le font les modernes, chez qui le haut de l'r finit par ressembler à celui de l'n. Nous préférerons la forme ancienne r, bien plus originale et par suite plus lisible.

Il y aurait une étude à faire sur la lisibilité des chiffres. Je noterai, par exemple, qu'un 6 ou un 9 se confondront bien plus facilement avec un 0, si, comme cela se fait habituellement de nos jours, tous les chiffres sont de même hauteur, système utile pour la régularité d'aspect quand les chiffres sont disposés en colonnes verticales. Il est évident *a priori* que pour les chiffres qui font partie d'un texte courant, il serait raisonnable de revenir au type où le 0 et le 1 n'avaient que la hauteur des lettres courtes et où les autres chiffres dépassaient soit par en haut, soit par en bas.

Rechercher l'uniformité d'aspect pour les chiffres me

paraît une offense au bon sens, pire encore que pour les lettres.

A qui voudra étudier l'évolution des chiffres en typographie, je signale la collection de 178 tables de logarithmes, publiées depuis le commencement du XVIIᵉ siècle jusqu'à nos jours, et qui se trouve à la bibliothèque universitaire de Bordeaux.

ÉPAISSEUR DES TRAITS CONSTITUTIFS DES LETTRES.

Quelle épaisseur faut-il donner aux pleins et aux déliés? Ce problème est beaucoup trop complexe pour que nous puissions le résoudre ici. Supposons d'abord qu'on emploie une épaisseur de trait uniforme pour tracer des lettres, l'épaisseur à donner au trait dépendra absolument de l'éclairage. En plein soleil, les lettres grêles paraîtront plus nettes, étant moins empâtées, mais elles deviendront absolument invisibles dans une demi-obscurité; il faut donc, pour une même grosseur de lettres, employer des traits d'autant plus forts qu'elles devront être lues avec moins de lumière. Il en est de même pour les yeux affectés d'imperfections optiques. Les livres devant être lisibles pour tout le monde et malgré l'imperfection du luminaire, il faut donc grossir les traits qui constituent les lettres. Mais cet épaississement a des limites : en épaississant tous les traits, on arrive à faire disparaître le dessin général des lettres, et c'est pour ce motif qu'on a été conduit à ne grossir qu'une partie des traits et à créer les caractères classiques dont les Didot ont gravé les types les plus accomplis. Nous admirons sans réserve l'Horace et le Virgile de Didot, mais ici encore nous devons établir une distinction entre les types destinés aux enfants et aux adultes. Tandis que nous lisons en reconnaissant les lettres et même les mots d'après leur configuration générale, l'enfant regarde chaque lettre dans toutes ses parties; comme, de plus, son œil est bien moins résistant, nous n'acceptons pas les types modernes pour les livres destinés au premier âge, et nous demandons qu'on reprenne les caractères anciens, où les déliés sont presque égaux aux pleins. Quant à l'épaisseur de ces derniers, il nous paraît tout à fait superflu de la réglementer; l'expérience nous apprend que les graveurs la font toujours amplement suffisante; l'essentiel est de réserver les caractères modernes pour les impressions les plus fines, qu'il ne convient pas d'accepter pour les livres destinés à l'enfance.

Ainsi, sous·les rapports de la distribution des pleins et des déliés, les caractères de différentes grandeurs ne doivent pas être semblables. En partant de caractères anciens pour les plus grosses impressions, il faut graduellement diminuer les déliés plus que les pleins à mesure qu'on grave des caractères plus fins et aboutir, par transitions insensibles, aux types modernes, seuls convenables pour les impressions très fines. La preuve de ces assertions repose sur des expériences qui ont été décrites plus haut (Chap. X). Dans la suite de cette étude, nous aurons souvent à comparer la lisibilité de différents caractères. Le moyen le plus simple d'effectuer cette comparaison consiste à s'éloigner graduellement de la page imprimée, posée verticalement : le caractère le plus net est celui qui reste le plus longtemps lisible. Ce procédé a soulevé quelques objections. Une manière de faire qui est à l'abri de tout reproche consiste à confier l'expérience tantôt à un myope, qui devra se tenir un peu au delà de la distance où il voit distinctement, tantôt à un presbyte, qui regardera sans verres ou avec des verres correcteurs insuffisants : les résultats obtenus sont généralement concordants avec ceux que donne le procédé indiqué en premier lieu. On peut aussi se rendre artificiellement myope ou presbyte au moyen de verres appropriés. Enfin, on peut lire à la lueur d'une source lumineuse quelconque, dont on s'éloigne graduellement avec le livre pour diminuer successivement l'éclairage, jusqu'au moment où l'un des caractères à comparer cesse d'être lisible. Ce dernier moyen donne des résultats notablement différents, car il avantage tout particulièrement les caractères gras. Il importe de l'appliquer pour les livres classiques destinés aux jeunes enfants, qui ne sont presque jamais ni myopes, ni presbytes et qu'on force souvent à lire dans des locaux mal éclairés, tandis que le second moyen se recommande par lui-même aux éditeurs de journaux, puisque les journaux doivent être lisibles même pour les adultes dont la vue est défectueuse.

Pour terminer ce paragraphe, nous répétons successivement cet alinéa en caractères de la *Revue* où cette étude a paru en 1881, en caractères extrêmement grêles et en

caractères de M. Motteroz, qui a eu l'excellente idée d'améliorer les caractères modernes en réduisant la longueur des
déliés.

**Pour terminer ce paragraphe, nous répétons successive-
ment cet alinéa en caractères de la *Revue*, en caractères
extrêmement grêles   et en caractères de M. Motteroz, qui
a eu l'excellente idée d'améliorer les caractères modernes
en réduisant la longueur des déliés.**

Pour terminer ce paragraphe, nous répétons successivement
cet alinéa en caractères de la Revue, en caractères extrêmement grêles et en caractères de M. Motteroz, qui a eu l'excellente idée d'améliorer les caractères modernes en réduisant la
longueur des déliés.

Pour terminer ce paragraphe, nous répétons successivement cet alinéa en caractères de la *Revue*, en caractères
extrêmement grêles et en caractères de M. Motteroz, qui
a eu l'excellente idée d'améliorer les caractères modernes
en réduisant la longueur des déliés.

Fig. 53.

On voit par le premier des trois groupes de la figure ci-
dessus comment les choses ont évolué depuis 1881, car je ne
crois pas que personne aurait actuellement l'idée de choisir
pour imprimer une *Revue,* ce caractère huit genre anglais
interligné de trois points.

DES EMPATEMENTS.

Pour compléter le dessin des caractères typographiques,
il nous reste à parler des *traits terminaux* ou *empatements*
qui terminent les jambages. Ces parties secondaires, qui correspondent aux *apices* des anciens Romains, ne nous paraissent pas avoir simplement un but d'ornement, ni résulter
uniquement de la tradition. Il nous semble, au contraire, que
les empatements, qui apparaissent en Angleterre dès le VIIe
siècle, ont été employés par les calligraphes italiens, imités
vers 1470, par les typographes établis à Subiaco, à Venise et

à Paris, et conservés jusqu'à nos jours, pour augmenter la lisibilité des caractères.

En effet, un jambage de lettre n'est autre chose qu'un rectangle noir tracé sur fond blanc. Or tous les physiciens savent qu'un pareil rectangle, vu de loin, ne paraît pas précisément tel qu'il est ; *l'irradiation* a pour effet, non seulement d'en réduire les dimensions apparentes, mais encore d'en arrondir les angles. Les choses se passent évidemment de même pour un rectangle de petite dimension, vu à la distance la plus courte de la vision distincte. Si nous voulons que les jambages nous paraissent terminés bien carrément, il faut renforcer les angles. De là à les renforcer plus qu'il n'est nécessaire, il n'y avait qu'un pas ; il avait déjà été franchi par les capitales lombardes dont voici un spécimen (*Fig. 54*), emprunté à la *Paléographie universelle* de Silvestre; il l'a été aussi par les calligraphes, qui ne pouvaient pas faire les traits terminaux aussi petits qu'il eût été désirable. De plus, ne pouvant s'attarder à leur donner la forme compliquée, demandée par une théorie dont ils n'avaient même pas nettement conscience, les écrivains se bornaient à faire des traits droits, obliques dans le haut des lettres, pour la facili-

Fig. 54.

té de l'exécution, horizontaux dans le bas, où des traits obliques eussent été trop choquants, l'empatement du bas formant, pour ainsi dire, un socle sur lequel paraît reposer la lettre (1).

(1) Le Grec archaïque de sept points n° 2, du spécimen de 1845 de l'Imprimerie Nationale, nous donne une autre solution du problème.

Les types de ces *deux corps*, qui servent à reproduire les inscriptions du siècle d'Auguste, ont été gravés par Léger Didot, pour M. le comte de Clarac, qui les a cédés en 1844 à l'Imprimerie Royale.

(*Voir Fig. 55*), le spécimen de 1878, de Clarac, *Musée de sculpture antique et moderne*, in-8°, 1826-1855 :

ΑΠΕΛΑΒΟΝ ΕΞ ΙΣΠΑΝΙΑΣ ΚΑΙ ΓΑΛΑΤΙΑΣ ΚΑΙ ΠΑ

ΡΑΔΑΛΜΑΤΩΝ ΠΑΡΘΟΫ ΣΤΡΙΩΝΣΤΡΑΤΕΥΜΑ

Fig. 55.

Cependant, vers la fin du xvᵉ ou le commencement du xviᵉ siècle, nous voyons apparaître des empatements assez conformes à la théorie, légèrement triangulaires, qui ont été conservés avec un peu d'altération par Garamond (Voir plus haut, page 21, spécimen des caractères de Garamond) et par conséquent, dans les éditions des Elzevier. Nous avons eu occasion de voir, à la vente des autographes de feu M. Taupier, professeur d'écriture, un étonnant manuscrit de Barbedor, illustre calligraphe du xviiᵉ siècle, où les traits inférieurs des lettres, vus à la loupe, offraient des empatements de la meilleure forme.

Dans l'important travail que nous avons déjà cité, Jaugeon dessinait des empatements d'une extrême élégance (Voir les *Fig.* 7 et *8*, pages 22 et 23).

Malheureusement Grandjean, malgré ses relations quotidiennes avec Jaugeon, donna une forme trop droite aux empatements qui, chez Luce, deviennent de véritables traits terminaux, tels qu'on les emploie en France depuis plus de cent ans. Ces empatements ont le double défaut d'être absolument droits et beaucoup trop longs. Cette exagération de longueur, contraire à toute raison, a eu pour conséquence une exagération de finesse, car, lorsque les traits terminaux d'un n, par exemple, se touchent presque par le bas, ce qui risque de le faire confondre avec un u, il faut amincir ces traits au point de les rendre presque invisibles (Voir plus haut, page 24, le *fac-simile* des caractères de Grandjean).

Indépendamment des inconvénients théoriques signalés plus haut, les empatements droits, longs et minces, devenus classiques en France, ont le défaut de pécher par une extrême fragilité ; pour empêcher les empatements de se briser, lorsque les lettres tombent dans les casses pendant la distribution, ou sous la pince du *corrigeur*, ou bien enfin pendant le tirage, il convient d'augmenter leur épaisseur, et cela oblige à en diminuer la longueur pour qu'ils n'acquièrent pas une importance exagérée. De plus, le point de rupture naturelle se trouvant à l'angle formé par le jambage et le trait terminal, il est tout indiqué de renforcer cet angle en l'arrondissant. Par une heureuse coïncidence, ces considérations, déduites uniquement du besoin de solidité, nous conduisent à des formes analogues à celles qui conviennent pour combattre les effets de l'irradiation (1).

Il est à remarquer que les graveurs ont senti instinctivement tout ce que nous venons de dire, et que, s'ils se sont
beaucoup éloignés des vrais principes lorsqu'ils ont gravé
des caractères de grande dimension, ils s'en sont, au contraire, toujours rapprochés lorsqu'ils ont produit des caractères de très petite dimension, pour lesquels la question de la
lisibilité primait celle de l'élégance. Regardez, par exemple,
à la loupe, des caractères très fins, tels que le 4 (*Perle*) du spé-

PERLE.

4   Avant l'invention de l'imprimerie, la plus grande partie des hommes étaient réduits à des
traditions presque toujours confuses ou défigurées par des fables. Un petit nombre étaient assez
riches pour se procurer des copies, faites avec beaucoup de peine et de temps, des ouvrages
que les anciens nous avaient laissés ; ces copies elles-mêmes étaient rarement exactes ; recueil-

Fig. 56.

cimen publié en 1845 par l'Imprimerie royale, ou la nonpareille de Luce (*Fig. 56*): ces caractères se distinguent de ceux
de plus grande dimension, gravés par la même main, par une
brièveté extrême des empatements, condition nécessaire pour
la lisibilité de caractères aussi petits. Bien plus, les empatements du 4 de l'Imprimerie royale, seuls de toute la série de
1845, présentent une forme légèrement triangulaire.

Les Anglais emploient, comme nous, des traits terminaux
trop longs, mais l'angle compris entre le trait terminal et le
jambage de la lettre est toujours arrondi ; ne faut-il pas attribuer à cette disposition une partie de la supériorité des
impressions anglaises et américaines sur les nôtres ? Il s'agit
d'un détail tellement minime que le lecteur ne se sera sans
doute pas aperçu que les caractères du présent volume ont
les empatements assez analogues à ceux des caractères
anglais. Dans la figure qui suit, nous donnons successivement deux phrases : la première avec l'aspect que présentait
la typographie de la *Revue Scientifique*, et la deuxième en

(1) Je répète ici cette théorie des empatements telle que je l'avais exposée en 1879, parce qu'il existe encore des fondeurs qui n'en ont pas
tenu compte.

caractères genre français sans empatements, toutes deux en huit interligné de trois points.

Il s'agit d'un détail tellement minime que le lecteur ne se sera sans doute pas aperçu que la *Revue* est imprimée en caractères de genre anglais : il faut prendre une loupe pour s'en assurer, mais l'effet produit n'en est pas moins incontestable.

Pour faciliter la comparaison, le présent alinéa est imprimé en caractères de genre français.

Fig. 57.

Quant à la comparaison entre les caractères des deux alinéas de la figure précédente, elle ne peut se faire utilement, sous le rapport de la lisibilité, car les caractères du genre français dont nous avons pu disposer sont un peu plus maigres et d'un dessin différent.

De tout ce qui précède, il résulte que la forme plus correcte de leurs empatements justifie la faveur croissante dont les caractères anglais sont l'objet, et doit être l'une des causes du retour aux caractères elzéviriens qui, sous ce rapport, — le présent spécimen permet de s'en convaincre, — sont manifestement supérieurs aux caractères anglais.

Les caractères employés pour le présent livre sont préférables aux elzéviriens ; qu'on s'éloigne de la page et on constatera que leur lisibilité est encore supérieure à celle des elzéviriens dont il vient d'être donné un spécimen.

Pour conclure, nous proposons l'adoption d'un empatement arrondi, analogue à ceux dessinés par Jaugeon, plus court encore qu'aucun de ceux adoptés jusqu'à ce jour. Nous y trouverons l'avantage d'une plus grande netteté, surtout pour les très petits caractères, dont l'empatement, visible seulement à la loupe, aura pour seul effet d'augmenter la lisibilité ; pour les caractères plus grands, où la forme de l'empatement sera visible, nous nous rapprocherons des types dessinés par Jaugeon pour l'Imprimerie royale, types qui n'ont jamais été exécutés, et qui nous paraissent réunir à la fois les meilleures conditions d'élégance, de solidité et de visibilité.

Bien entendu, pour le haut des lettres, nous rejetons la coupe oblique, dont la raison d'être, purement traditionnelle, ne saurait être d'aucun poids.

Enfin, mais sans insister sur ce point controversable, nous pensons que les empatements du haut devraient être symétriques par rapport aux jambages, comme ceux du bas. Alors un u prendrait la figure u analogue à celle d'un n retourné. Nous ne laisserions le trait terminal sur le côté gauche qu'à l'l, pour qu'on puisse le distinguer de l'I, et au premier jambage des lettres m n p et r, où sa prolongation à droite produirait de la confusion.

DE L'APPROCHE ET DE L'INTERLIGNE.

Occupons-nous maintenant de la *distance respective des lettres :* elle joue un certain rôle dans leur visibilité.

Pour s'en assurer il suffit de s'éloigner de cette page, posée verticalement : on s'apercevra aisément que le présent passage, où l'on a intercalé des *espaces fines* entre toutes les lettres, est plus lisible que le reste.

Or, Fournier voulait que l'écart des lettres fût un peu moindre que celui des jambages de l'm, et Laboulaye propose de prendre l'écart égal à celui des jambages de l'n, où il est plus grand que dans l'm ; alors la distance des lettres n'étant remplie que par du blanc, paraîtra quelque peu plus grande que celle qui sépare les jambages. D'autre part, tous les typographes veulent que les lettres arrondies telles que l'o, l'e, etc., portent sur les côtés un peu moins de blanc que les lettres droites, telles que m ou n, car deux o, par exemple, paraîtraient plus distants que deux n si leur distance réelle n'était pas un peu moindre.

L'expérience qu'on vient de faire nous paraît démonstrative, et la lisibilité remarquable des livres anglais nous

212 TROISIÈME PARTIE. — DÉDUCTIONS PRATIQUES.

paraît tenir en partie à l'extrême brièveté de la plupart des
mots de cette langue, qui a pour effet de multiplier les
blancs. Aussi n'hésitons-nous pas à préférer la règle de
Laboulaye à celle de Fournier ; nous irions même volontiers
un peu au delà et nous voudrions que les lettres droites por-
tassent un peu plus de blanc que ne le demande Laboulaye.
Les typographes pousseront les hauts cris, car cela diminuera
l'uniformité d'aspect si traditionnelle, mais si contraire à la
logique, et les bibliophiles nous pardonneront en faveur des
belles éditions du temps passé, qui doivent une partie de
leur lisibilité à ce qu'on n'avait pas encore uniformisé autant
l'aspect des lettres et la valeur de l'approche.

Quant à l'interlignage, il suffit de renouveler avec le présent alinéa l'expérience de tout à l'heure pour s'assurer que
la suppression totale des interlignes, dont l'effet est
déplaisant, ne diminue pas la lisibilité. Les lettres
telles qu'elles sortent de chez le fondeur portent par
le haut et par le bas beaucoup plus de blanc que par
le côté ; le raisonnement faisait donc parfaitement prévoir
que l'interlignage est un pur luxe, auquel on aurait bien tort
de renoncer quand la question de dépense n'intervient pas.
Nous sommes surpris que M. Hermann Cohn n'accepte pas
un résultat que la théorie et l'expérience s'accordent à
démontrer. Il faut réserver l'interlignage et les grandes
marges pour les livres soignés ; la librairie et le journal à
bon marché feront mieux de recourir à des caractères plus
gros que de compenser la dépense du papier occupé par les
interlignes en employant des caractères trop fins. C'est
d'ailleurs ce qu'ont parfaitement compris les éditeurs de
journaux français ; ceux qui savent leur métier n'emploient
jamais d'interlignes. — Nous aurons d'ailleurs à revenir sur
cette question.

THÉORIE DES IMPRESSIONS COMPACTES.

Après avoir étudié le dessin des caractères et posé des
règles relatives aux empatements, à l'espace et aux interlignes, nous devons aborder la question, bien autrement
importante, des proportions à donner aux caractères d'impression, c'est-à-dire des dimensions relatives de leurs parties constituantes.

Le plus simple nous paraît être d'adopter, pour unité de mesure, le *point* typographique. Le point de l'Imprimerie nationale mesure 0^{mm},40. Certaines imprimeries se servent encore du point Fournier, de 0^{mm},35, qui date du siècle dernier. A Paris, on emploie généralement le point de Didot, un peu plus récent, qui est précisément le sixième d'une ligne de pied de roi, soit 0^{mm},376 ; il faut 27 points Didot pour faire un centimètre.

Voici le tableau de correspondance entre les points de 0^{mm},40 et les anciennes désignations :

Nombre de points.	Dénomination.	Nombre de points.	Dénomination.
3	Diamant.	18 . . .	Gros romain.
4	Perle.	20 . . .	Petit parangon.
5	Parisienne.	24 . . .	Palestine.
6	Nonpareille.	28 . . .	Petit canon.
7	Mignonne.	36 . . .	Trismégiste.
7 1/2. . .	Petit texte.	44-48 . .	Gros canon.
8	Gaillarde.	56 . . .	Double canon.
9	Petit romain.	72 . . .	Double Trismégiste.
10	Philosophie.	88 . . .	Triple canon.
11	Cicéro.	96 . . .	Grosse nonpareille.
12, 13. . .	Saint-Augustin.	100 . . .	Moyenne de fonte.
14, 15, 16 .	Gros texte.		

Soit dit en passant, le *cicéro*, mesuré ici par 11 points de l'Imprimerie nationale, mesure 12 points usuels de 0^{mm}376.

J'ai fait établir en matière transparente par M. Cornet, opticien, 66, rue de Rennes, un petit lignomètre dont l'apparence est reproduite ci-après (*Fig. 58*).

On a ajouté le long du bord supérieur une graduation en centimètres et en millimètres, et le long du bord inférieur une graduation en pouces (du pied de Paris), lignes et points ; ces derniers sont les points typographiques Didot usités en France.

Lorsque les caractères n'ont pas de *talus*, c'est-à-dire que les lettres longues occupent en hauteur toute la surface disponible sur le petit rectangle qui constitue chaque

caractère, la dimension du caractère est donnée par la distance qui sépare l'alignement supérieur et l'alignement inférieur des lettres longues.

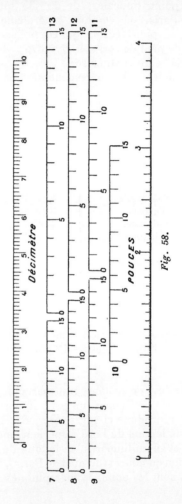

Fig. 58.

Les plaquettes de métal qui servent à interligner le présent
livre mesurent un point; nous les avons fait enlever à partir
du commencement de cet alinéa qui, par suite, se trouve

composé *en neuf plein*, ainsi qu'on peut s'en assurer par la coïncidence de la typographie, ligne pour ligne, avec l'échelle *neuf* d'un lignomètre quelconque. Si nous plaçons une série de lettres longues, telles que p, q, g, y, de sorte qu'une série d'autres longues, comme b, d, h, l, viennent se placer exactement au-dessous, on voit que ces lettres se touchent presque, ce qui produirait un effet extrêmement désagréable dans les impressions non interlignées, si les coïncidences de ce genre se produisaient fréquemment. Dans l'exemple actuel, le *talus* est assez faible ; le plus souvent, dans les caractères compacts, le talus est à peu près nul.

Le passage *plein*, c'est-à-dire non interligné, qu'on vient de lire, permet de mesurer (sans lignomètre) à l'œil nu la pointure du caractère employé ; en effet, dix lignes de ce caractère mesurant 33 millimètres 84, une ligne mesure 3 millimètres 38 ; en divisant par 0,376, il vient 9. Nous avons donc affaire à du neuf.

Nous allons, chemin faisant, donner quelques exemples des caractères le plus habituellement employés.

Les lettres de cinq points, dont cette ligne est un exemple, sont difficilement lisibles.

Les caractères de six points, de deux millimètres et trois dixièmes de hauteur, ne sont pas facilement acceptés, bien qu'ils soient parfaitement lisibles pour un vue passable, comme le lecteur vient de s'en convaincre.

Le sept même n'est pas d'une lecture agréable à la longue, et il est rarement employé par les éditeurs français.

Le huit est acceptable pour des livres de petit format, et on le rencontre très fréquemment.

Cependant, en France, c'est le neuf qui est le plus employé pour les livres et pour les articles de fond des journaux ; rappelons que sa hauteur est de $0,38 \times 9 = 3,4$ millimètres. Le présent livre est imprimé en neuf.

Enfin, le dix sert pour les *premier Paris* des journaux, pour les beaux livres de grand format ; les caractères plus grands n'ont, en réalité, aucun avantage.

Dans les journaux français, on emploie habituellement du 7,

du 8, du 9 et du 10. Les annonces étant payées d'après la place qu'elles occupent, si le public consentait à lire du 6, les industriels en feraient usage ; mais l'expérience leur a appris à ne pas prendre de caractère inférieur au 7.

Dans les imprimeries bien montées, on n'emploie dans un même ouvrage que des caractères *de même famille ;* en d'autres termes, si l'on imprime, par exemple, un livre en 9, certaines intercalations en 8 et les notes en 7, ces trois caractères doivent être analogues. Nous raisonnerons tout d'abord, dans ce qui suit, comme si les caractères d'une même famille étaient exactement des réductions photographiques d'un même type.

La question des dimensions à donner aux lettres s'est posée dès l'invention de la typographie. Depuis cette époque, la lettre manuscrite et la lettre moulée, absolument identiques au début, ont suivi deux voies divergentes. Les premiers livres de Gutenberg furent vendus pour des manuscrits ; qui donc, aujourd'hui, confondrait une page imprimée avec une page écrite à la main ?

Nous l'avons vu, le bon marché du papier et le besoin de faire vite ont donné à notre écriture son aspect *lancé* ; en même temps, pour une raison opposée, les caractères typographiques ont dû se *tasser*, car la dépense du papier, pour l'éditeur, se multiplie par le chiffre du tirage.

De quelle manière ce tassement s'est-il opéré depuis plus de quatre siècles ? Les procédés employés pour ménager l'espace sont-ils susceptibles d'amélioration ?

Il est clair que si le papier ne coûtait rien, cette question perdrait beaucoup de son intérêt ; on mettrait de larges interlignes, et on espacerait amplement les lettres, qu'on ferait suffisamment grosses pour être bien lisibles et auxquelles on donnerait les dimensions classiques. Appelant *corps* la hauteur des lettres courtes, on laisserait, comme au siècle dernier, les lettres longues dépasser d'un corps par en haut et par en bas : il n'est pas difficile de faire « bonne chère avec beaucoup d'argent ».

Mais pour les manuels et les dictionnaires qui doivent être portatifs, pour les journaux à grand tirage et pour les livres classiques, les livres primaires surtout, il est impossible de conseiller une solution qui n'économiserait pas le papier, car le public ne consentant pas à une augmentation de prix, les éditeurs ne sauraient l'adopter. Nous devons donc chercher à *améliorer la lisibilité sans diminuer le nombre de lettres contenues dans la page.*

Il existe cinq moyens principaux d'augmenter la quantité de matière contenue dans une page de dimension donnée, à savoir : 1° supprimer les interlignes ; 2° diminuer l'approche ; 3° aplatir les caractères pour en faire tenir un plus grand nombre dans une ligne ; 4° avoir recours à une pointure plus faible, et 5° diminuer la saillie des lettres longues.

Le *premier de ces moyens* a été employé constamment depuis les premiers temps de l'imprimerie. En effet, comme on a pu s'en assurer en regardant les exemples intercalés p. 212 et 215, la suppression de l'interligne ne nuit pas à la lisibilité ; l'interligne doit donc rester la marque distinctive des impressions de luxe. Rien n'est plus absurde que d'employer des caractères fins et de les interligner ; mieux vaut se servir de caractères de dimension raisonnable et supprimer les interlignes, bien que cela présente l'inconvénient de donner à la page un aspect noir et lourd, des plus désagréables. Pour fixer une limite, nous dirons qu'avec les caractères actuellement usités, nous n'admettons pas l'usage du 7 interligné ; il vaut mieux prendre du 8 plein.

La différence de hauteur des deux colonnes de la *Fig. 59*, qui est exactement d'un point typographique, est mise en évidence par la dénivellation des deux filets qui les terminent.

C'est ainsi que de ces deux colonnes, celle de gauche est en cinq interligné de deux points, celle de droite en six plein : on voit que celle de droite est lisible plus loin que celle de gauche et contient la même quantité de matière en occupant moins de place.	C'est ainsi que de ces deux colonnes, celle de gauche est en cinq interligné de deux points, celle de droite en six plein ; on voit que celle de droite est lisible plus loin que celle de gauche et contient la même quantité de matière en occupant moins de place.

Fig. 59.

Le *second moyen* d'augmenter la quantité de matière est de diminuer l'approche. Par l'exemple donné plus haut, page 211, on peut voir qu'il y aurait plutôt intérêt à augmenter la distance entre les lettres : les imprimeurs actuels nous paraissent avoir un peu dépassé les limites du raisonnable en diminuant l'approche comme ils l'ont fait.

Le *troisième moyen*, qui consiste à donner aux caractères une forme étroite, a été mis en usage depuis l'origine de l'imprimerie. C'est même à leur forme étroite, permettant de faire entrer beaucoup de lettres à la ligne, que les caractères elzéviriens doivent leur regain de popularité. On les emploie souvent pour publier des vers, car leur usage donne le moyen, tout en conservant un petit format, tel que l'in-12 ou l'in-18, de se servir de caractères assez grands sans que la longueur des vers dépasse la justification. — C'est pour ce motif que les caractères étroits sont souvent désignés par les imprimeurs sous le nom de *poétiques*.

Depuis Grandjean, qui avait adopté des caractères assez larges, la forme des caractères a été en se rétrécissant de plus en plus ; l'un des mérites de la typographie anglaise est d'avoir résisté à cette tendance et d'avoir eu recours plutôt à la diminution de hauteur qu'à la diminution de largeur des caractères.

Il faut noter cependant qu'il est légitime de donner aux caractères une forme d'autant plus étroite qu'ils sont plus grands ; pour un in-4° imprimé en caractères de douze points, nous prendrions volontiers des types poétiques. Le livre étant en effet destiné à être mis à plat sur la table, la perspective aura pour effet, surtout pour le haut de la page, de diminuer en apparence la dimension verticale des lettres.

Le *quatrième moyen*, employé par les imprimeurs pour faire tenir beaucoup de matière dans un petit espace, consiste à employer des caractères plus petits. Tandis qu'autrefois le *cicéro*, qui mesure 12 points Didot, était usuel, le *petit Romain* qui correspond à notre 9 n'était pas, comme son nom le prouve, considéré comme un gros caractère ; on a réussi à graver successivement des caractères de plus en plus petits, et l'on est descendu jusqu'à la *mignonne*, la *nonpareille*, la *perle* et le *diamant*, qui mesurent respectivement 7, 6, 4 et 3 points, sans descendre au-dessous de la limite de ce qu'une bonne vue peut aisément distinguer.

Il est à remarquer que les caractères typographiques usuels ne nous donnent pas le spécimen de ce que produirait une simple diminution de grandeur des lettres. En effet voici une série de types :

14 abcdefghijklmnopqrstuvxyz
13 abcdefghijklmnopqrstuvxyz
12 abcdefghijklmnopqrstuvxyz
11 abcdefghijklmnopqrstuvxyz
10 abcdefghijklmnopqrstuvxyz
9 abcdefghijklmnopqrstuvxyz
8 abcdefghijklmnopqrstuvxyz
7 abcdefghijklmnopqrstuvxyz
6 abcdefghijklmnopqrstuvxyz
5 abcdefghijklmnopqrstuvxyz
4 abcdefghijklmnopqrstuvxyz
3
2
1
0

Fig. 60.

On voit que la longueur des lignes diminue en même temps que la hauteur des lettres, mais que la diminution de largeur est bien plus lente que celle en hauteur, parce que les graveurs ont reconnu, sans bien s'en rendre compte, que la *diminution de lisibilité est attribuable principalement à la diminution de largeur des lettres*. C'est là un fait capital que nous avons signalé depuis longtemps.

En regardant les lettres au travers d'un système de verres cylindriques qui permet de les faire paraître à volonté plus longues ou plus larges, ou bien en comparant des types très plats avec des types ordinaires comptant le même nombre de lettres à la ligne, on peut contrôler l'exactitude de notre assertion, établie théoriquement, d'après laquelle la lisibilité des caractères dépend beaucoup plus de leur largeur que de leur longueur.

Cette vérification peut se faire plus simplement encore

Pendant le siège de Paris, on fabriqua, pour être expédiées par ballons, des réductions de journaux obtenues par l'intermédiaire de la photographie. Naturellement, ces réductions étaient proportionnelles.

Alors, comme maintenant, les caractères de sept points, analogues à ceux employés pour le présent exemple, étaient les plus fins dont les journaux fissent usage et, on peut voir, à l'angle inférieur droit de la présente page, ce que devient un caractère de sept points, réduit à moitié à la fois en hauteur et en largeur. Les réductions figurées sur la présente page ont été obtenues au moyen du caoutchouc, dont il a été parlé tout à l'heure, ce qui a permis d'obtenir, outre deux réductions proportionnelles, deux épreuves réduites seulement en largeur, deux réduites suivant la hauteur, et enfin deux où la réduction est plus forte suivant une dimension que suivant l'autre.

Pendant le siège de Paris, on fabriqua, pour être expédiées par ballons, des réductions de journaux obtenues par l'intermédiaire de la photographie. Naturellement, ces réductions étaient proportionnelles.

Alors, comme maintenant, les caractères de sept points, analogues à ceux employés pour le présent exemple, étaient les plus fins dont les journaux fissent usage et, on peut voir, à l'angle inférieur droit de la présente page, ce que devient un caractère de sept points, réduit à moitié à la fois en hauteur et en largeur. Les réductions figurées sur la présente page ont été obtenues au moyen du caoutchouc, dont il a été parlé tout à l'heure, ce qui a permis d'obtenir, outre deux réductions proportionnelles, deux épreuves réduites seulement en largeur, deux réduites suivant la hauteur, et enfin deux où la réduction est plus forte suivant une dimension que suivant l'autre.

Pendant le siège de Paris, on fabriqua, pour être expédiées par ballons, des réductions de journaux obtenues par l'intermédiaire de la photographie. Naturellement, ces réductions étaient proportionnelles.

Alors, comme maintenant, les caractères de sept points, analogues à ceux employés pour le présent exemple, étaient les plus fins dont les journaux fissent usage et, on peut voir, à l'angle inférieur droit de la présente page, ce que devient un caractère de sept points, réduit à moitié à la fois en hauteur et en largeur. Les réductions figurées sur la présente page ont été obtenues au moyen du caoutchouc, dont il a été parlé tout à l'heure, ce qui a permis d'obtenir, outre deux réductions proportionnelles, deux épreuves réduites seulement en largeur, deux réduites suivant la hauteur, et enfin deux où la réduction est plus forte suivant une dimension que suivant l'autre.

Pendant le siège de Paris, on fabriqua, pour être expédiées par ballons, des réductions de journaux obtenues par l'intermédiaire de la photographie. Naturellement, ces réductions étaient proportionnelles.

Alors, comme maintenant, les caractères de sept points, analogues à ceux employés pour le présent exemple, étaient les plus fins dont les journaux fissent usage et, on peut voir, à l'angle inférieur droit de la présente page, ce que devient un caractère de sept points, réduit à moitié à la fois en hauteur et en largeur. Les réductions figurées sur la présente page ont été obtenues au moyen du caoutchouc, dont il a été parlé tout à l'heure, ce qui a permis d'obtenir, outre deux réductions proportionnelles, deux épreuves réduites seulement en largeur, deux réduites suivant la hauteur, et enfin deux où la réduction est plus forte suivant une dimension que suivant l'autre.

Pendant le siège de Paris, on fabriqua, pour être expédiées par ballons, des réductions de journaux obtenues par l'intermédiaire de la photographie. Naturellement, ces réductions étaient proportionnelles.

Alors, comme maintenant, les caractères de sept points, analogues à ceux employés pour le présent exemple, étaient les plus fins dont les journaux fissent usage et, on peut voir, à l'angle inférieur droit de la présente page, ce que devient un caractère de sept points, réduit à moitié à la fois en hauteur et en largeur. Les réductions figurées sur la présente page ont été obtenues au moyen du caoutchouc, dont il a été parlé tout à l'heure, ce qui a permis d'obtenir, outre deux réductions proportionnelles, deux épreuves réduites seulement en largeur, deux réduites suivant la hauteur, et enfin deux où la réduction est plus forte suivant une dimension que suivant l'autre.

Pendant le siège de Paris, on fabriqua, pour être expédiées par ballons, des réductions de journaux obtenues par l'intermédiaire de la photographie. Naturellement, ces réductions étaient proportionnelles.

Alors, comme maintenant, les caractères de sept points, analogues à ceux employés pour le présent exemple, étaient les plus fins dont les journaux fissent usage et, on peut voir, à l'angle inférieur droit de la présente page, ce que devient un caractère de sept points, réduit à moitié à la fois en hauteur et en largeur. Les réductions figurées sur la présente page ont été obtenues au moyen du caoutchouc, dont il a été parlé tout à l'heure, ce qui a permis d'obtenir, outre deux réductions proportionnelles, deux épreuves réduites seulement en largeur, deux réduites suivant la hauteur, et enfin deux où la réduction est plus forte suivant une dimension que suivant l'autre.

Pendant le siège de Paris, on fabriqua, pour être expédiées par ballons, des réductions de journaux obtenues par l'intermédiaire de la photographie. Naturellement, ces réductions étaient proportionnelles.

Alors, comme maintenant, les caractères de sept points, analogues à ceux employés pour le présent exemple, étaient les plus fins dont les journaux fissent usage et, on peut voir, à l'angle inférieur droit de la présente page, ce que devient un caractère de sept points, réduit à moitié à la fois en hauteur et en largeur. Les réductions figurées sur la présente page ont été obtenues au moyen du caoutchouc, dont il a été parlé tout à l'heure, ce qui a permis d'obtenir, outre deux réductions proportionnelles, deux épreuves réduites seulement en largeur, deux réduites suivant la hauteur, et enfin deux où la réduction est plus forte suivant une dimension que suivant l'autre.

Pendant le siège de Paris, on fabriqua, pour être expédiées par ballons, des réductions de journaux obtenues par l'intermédiaire de la photographie. Naturellement, ces réductions étaient proportionnelles.

Alors, comme maintenant, les caractères de sept points, analogues à ceux employés pour le présent exemple, étaient les plus fins dont les journaux fissent usage et, on peut voir, à l'angle inférieur droit de la présente page, ce que devient un caractère de sept points, réduit à moitié à la fois en hauteur et en largeur. Les réductions figurées sur la présente page ont été obtenues au moyen du caoutchouc, dont il a été parlé tout à l'heure, ce qui a permis d'obtenir, outre deux réductions proportionnelles, deux épreuves réduites seulement en largeur, deux réduites suivant la hauteur, et enfin deux où la réduction est plus forte suivant une dimension que suivant l'autre.

Pendant le siège de Paris, on fabriqua, pour être expédiées par ballons, des réductions de journaux obtenues par l'intermédiaire de la photographie. Naturellement, ces réductions étaient proportionnelles.

Alors, comme maintenant, les caractères de sept points, analogues à ceux employés pour le présent exemple, étaient les plus fins dont les journaux fissent usage et, on peut voir, à l'angle inférieur droit de la présente page, ce que devient un caractère de sept points, réduit à moitié à la fois en hauteur et en largeur. Les réductions figurées sur la présente page ont été obtenues au moyen du caoutchouc, dont il a été parlé tout à l'heure, ce qui a permis d'obtenir, outre deux réductions proportionnelles, deux épreuves réduites seulement en largeur, deux réduites suivant la hauteur, et enfin deux où la réduction est plus forte suivant une dimension que suivant l'autre.

Pendant le siège de Paris, on fabriqua, pour être expédiées par ballons, des réductions de journaux obtenues par l'intermédiaire de la photographie. Naturellement, ces réductions étaient proportionnelles.

Alors, comme maintenant, les caractères de sept points, analogues à ceux employés pour le présent exemple, étaient les plus fins dont les journaux fissent usage et, on peut voir, à l'angle inférieur droit de la présente page, ce que devient un caractère de sept points, réduit à moitié à la fois en hauteur et en largeur. Les réductions figurées sur la présente page ont été obtenues au moyen du caoutchouc, dont il a été parlé tout à l'heure, ce qui a permis d'obtenir, outre deux réductions proportionnelles, deux épreuves réduites seulement en largeur, deux réduites suivant la hauteur, et enfin deux où la réduction est plus forte suivant une dimension que suivant l'autre.

Pendant le siège de Paris, on fabriqua, pour être expédiées par ballons, des réductions de journaux obtenues par l'intermédiaire de la photographie. Naturellement, ces réductions étaient proportionnelles.

Alors, comme maintenant, les caractères de sept points, analogues à ceux employés pour le présent exemple, étaient les plus fins dont les journaux fissent usage et, on peut voir, à l'angle inférieur droit de la présente page, ce que devient un caractère de sept points, réduit à moitié à la fois en hauteur et en largeur. Les réductions figurées sur la présente page ont été obtenues au moyen du caoutchouc, dont il a été parlé tout à l'heure, ce qui a permis d'obtenir, outre deux réductions proportionnelles, deux épreuves réduites seulement en largeur, deux réduites suivant la hauteur, et enfin deux où la réduction est plus forte suivant une dimension que suivant l'autre.

Pendant le siège de Paris, on fabriqua, pour être expédiées par ballons, des réductions de journaux obtenues par l'intermédiaire de la photographie. Naturellement, ces réductions étaient proportionnelles.

Alors, comme maintenant, les caractères de sept points, analogues à ceux employés pour le présent exemple, étaient les plus fins dont les journaux fissent usage et, on peut voir, à l'angle inférieur droit de la présente page, ce que devient un caractère de sept points, réduit à moitié à la fois en hauteur et en largeur. Les réductions figurées sur la présente page ont été obtenues au moyen du caoutchouc, dont il a été parlé tout à l'heure, ce qui a permis d'obtenir, outre deux réductions proportionnelles, deux épreuves réduites seulement en largeur, deux réduites suivant la hauteur, et enfin deux où la réduction est plus forte suivant une dimension que suivant l'autre.

Fig. 61.

comme suit : tenez bien verticalement une page de fine impression à la distance la plus grande où vous puissiez la lire exactement ; puis faites tourner la page de 45° autour d'un axe vertical : vous ne pourrez plus lire un mot, tandis qu'une rotation du même angle autour d'un axe horizontal ne diminue pas notablement la facilité de lecture. Par cette simple expérience, on démontre bien l'influence prépondérante de la largeur des lettres sur leur lisibilité.

Nous avons fait établir la *Fig. 61* pour mettre en lumière ce qui vient d'être exposé. — Par un procédé mécanique (impression sur une feuille de caoutchouc tendue dans un cadre dont on peut réduire à volonté la largeur ou la hauteur), la composition typographique reproduite dans l'angle supérieur gauche, a été réduite de huit manières différentes, à savoir deux fois en largeur, deux fois suivant sa hauteur, deux fois d'une même quantité selon ses deux dimensions, une fois en largeur plus qu'en hauteur et une fois en hauteur plus qu'en largeur. On voit immédiatement, si l'on s'éloigne de la figure, que la réduction en largeur nuit bien plus à la lisibilité que ne fait la réduction en hauteur. Il est particulièrement intéressant de comparer les trois réductions situées à l'angle supérieur droit, au milieu, et à l'angle inférieur gauche, car elles présentent cette particularité que leurs surfaces sont rigoureusement égales, à savoir la moitié de celles du texte primitif.

Les lecteurs qui voudraient comprendre les considérations géométriques qui ont servi de guide à la construction de cette planche devront se reporter au chapitre de l'acuité visuelle où ont été exposées les qualités de la progression géométrique $\sqrt{2}$. La simple inspection de la figure démontre l'exactitude des considérations qui viennent d'être exposées.

Je dois d'autre part à l'obligeance de la maison *Deberny* les types de comparaison qu'on va voir (*Fig. 62*). Les mots *Le Gouvernement...* etc., ont été composés d'abord en caractères de 30 points (*Romain N° 16 du catalogue Deberny*) ; il en a été fait une réduction au sixième et enfin les mêmes mots ont été composés en *cinq* de la même série 16. — On voit bien que le *cinq* occupe plus de largeur, et qu'il est beaucoup plus lisible que la réduction photographique (1).

(1) La réduction est un peu moins haute, parce que le 30 avait un talus très notable.

Dans la réduction des dimensions des caractères, la question des tarifs d'imprimerie a joué un rôle important, et qui

Le gouvernement

Le gouvernement le plus conforme à la nature est celui dont la disposition particulière se rapporte mieux à la disposition du peuple pour lequel il est établi

Le gouvernement le plus conforme à la nature est celui dont la disposition particulière se rapporte mieux à la disposition du peuple pour lequel il est établi.

Fig. 62.

nous paraît fâcheux. On sait, en effet, que les compositeurs sont payés à *tant* le mille de lettres, mais que le tarif reçoit une surcharge quand les caractères sont plus petits que le 8 ; cette surcharge, légère pour le 7, devient énorme pour le 6 et les caractères plus petits. Les compositeurs donnent pour raison, très légitime, de cette augmentation, la difficulté plus grande qu'ils éprouvent à manier les petits corps de caractères. Il en résulte que les éditeurs intelligents, qui savent se mouvoir dans les limites des tarifs, évitent l'emploi du 7 et surtout du 6, et préfèrent de beaucoup économiser la place en prenant des caractères étroits plutôt que de recourir à des lettres d'un point inférieur.

La généralisation du travail des femmes dans les imprimeries devra modifier cette situation, car les doigts plus effilés de la femme lui permettent de composer en 6 aussi facilement que l'homme en 7, et les machines à composer, si elles finissent par entrer définitivement dans la pratique, permettront sans doute de faire usage, sans surcharge de prix, des caractères les plus fins.

S'il en est ainsi, nous devons nous attendre à voir se généraliser, pour les ouvrages à grand tirage, l'emploi de caractères de plus en plus fins, dont on augmentera la lisibilité par tous les moyens déjà indiqués plus haut, et surtout en leur donnant une largeur suffisante.

Le *cinquième des moyens* énumérés ci-dessus pour réduire l'espace occupé par les caractères d'impression consiste à raccourcir les lettres longues ; on obtient ainsi des caractères dits *compacts*, qui sont particulièrement employés par les journaux. — Pendant des siècles, on a divisé le corps de la lettre en trois parties égales : les longues dépassaient en haut et en bas d'une quantité égale à la hauteur des lettres courtes. Ce principe a été conservé jusqu'à nos jours par l'Imprimerie nationale, qui se sert de deux types : *gravure ancienne* (1825) et *gravure nouvelle* (1847), dus tous deux à Marcellin Legrand (Voir plus haut *Fig. 11*, page 27). Dans la gravure ancienne, les courtes occupent encore précisément le tiers de la hauteur totale, de sorte que le petit trait caractéristique des l l l de cette imprimerie, qui est sur l'alignement du haut des lettres courtes, se trouve exactement à la moitié de la hauteur de l'*l*. Dans la gravure dite nouvelle, la grandeur relative des longues est un peu moindre. Mais il faut remarquer que pour la diminution des lettres longues comme pour toutes les autres modifications, l'Imprimerie nationale est fortement en retard sur la mode ; cet important établissement fait preuve d'un esprit de conservation très énergique et s'en tient aux formes classiques.

Pour s'en convaincre, il suffit de jeter les yeux sur un livre moderne, quel qu'il soit : les longues y sont bien plus courtes que dans les types de l'Imprimerie nationale, à tel point qu'on peut considérer comme très habituels des types où les longues ne dépassent que d'une quantité à peine supérieure à la moitié de la hauteur des courtes ; c'est ce qui a lieu pour le présent alinéa, composé avec le 8 dont nous avons fait usage pour les citations qu'on a rencontrées de place en place dans ce volume.

Bien plus, dans les journaux imprimés en caractères tout à fait modernes, il arrive que les longues sont raccourcies à tel point que l'espace compris entre deux lignes successives est plus étroit que celui occupé par les lettres courtes de chaque ligne. Il semblerait donc que le raccourcissement des lettres longues eût atteint la limite du possible.
Il n'en est rien cependant, car on peut arriver à la suppression totale des longues inférieures, sans nuire beaucoup

à la lisibilité.— C'est ce qui a été fait, en 1879, par la Compagnie des omnibus de Paris, qui, ayant affermé à un office de publicité la place qu'elle consacrait aux indications utiles au public, a dû reporter la nomenclature des itinéraires sur une bande très étroite, située le long des pieds des voyageurs d'impériale. L'amour du gain rendant industrieux, la Compagnie a fait remplacer les longues inférieures par de petites capitales, comme cela est fait dans l'alinéa suivant.

On peut remarquer que la lisibilité souffre moins de cette substitution qu'on ne pourrait le croire au premier abord, car, ainsi que nous l'avons déjà fait remarquer plus haut, les longues inférieures-se présentent environ sept fois moins souvent que les longues supérieures.

la facilité de lecture souffre davantage par la substitution de petites capitales aux longues supérieures.

L'artifice employé par la Compagnie des omnibus, quelque ingénieux qu'il paraisse, ne nous semble pas devoir être adopté pour l'impression, car il donne un produit hybride assez désagréable; mais il nous semble qu'on peut, sans inconvénient, raccourcir les longues inférieures, plus que les longues supérieures. Les longues inférieures sont g, j, p, q et y. Sur ces cinq lettres, il en est deux, le p et le q, dont on pourrait supprimer totalement les queues, sans causer de confusion avec d'autres lettres : il n'y a donc pas d'inconvénient à faire p et q plus courts que d ou b. Le j ou l'y s'accommoderont, sans difformité, d'une queue très courte; reste donc le g, qu'on ne pourra raccourcir qu'au prix d'une légère altération de dessin, que nous avons déjà indiquée lors de notre récapitulation de la forme des lettres.

La proposition que nous fîmes, d'abréger les longues inférieures un peu plus que les supérieures, nous paraît présenter cet avantage supplémentaire que, les courtes ne se trouvant plus au milieu de la hauteur du corps, les lettres retournées produiront un effet assez désagréable pour ne plus échapper aussi facilement au correcteur: elles dépasseront, en effet, par en haut, du double de la différence de longueur établie entre les longues supérieures et inférieures.

Le neuf qui a servi à composer le présent volume a été gravé dans ce système, que nous préconisons depuis 1879.

Dans le présent alinéa, composé en lettres banales, se trouvent de nombreuses lettres retournées ; elles échapperont bien plus facilement au correcteur que si l'on avait fait usage de notre neuf, ainsi qu'on va le voir par l'alinéa suivant, contenant des fautes analogues.

Dans le présent alinéa, se trouvent de nombreuses lettres retournées ; elles échapperont très difficilement au correcteur, parce qu'on a fait usage du neuf que nous préconisons.

Malgré ma cécité, j'ai tâché de choisir, pour l'impression du présent volume, des caractères aussi conformes que possible à mes idées. J'ai pu ainsi prendre dans le catalogue de Deberny, le présent type. En le gravant, l'artiste avait tenu compte, dans une assez grande mesure, de *desiderata* publiés par moi, dès 1878.

Parlons tout d'abord du 8 non interligné, employé pour le présent alinéa. Je ne saurais en faire un meilleur éloge que celui consistant à l'avoir choisi pour les intercalations du présent volume. Remarquons cependant que, pour quelques détails, plusieurs lettres pourraient être retouchées en conformité des indications données plus haut ; les empatements, déjà si différents de ceux de Didot, pourraient être rendus plus semblables encore à ceux de Jaugeon et à ceux du genre anglais, dont la pratique a démontré l'excellence. On a vu (*Fig.* 62, p. 222), que pour les fins caractères de cette série, le graveur a très convenablement augmenté la largeur des lettres et l'épaisseur des pleins.

Les types qu'on vient de voir, et en général tous les types compacts, ne devraient jamais être interlignés, ainsi que cela a été fait pour le 8 du présent alinéa ; en effet, à quoi bon raccourcir les longues pour placer des interlignes ? Il vaut bien mieux, quand on n'économise pas le papier, mettre l'espace à profit en donnant aux longues une hauteur convenable.

C'est ce qu'a compris M. Tuleu, le savant directeur de la fonderie Deberny, lorsqu'il créa sa « *série dix-sept* », laquelle dérive, pour toutes les grosseurs de points, de sa « *série seize* » par l'allongement des longues supérieures. Il est probable que bien peu de lecteurs de ce volume se sont aperçus que l'œil du 8 et du 9 employés sont identiques. Il est non moins probable que le lecteur n'a pas remarqué non plus que le présent alinéa, composé en *neuf plein*, de la « *série dix-sept* », ne diffère de l'alinéa précédent en 8 interligné que par la dimension des lettres longues supérieures : on avouera que ce neuf plein est préférable au huit interligné d'un point.

La maison Deberny veut bien faire un pas de plus dans la

même voie. De même qu'elle a fait une dizaine de poinçons spéciaux de longues supérieures pour transformer en neuf d'une nouvelle série dix-sept, le huit de sa série seize, elle fait graver actuellement les cinq poinçons nécessaires pour créer le dix d'une nouvelle série intitulée dix-huit, lequel ne diffère du neuf de la série dix-sept que par l'addition d'un point à la longueur des parties inférieures des lettres g, j, p, q et y.

Si cela avait été fait, au lieu d'adopter, pour le présent volume, du neuf interligné d'un point, je n'aurais pas hésité à choisir le dix de la série dix-huit sans l'interligner. Ce caractère sera prêt en temps utile pour servir à composer la préface de ce livre.

Je reproduis ci-dessous en fac-similé onze lignes d'un article paru en 1881 dans la *Revue scientifique*, et, pour montrer les avantages de la typographie compacte, je les fais suivre d'une réduction photographique et d'une composition en caractères compacts tels qu'on pouvait se les procurer à cette époque.

Pour donner un exemple pris tout à fait sur le vif, supposons que l'éditeur de la *Revue scientifique* se pose le problème de réduire de moitié le prix de l'abonnement tout en donnant un texte à peu près lisible Il est tout à fait inadmissible d'offrir au public le spécimen ci-dessous, qui est une réduction par la photogravure, dans une proportion telle que la surface imprimée est précisément moitié moins grande, tandis que le second spécimen, obtenu en composant en plein avec du six de forme plus logique, est à la fois plus lisible et plus tassé; quand nos caractères seront gravés, l'avantage sera plus grand encore.

Pour donner un exemple pris tout à fait sur le´ vif, supposons que l'éditeur de la *Revue scientifique* se pose le problème de réduire de moitié le prix de l'abonnement tout en donnant un texte à peu près lisible. Il est tout à fait inadmissible d'offrir au public le spécimen ci-dessous, qui est une réduction par la photogravure, dans une proportion telle que la surface imprimée est précisément moitié moins grande, tandis que le second spécimen, obtenu en composant en plein avec du six de forme plus logique, est à la fois plus lisible et plus tassé; quand nos caractères seront gravés, l'avantage sera plus grand encore.

Pour donner un exemple pris tout à fait sur le vif, supposons que l'éditeur de la Revue scientifique se pose le problème de réduire de moitié le prix de l'abonnement tout en donnant un texte à peu près lisible. Il est tout à fait inadmissible d'offrir au public le spécimen ci-dessous, qui est une réduction par la photogravure, dans une proportion telle que la surface imprimée est précisément moitié moins grande, tandis que le second spécimen, obtenu en composant en plein avec du six de forme plus logique, est à la fois plus lisible et plus tassé; quand nos caractères seront gravés, l'avantage sera plus grand encore

Fig. 63.

Comme second exemple, nous avons fait reproduire en photogravure (*Fig. 64*) une affiche, merveille du genre, qui attirait forcément l'attention de toute personne voyageant en Angleterre ; nous avons été fort surpris en 1881 de voir que l'agence de publicité de Willing avait trouvé de son côté presque tous les petits artifices que nous avons proposés.

Tout est étudié dans ces sept lettres avec une entente par-

Fig. 64.

faite de l'utilisation de la place. Dans nos types, les lettres seraient plus grêles, les empatements un peu moins importants, le g dépasserait un peu plus en bas, mais en somme, notre typographie présente de l'analogie avec le spécimen qu'on vient de voir.

N'ayant pas à ma disposition les types d'Olive Lazare, dont il va être question, je fais reproduire ici (*Fig. 65*) en *fac-simile* la fin de l'article « Évolution de la typographie », paru dans la *Revue scientifique* du 26 juin 1881 :

Le *Petit Journal* applique depuis quelques jours assez exactement nos propositions quant au raccourcisse-ment des longues inférieures. Infor-mations prises, les types de l'article Thomas Grimm viénnent de la fon-derie Olive Lazare à Marseille. Mal-heureusement on a lésiné sur l'ap-proche : l'écart entre les n est infé-rieur à la largeur de l'n, ce qui fait perdre à ces types une grande partie de leur avantage. Au surplus, l'uti-lité de la réforme, qui a permis d'employer du huit au lieu de neuf pour le premier Paris du *Petit Jour-nal,* sera bien plus marquée quand on l'étendra au sept et surtout quand on aura recours au six, dont les jour-naux ne font aucun usage actuelle-ment en France.

Fig. 65.

Tout ce post-scriptum est im·
primé en huit d'Olive Lazare :
dans le présent àlinéa on a ajouté
des papiers minces entre les
lettres; je doute que jamais rien
d'aussi lisible ait été imprimé
en caractères de huit points : on
dirait du neuf.

Fig. 66.

Dans le journal français l'*Imprimerie*, M. Motteroz décrit
comme suit le sept et le cinq et demi employés par l'éditeur
de l'Encyclopédie américaine *The Century Dictionary*, ache-
vée d'imprimer en 1889. Voici (*Fig. 67*) un *fac-simile* de
cette typographie:

gauche (gōsh), *a.* [F., left (hand, etc.), awkward, clumsy, prob. ⟨ OF. *gauc, *galc (⟩ E.
dial. *gaulic-hand*, the left hand, *gallic-handed*,
gauk-handed, left-handed; cf. Walloon *frère*
wauquier, step-brother, lit. 'left-brother'), prob.
⟨ OHG. *welc*, *welch*, soft, languid, weak, G. *welk*,
withered, faded, languid, etc.: see *welk*[1]. So in
other instances the left hand is named from its
relative weakness: see *left*[1]. The Sp. *gaucho*,
slanting, seems to be derived from the F. word.]
1. Left-handed; awkward; clumsy. [Used as
French.]
    Pardon me if I say so, but I never saw such rude, un-
civil, *gauche*, ill-mannered men with women in my life.
                                    Aristocracy, xxi.
2. In *math.*, skew. Specifically — (*a*) Not plane;
twisted. (*b*) Not perfectly symmetrical, yet deviating from
symmetry only by a regular reversal of certain parts.—
Gauche curve, a curve not lying in a plane.— **Gauche
determinant.** See *determinant.*— **Gauche perspective**
or **projection**, the projection of a figure from a center
upon a surface not a plane.— **Gauche polygon**, a figure
formed by a cycle of right lines each intersecting the next,
but not all in one plane. Thus, a *gauche hexagon* would
be formed by the following 6 edges of a cube, where the
numbers denote the faces as those of a die are numbered:
(1 − 2) (2 − 3) (3 − 6) (6 − 5) (5 − 4) (4 − 1).— **Gauche surface**, a
surface generated by the motion of an unlimited straight
line whose consecutive positions do not intersect; a skew
surface; a scroll.

Fig. 67.

« On a employé — égyptienne et romain — du sept ayant
« l'œil de certains huit et du cinq et demi aussi gros que la
« plupart des sept. On est arrivé à cet effet en diminuant les

« queues, principalement en dessous, où il n'en reste presque
« pas trace.

« Il a fallu, pour cela, tricher sur la plupart des lettres lon-
« gues, en leur donnant un œil imperceptiblement plus faible
« qu'elles ne le comportent et en modifiant certaines formes,
« par exemple celle de la boucle inférieure du g qui remonte
« quelque peu dans la boucle supérieure.

« Malgré ces écarts des règles, rien n'appelle désagréable-
« ment l'attention. C'est, à ma connaissance, la première appli-
« cation d'une théorie émise, il y a quelques années, par
« M. Javal, théorie dont je n'étais pas partisan et qui, dans le
« cas particulier d'une encyclopédie extrêmement compacte,
« donne d'excellents résultats. »

Aucun éloge n'est plus compétent que celui de M. Motteroz, si ce n'est le jugement que peut porter le lecteur en
examinant le spécimen ci-dessus de cette typographie.

En réponse à ma demande, M. de Vinne, l'éditeur du
Century Dictionary, me fait savoir que les plus petits parmi
les caractères dont il a fait usage lui ont été fournis par la
maison Miller et Richard, d'Edimbourg, et les plus grands
par la fonderie Bruce, de New-York.

Mon collaborateur, M. Ch. Dreyfuss, a voulu faire un
pas de plus : s'inspirant de mes idées, il a dessiné des
caractères de 30 points, dont voici le *fac-simile* invraisem-
blable (*Fig. 68*).

particulière se

Fig. 68.

Comme première comparaison, ce caractère réduit par la
photographie au sixième, nous donne la typographie en cinq
points, dont voici le spécimen (*Fig. 69*).

Le gouvernement le plus conforme à la nature est celui dont la disposition
particulière se rapporte mieux à la disposition du peuple pour lequel il est établi

Fig. 69.

230   TROISIÈME PARTIE. — DÉDUCTIONS PRATIQUES.

Il est très intéressant de comparer cette réduction à la réduction du 30 de Deberny et au spécimen du cinq de la même famille qui ont été reproduits tous deux *Fig. 62,* page 222. On voit qu'à l'inverse de ce qui s'était produit dans l'exemple de la page 222, la réduction photographique est d'une excellente lisibilité.

Ces caractères, réduits dans la proportion de 30 à 3 1/2, fournissent l'impression en trois points et demi que voici.

Le gouvernement le plus conforme à la nature est celui dont la disposition particulière se rapporte mieux à la disposition du peuple pour lequel il est établi

Fig. 70.

Voici une réduction des mêmes types, donnant une impression de deux points et demi, plus remarquable encore.

Le gouvernement le plus conforme à la nature est celui dont la disposition particulière se rapporte mieux à la disposition du peuple pour lequel il est établi

Fig. 71.

Encouragé par le brillant résultat qu'on vient de voir, M. Ch. Dreyfuss a pensé qu'on pouvait faire mieux encore, par exemple en remplaçant par des « pochés » les *o* et les panses de certaines lettres, et comme il demeure loin de Paris, j'ai répondu à sa proposition en lui adressant les indications suivantes pour la construction de très petits caractères destinés à être vus par d'excellents yeux et avec un très bon éclairage.(Voir ci-dessus la théorie au haut de la page 106).

« J'admets que nous adoptions les mêmes proportions que « précédemment, pour le dessin à réduire par la photogra- « vure : Les lettres courtes mesurant quatre millimètres, les « longues supérieures dépassant de deux millimètres et les « longues inférieures d'un millimètre (total sept millimètres).

« En prévision de la petitesse de la réduction, il faut renon- « cer à toute espèce de délié ou d'amincissement local des « traits, et, pour les points, il faut adopter la forme carrée, « qui donne, pour la même largeur, une surface noire de « **quatre** contre 3, 14 que donneraient les points ronds. Dans « ces petites dimensions, un point carré présente le même « aspect qu'un point rond.

« D'après nos théories, si nous prenons pour minimum vi-
« sible un carré de deux millimètres de côté, le jambage de
« lettre courte, de même visibilité, si on lui donne un milli-
« mètre d'épaisseur, devra mesurer une hauteur de quatre.
« Dans ces conditions, l'*i* n'offrirait aucun intervalle entre
« le jambage et le point. Si donc nous choisissons l'épaisseur
« d'un millimètre pour les traits constituant la majorité des
« jambages courts, il faudra augmenter l'épaisseur du jam-
« bage de l'*i* pour pouvoir le raccourcir.

« Pour amener la visibilité des traits horizontaux, qui
« entrent dans la composition de beaucoup de lettres, à être
« égale à celle des traits verticaux, il faut soit les allonger,
« soit les renforcer, soit combiner un allongement et un
« renforcement modérés. — Prenons l'*u* pour exemple : pour
« qu'il ne se confonde pas avec l'*n*, il faut donner autant
« d'importance au trait horizontal qu'aux deux jambages, et,
« si on ne l'épaissit pas, il faut, soit le faire déborder des
« deux côtés d'un demi-millimètre (à notre échelle), soit
« donner à la lettre une largeur égale à sa hauteur. Cette so-
« lution entraîne l'obligation d'augmenter l'espace entre les
« lettres et, par conséquent, de diminuer le nombre des lettres
« contenues dans une ligne de longueur donnée : c'est la so-
« lution que je préfère. Quand nous aurons fait ainsi un
« caractère mesurant sept millimètres de haut, nous pourrons
« en déduire, sans changer les lettres courtes, un caractère
« de 8 mm. 75, par addition d'un millimètre aux longues
« supérieures et de 0 mm. 75 aux longues inférieures ; ce
« dernier type donnera l'apparence d'un interlignage très
« gracieux, l'espace entre les lignes étant supérieur à la hau-
« teur des lettres courtes.

« Puisque nous ne voulons pas gâcher de place sans utilité,
« il faut donner aux grands jambages des lettres longues une
« épaisseur d'au moins un cinquième moindre qu'aux jam-
« bages des lettres courtes.

« Je n'entre pas dans les détails des diverses lettres, me bor-
« nant à signaler que l'*S*, dont le trait devra être d'une épais-
« seur uniforme et légèrement inférieure à un millimètre,
« devra dépasser l'alignement, par en haut et par en bas,
« d'un peu moins d'un demi-millimètre.

« L'*o* sera un carré d'exactement deux millimètres de côté.

« J'arrive enfin à l'emploi des points.

« Au premier abord, il semblerait que, pour représenter r,
« il faudrait, en haut et à droite d'un jambage de 4 milli-
« mètres de haut, accoler un point de deux millimètres de
« côté. Mais si l'on y réfléchit, on verra que c'est trop, car
« le jambage et le point se renforcent par leur voisinage.
« Puisque l'r minuscule doit avoir l'aspect d'une potence
« dont le bras horizontal, pour être visible, a besoin de nous
« offrir une surface de quatre millimètres carrés, je pense
« qu'il suffit de donner, à la lettre entière, une largeur de
« 3 millimètres, l'épaisseur du bras horizontal ne dépassant
« guère 1 mm. 33.

« Quant aux lettres dont l'œil sera remplacé par une petite
« masse noire, ou *poché*, leur largeur sera moindre encore,
« surtout si l'on ne donne pas de formes arrondies à ces
« pochés. Je pense, par exemple, que pour figurer le *b* et le
« *d*, il ne sera pas besoin de donner beaucoup plus d'un milli-
« mètre d'épaisseur à un rectangle haut de trois millimètres
« qu'on accolerait soit à droite, soit à gauche d'un jambage
« d'*l*. »

La *Fig.* 72, réduction photographique d'un dessin de
M. Ch. Dreyfuss fait après réception de la lettre précédente,
montre des caractères de 4 et de 5 points, ces derniers ne

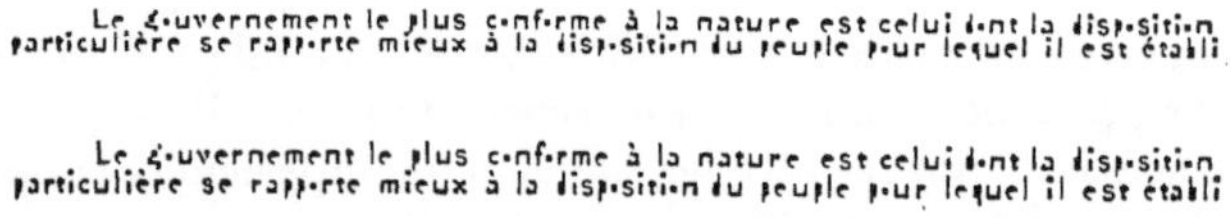

Le gouvernement le plus conforme à la nature est celui dont la disposition
particulière se rapporte mieux à la disposition du peuple pour lequel il est établi

Le gouvernement le plus conforme à la nature est celui dont la disposition
particulière se rapporte mieux à la disposition du peuple pour lequel il est établi

Fig. 72.

différant des premiers que par les lettres longues. Ces caractères sont d'un aspect déplaisant et ne sont figurés ici que
pour renseigner sur le procédé.

Au contraire, la *Fig.* 73 représente leur réduction en *deux*

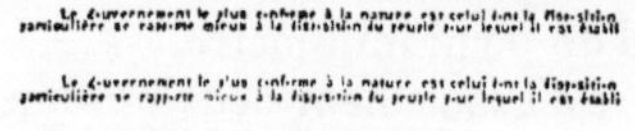

Le gouvernement le plus conforme à la nature est celui dont la disposition
particulière se rapporte mieux à la disposition du peuple pour lequel il est établi   2 1/2

Le gouvernement le plus conforme à la nature est celui dont la disposition
particulière se rapporte mieux à la disposition du peuple pour lequel il est établi   2

Fig. 73.

Le gouvernement le plus conforme à la nature est celui dont la disposition
particulière se rapporte mieux à la disposition du peuple pour lequel il est établi 2 1/2

Fig. 71.

Le gouvernement le plus conforme à la nature est celui dont la disposition
particulière se rapporte mieux à la disposition du peuple pour lequel il est établi 3 1/2

Fig. 70.

Le gouvernement le plus conforme à la nature est celui dont la disposition
particulière se rapporte mieux à la disposition du peuple pour lequel il est établi 5

Fig. 69.

1
1 1/4

Fig. 74.

Le gouvernement le plus conforme à la nature est celui dont la disposition
particulière se rapporte mieux à la disposition du peuple pour lequel il est établi 2

Le gouvernement le plus conforme à la nature est celui dont la disposition
particulière se rapporte mieux à la disposition du peuple pour lequel il est établi 2 1/2

Fig. 73.

Le gouvernement le plus conforme à la nature est celui dont la disposition
particulière se rapporte mieux à la disposition du peuple pour lequel il est établi 4

Le gouvernement le plus conforme à la nature est celui dont la disposition
particulière se rapporte mieux à la disposition du peuple pour lequel il est établi 5

Fig. 72.

et *deux et demi* qui, à condition d'être tirés avec très grand soin, sont tout à fait remarquables.

Il serait intéressant de comparer ces caractères avec le deux et demi fondu par Henri Didot, en 1827, et qui a servi à l'impression de l'édition in-64 des *Maximes* de Larochefoucauld, bien connue des bibliophiles. ·

Enfin, la *Fig.* 74, dont la photogravure laisse à désirer, donne une idée de la possibilité de faire des caractères d'un point qui, bien exécutés et très bien tirés, puissent encore être lus. La deuxième partie de cette figure est un caractère d'un point et quart obtenu par la réduction du cinq de la *Fig.* 72.

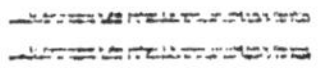

Fig. 74.

Voir ci-contre la reproduction de ces figures tirées avec un soin particulier sur papier spécial.

Les types qu'on vient de voir sont destinés à montrer ce qui peut se faire en matière de typographie compacte : c'est une sorte de gageure. Si l'on voulait de fins caractères pour une encyclopédie ou un guide du voyageur, je pense que la solution se trouverait aisément en gravant des caractères dont le dessin serait intermédiaire entre les deux types créés par M. Ch. Dreyfuss. Le dernier est trop grêle (*Fig.* 72, 73 et 74) et exige un éclairage excellent, tandis que le premier (*Fig.* 68, 69, 70 et 71) constitue une innovation insuffisante.

CHAPITRE XVIII.

PROPAGATION DE L'ÉCRITURE DROITE.

L'écriture penchée n'est pas une nouveauté (1) : la variété sidonienne de l'écriture phénicienne présente une inclinaison analogue à celle de nos italiques et on peut en voir un exemple au musée du Louvre, sur le célèbre sarcophage d'Echmounazar, roi de Sidon. Mais, dans l'antiquité, la pente est une exception. Sur la stèle de Mésa, située dans la même galerie (Voir *Fig.* 3 et 4, page 5), l'obliquité des verticales est à peine sensible, et dans les inscriptions tyriennes de Carthage, bien postérieures, les traits ont repris leur position rectangulaire.

Qu'on examine les capitulaires de Charlemagne (789), les manuscrits produits à l'abbaye de Saint-Martin de Tours sous la direction d'Alcuin (796 à 804), les belles écritures franques minuscules du douzième siècle, les gothiques qui apparaissent au quatorzième siècle, les manuscrits de la Renaissance italienne, le célèbre *Champfleury* de Geoffroy Tory (1529), qu'on parcoure le beau volume de Sylvestre (*La Paléographie*), on voit que, pendant tout le moyen âge et la Renaissance, les écritures soignées sont généralement droites.

Lorsqu'apparut l'imprimerie (1440), ni Gutenberg, ni aucun de ses successeurs immédiats ne créèrent de caractères typographiques penchés. Or, on sait que les premières impressions imitèrent les écritures les plus régulières de l'époque, au point d'être vendues pour des manuscrits. Nous voyons encore, plus de cent ans après (1556), apparaître les *carac-*

---

(1) Javal. *L'écriture droite et l'écriture penchée.* Article publié dans la *Revue pédagogique* en décembre 1893, pour répondre à une demande du ministère de l'Instruction publique.

tères de civilité de Granjean, qui lui servirent à imprimer la *Civilité puérisle et honneste*, réimprimée sous la même forme pour les écoles chrétiennes jusqu'au dix-neuvième siècle, et qui furent longtemps employés comme modèles d'écriture; ces caractères sont droits.

Depuis l'invention de l'imprimerie, pendant que les caractères évoluaient pour aboutir à leur forme actuelle, qui serait difficile à reproduire en écrivant, les caractères manuscrits se transformaient dans le sens d'une exécution plus facile et plus rapide, et c'est pour obéir à cette tendance que se produisit au seizième siècle en Italie cette écriture penchée qui prit successivement en France le nom d'*italienne* et de *bâtarde italique*, et qui fut importée dans notre pays par Jehan de Beauchesne. L'emploi de l'écriture italienne reçut une nouvelle impulsion en 1608 par la publication de Lucas Materot, Bourguignon français, citoyen d'Avignon, qui contient des modèles d'une bâtarde tout à fait expédiée, tracée avec une plume fine ; les *l* sont bouclés, et l'aspect est très voisin de celui de l'anglaise moderne.

Cependant, les calligraphes français résistaient à l'introduction de cette écriture penchée et, à l'exemple de Le Gangneur, ils donnèrent toujours, pendant deux siècles, la préséance à l'écriture droite, qui s'appela successivement *française* et *financière ;* ils reléguaient toujours à la fin de leurs ouvrages les modèles d'écriture *italienne* ou *bâtarde italienne*, malgré l'impulsion de la mode. Ainsi, en 1647, Barbedor, dont la réputation de calligraphe était immense, écrivait que l'italienne bâtarde, dont il donne des modèles à la fin de son livre, était employée à la cour par les personnes de condition qui ne sont ni de finance, ni de palais ; il résistait à l'introduction de la *coulée*, et ses modèles d'écriture *financière* ou *française* diffèrent peu de notre *ronde* actuelle.

Barbedor fut chargé par la communauté des maîtres écrivains, dont il était le syndic, d'exécuter un exemplaire de lettres financières destiné, par arrêt du Parlement de Paris, à servir de modèle aux particuliers et de règle aux maîtres. Depuis 1620, l'écriture nationale française tendait à devenir une ronde obtenue sans tours de plume ; Barbedor en produisit des modèles longtemps célèbres, et les règles de son exécution furent posées bientôt après par J.-B. Alais, fils du calligraphe Jean Alais.

J.-B. Alais, protégé successivement par Louvois et par Colbert, fut un chef d'école. Avocat à Rennes, il se fit calligraphe pour venger la mémoire de son père, qui avait été ruiné par un procès que lui intenta la communauté des maîtres écrivains de Paris, et, pendant plus d'un siècle, son livre, fruit de longues et intelligentes études, fit autorité sur la matière. Entre autres innovations, c'est par lui que je trouve recommandée pour la première fois la plume à deux becs, qui « sert grandement à connaître les effets généraux, c'est pourquoi je conseille le curieux de s'en servir en ses exerces (*sic*) particulières (*sic*) ».

Alais donne déjà une place importante à la bâtarde. Peu après lui, vers 1700, apparaît la *coulée*, dont le propagateur fut le célèbre Rossignol. Ce genre d'écriture penchée, qui, d'après Sauvage, Michel et Marlié, concurrents de Rossignol, était nuisible à la santé (on voit qu'il n'y a rien de nouveau sous le soleil), se propagea rapidement et trouva son théoricien en Royllet (1764), qui osa contester quelques-unes des assertions d'Alais.

Nous arrivons enfin à un réformateur, Coulon, qui proposa de faire écrire les commençants sur du papier réglé mécaniquement, dans les deux sens, perpendiculairement pour la ronde, obliquement pour la bâtarde, et qui insiste sur l'emploi de l'écriture droite pour le premier enseignement. La routine, représentée par l'Académie royale d'écriture, ne manqua pas de protester contre les innovations de Coulon.

Voici quelques passages des *Discours* de Coulon (1767) :

« Si les mauvaises positions sont nuisibles à la santé, il est également vrai que les mauvaises écritures sont pernicieuses pour la vue...

Il est certain que les écritures ne sont devenues illisibles que depuis que l'on a négligé l'écriture française ou ronde, dans laquelle on consommait la main des jeunes gens, avant de leur permettre de tracer d'autres caractères...

... Puisque l'on n'apprend pas la ronde aux enfants de condition, il ne faut attribuer qu'à cette seule cause la raison pour laquelle il y en a si peu qui peuvent apprendre à bien écrire ».

Le papier réglé dans deux directions a été employé depuis par beaucoup d'éditeurs de cahiers d'écriture. Nous ne

voyons pas, au contraire, qu'on se soit empressé d'adopter
l'écriture droite pour le premier enseignement. Et cependant, Coulon avait obtenu qu'une commission fût nommée
par l'Académie des Sciences afin d'examiner ses procédés,
et, dans leur rapport (11 mars 1767), les commissaires, d'Or-
tous, ·de Mairan et Pingré, s'exprimaient favorablement,
mais avec prudence, en disant : « Il paraît que, par l'écriture perpendiculaire, les doigts contractent plus facilement
et conservent plus longtemps l'habitude de se plier et de se
distendre. »

Les *Discours* de Coulon ne furent pas absolument sans
écho, car peu de temps après, Dessalle, maître d'écriture du
Dauphin fils de Louis XVI, enseignait à son royal élève
une bâtarde droite, bouclée, à laquelle il donna le nom de
royale (1).

Quelques-unes des pièces de Dessalle portent, au-dessous
de la signature : « Maître à écrire des enfants de France ».
Je pense qu'aux écoliers, les *enfants de France* d'aujourd'hui,
il faudrait enseigner une écriture très analogue à celle que
Dessalle faisait tracer au Dauphin, écriture que je ne connais que par sa description.

L'influence de Coulon paraît s'être exercée également sur
Guillaume Montfort. En effet, dans une notice historique sur
la vie et les travaux de Guillaume Montfort, publiée en 1802
par Lechard, je lis : « Il prescrivit de pratiquer primitive-
ment la ronde, qui était presque abandonnée, comme l'écriture mère et celle qui forme la main et dispose aux autres
genres. »

Mais, depuis longtemps, l'écriture anglaise a fait son
apparition en France, sous les auspices de Bedigis (1768),
et nous en retrouvons un modèle dans un in-folio paru en
l'an IX (1800) avec cette épigraphe : « Les artistes G..., R...,

(1) Dans un manuscrit de Poujade qui était en ma possession et dont
j'ai fait hommage au Musée pédagogique, je copie l'anecdote suivante :

Un jour, en arrivant chez le Dauphin pour lui donner sa leçon de calligraphie, Dessalle sortit résolument de sa poche le bonnet rouge, dit phry-
gien, et en coiffa son royal élève en présence d'augustes personnages, en
lui disant : « Voilà, monseigneur, la coiffure adoptée par la nation entière ;
vous devez suivre son exemple en la portant. » Il ne lui fut répondu d'a-
bord que par un silence imposé par les circonstances révolutionnaires,
mais, à son arrivée pour la leçon suivante, on lui fit comprendre d'un geste
royal qu'on n'avait plus besoin des services d'un impertinent.

S..., B... et F..., vont lancer dans le dix-neuvième siècle
des modèles qui passeront à la postérité », épigraphe signée
de Saintomer et digne de son légendaire élève Joseph
Prudhomme. Parmi les diverses écritures contenues dans ce
volume fin de dix-huitième siècle, c'est l'anglaise qui a pris,
peu à peu, le haut du pavé. Elle est, en effet, par excellence,
l'écriture à grande vitesse, à cause de sa pente, de ses boucles et de ses liaisons, toutes circonstances qui permettent
de la tracer sans guère lever la plume ni déplacer le coude,
à condition d'écrire sur papier incliné ; bonne pour l'homme
de lettres, elle est pernicieuse pour l'enfant.

Cette écriture, peu différente en somme de la bâtarde
italique, dont Matrot a donné de si beaux modèles il y a
bientôt trois cents ans, a pris sa forme actuelle vers le
commencement de ce siècle, en Angleterre, sous l'impulsion
de Carstairs. Ce maître, très ingénieux, sut intéresser à sa
méthode les plus grands personnages, si bien que, le 9 juillet 1816, ses procédés furent recommandés au public par le
procès-verbal d'une nombreuse et brillante réunion, qui eut
lieu à la taverne des francs-maçons, sous la présidence de
S. A. R. le duc de Kent.

Très judicieusement, Carstairs exerçait séparément les
mouvements du bras, du poignet et des trois doigts qui
tiennent la plume, et recommandait de faire glisser la main
en prenant un appui sur les ongles de l'annulaire et du petit
doigt. Il allait jusqu'à pratiquer, pendant quelques leçons,
des ligatures destinées à empêcher ces deux doigts de parti-
ciper aux mouvements des trois autres.

En 1822, la méthode de Carstairs fut importée d'Angleterre en France par Audoyer, qui avait été son élève, sous
le nom de *méthode américaine*, nom adopté à cause de la
haine de l'Anglais, si vivace à cette époque. La méthode
Chandelet, parue vers 1827, procède également de la même
origine. La méthode de Carstairs a été traduite par Julien,
en 1828.

Baron, qui jouissait d'une autorité incontestée parmi les
maîtres d'écriture de la première moitié du XIXe siècle, se fit,
malgré lui, le propagateur de l'anglaise, qui fut professée
en 1846 aux Tuileries par Taupier, le maître du comte de
Paris et du duc de Chartres ; à partir de ce moment, l'anglaise a occupé, sans conteste, la première place.

Parmi les auteurs que j'ai cités et parmi ceux, beaucoup
plus nombreux, que j'ai cru inutile de mentionner dans ce
court aperçu, pas un seul n'a compris la raison de la pente
de l'écriture rapide des adultes, car pas un n'indique la
convenance de poser le papier obliquement sur la table
quand on veut écrire très rapidement. C'est donc par
instinct et non par raisonnement que, pendant des siècles,
nos calligraphes faisaient commencer l'enseignement par
l'écriture droite, dénommée française, financière ou ronde,
suivant les temps.

*   *
*

D'après le récit qui précède, on voit que, malgré la
résistance des maîtres d'écriture les plus renommés,
l'écriture droite avait disparu vers le commencement du
XIXᵉ siècle.

C'est aux environs de 1880 que se place la reprise des
hostilités, sous la conduite de quelques hygiénistes.

Commençons par les pays étrangers.

En Allemagne, d'après la méthode Nadelin (1839) qui eut
une vogue considérable, les enfants devaient écrire penché,
sur papier droit, mais rejeté vers leur droite. Certains maîtres
acceptaient pourtant une position du papier légèrement
oblique vers la gauche. Aujourd'hui encore, la position de
Nadelin est officiellement prescrite en Allemagne.

La résistance à cette prescription, qu'ils considéraient
comme antihygiénique, fut inaugurée en 1877 par Ellinger
et Gross, tous deux de Stuttgart. Tandis qu'Ellinger réclamait une modification de position du cahier, le Dʳ Gross
entreprenait une campagne pour demander une diminution
de la pente de l'écriture. En 1880, le Dʳ Schubert, de
Nuremberg, entrait le premier en ligne en faveur de l'écriture droite avec une énergie extraordinaire. En 1887, il
obtenait l'institution, sur une grande échelle, d'expériences
comparatives.

Cependant les docteurs Berlin et Remboldt, oculistes tous
deux, apportèrent en 1882 leurs expériences et leurs théories, très contestables, qui servirent de point de départ à de
nombreuses discussions, qu'on peut trouver dans les années

1883 et suivantes du journal connu, *Zeitschrift für Schulge-sundheitspflege*, auquel nous renvoyons pour les détails.

Le Dr Schubert m'a écrit, le 10 janvier 1904, que l'**écriture droite est devenue obligatoire** dans les écoles communales de Karlsruhe. Dans le reste du duché de Bade, on emploie, à titre transitoire, les modèles de Keller, dont la pente est de 75 degrés.

En Angleterre, c'est en 1886 qu'apparurent les premiers modèles d'écriture droite par Jackson, qui obtint, pour l'Angleterre, l'admission de l'écriture droite dans les concours.

En France, c'est en octobre 1879, à la *Société de médecine publique*, que l'attention fut appelée, par le Dr Dally, sur l'influence exercée par l'écriture sur les attitudes des enfants, et c'est dans la discussion qui suivit cette communication que je démontrai les avantages de l'écriture droite. A la suite de cette discussion, la société nomma une commission dont les travaux aboutirent au dépôt d'un important rapport, par le Dr Thorens. Dans la séance du 25 mai 1881, tome II de la *Revue d'Hygiène*, p. 409, la *Société* vota, après une légère modification, les conclusions de ce rapport :

La Société procède au vote sur les conclusions du rapport; *l'amendement proposé par M. Javal étant accepté,* ces conclusions sont définitivement adoptées avec la rédaction suivante :

1° L'élève sera assis également sur les deux fesses, la ligne des épaules horizontale et parallèle au bord de la table, en évitant de creuser les reins.

2° L'élève ne devra pas appuyer les coudes et, s'il les appuie, il devra les placer tous les deux également sur la table.

3° Il se bornera à maintenir le papier avec les doigts de la main gauche.

4° Il y a lieu de recommander exclusivement, au moins pour les débutants, l'écriture droite (à pleins verticaux), le papier étant maintenu droit. Si l'on adopte une écriture inclinée, il faut que le papier ait une inclinaison égale à celle demandée à l'écriture, mais en sens inverse. Il est nécessaire que pour une écriture inclinée de gauche à droite de 45°, le papier soit incliné de droite à gauche de 45°, de telle façon que les pleins soient toujours tracés perpendiculairement au bord de la table.

M. LE PRÉSIDENT. — Les présentes conclusions seront transmises à M. le Ministre de l'Instruction publique.

Sur ces entrefaites, M. G. Guéroult me signala un passage de George Sand (*Impressions et Souvenirs*) où, dès février 1872, elle avait posé le précepte de l'écriture droite, papier droit, corps droit, qui fut remis en circulation à la séance de la *Soc. d'hygiène et de médecine professionnelle* du 22 juin 1881 et qui, depuis, a fait le tour du monde civilisé. Dans une lettre qu'il m'adressait le 7 août 1887, M. le Docteur Schubert, parlant de la phrase de G. Sand, s'exprimait ainsi :

« C'est l'indication la plus ancienne en faveur de notre écriture droite, car Ellienger, au début, réclamait l'écriture penchée sur papier incliné et ne se laissa convertir par moi à l'écriture droite qu'en 1886, et Gross a toujours recommandé l'écriture droite sur papier incliné, ce qui est au moins bizarre. »

Ayant eu connaissance d'une série d'articles parus dans la *Revue scientifique* (1), M. le Ministre de l'Instruction publique, par arrêté du 1ᵉʳ juin 1881, avait chargé une Commission, composée de MM. Gariel, Gauthier-Villars, Gavarret, G. Hachette, Javal, G. Masson, de Montmahou, Panas et Perrin, « de rechercher les causes du progrès de la myo-« pie parmi les écoliers, et d'indiquer les remèdes à une « situation qui va empirant de jour en jour ».

La Commission se mit aussitôt à l'œuvre, et, après avoir procédé à une enquête faite d'après d'importants documents, dont un bon nombre furent puisés au *Musée pédagogique*, après avoir appelé dans son sein des hommes compétents, après avoir envoyé une sous-commission prendre des observations sur le vif dans plusieurs écoles, elle confia la rédaction d'un Rapport d'ensemble à M. le Dʳ Gariel, ingénieur des Ponts et Chaussées, professeur de physique à la Faculté de Médecine de Paris.

La Commission, sans négliger les questions d'éclairage, de mobilier scolaire, de typographie des livres classiques, aboutit à cette conclusion que *si l'Administration adoptait l'é-*

---

(1) JAVAL. *Les maladies de l'œil et l'emploi des lunettes*, 27 septembre 1879. — *L'éclairage public et privé, au point de vue de l'hygiène des yeux*, 18 octobre 1879. — *Les livres et la myopie*, 22 novembre 1879. — *Le mécanisme de l'écriture*, 21 mai 1881.

criture droite pour les jeunes enfants, *la principale cause de myopie aurait disparu.*

Voici les termes mêmes du Rapport :

La Commission pense qu'on obtiendra un très grand progrès en exigeant, suivant la formule de Mᵐᵉ G. Sand, une *écriture droite sur papier droit, corps droit.* On évitera ainsi, du même coup, la scoliose (1) et la myopie. — Nous ne nous dissimulons pas que l'idée de substituer absolument, pour les enfants, l'écriture droite à l'écriture penchée paraîtra singulière tout d'abord; mais nous avons cherché vainement les raisons sérieuses que l'on pourrait opposer à cette proposition qui a, d'ailleurs, l'avantage de rendre les caractères plus lisibles, ainsi que nous croyons que tout le monde pourra s'en assurer, comme nous l'avons fait nous-mêmes. Il faut remarquer, d'ailleurs, que lorsque l'enfant devenu adulte voudra écrire penché, ce qui permet une plus grande rapidité et une plus grande rectitude des lignes sur le papier non réglé, il lui suffira d'incliner son papier vers la gauche. Mais, en tout cas, la solution que nous préconisons, en plaçant le corps dans une symétrie parfaite, parallèlement au bord de la table, le papier placé devant le milieu du corps, paraît devoir éviter les déformations latérales qui sont actuellement si fréquentes ; rendant naturelle la position normale de la tête, elle s'opposera au rapprochement continu de celle-ci vers le papier. Aussi nous pensons que si l'Administration adopte cette conclusion, la principale cause de myopie aura disparu.

Assurément, un élève pourra se tenir mal tout en ayant le papier droit devant lui et en écrivant sans pente ; mais, du moins, pourra-t-il se tenir bien, tandis qu'avec les principes actuels, les admonestations perpétuelles des maîtres les plus soigneux viennent se briser devant des impossibilités physiologiques.

Ces conclusions, publiées en 1882, ont été adoptées dans plusieurs pays étrangers.

En France, elles restèrent lettre morte.

Cependant une Commission de quatre-vingts membres, nommée par décret du 24 janvier 1882, fut chargée d'étudier les conditions de l'hygiène des écoles primaires et des écoles maternelles (2). Elle délégua à une sous-commission l'examen des questions d'hygiène de la vue ; cette sous-commis-

(1) Voir ci-dessus, Chapitre XIII (page 145).
(2 *Hygiène des écoles primaires.* Rapport d'ensemble par le Dʳ Javal ; Imprimerie Nationale et librairie Masson, Paris, 1884.

sion s'appropria entièrement les motifs de la Commission spéciale de 1881 et proposa la conclusion suivante, qui fut votée en séance plénière :

« *Pendant le cours élémentaire et le cours moyen, on obli-*
« *gera les enfants à se conformer à la formule de* Mme *Sand :*
« Écriture droite sur papier droit, corps droit ».

Des esprits impatients pourraient trouver que, depuis dix ans, l'Administration aurait dû se conformer sans retard aux avis des Commissions et rendre obligatoire l'enseignement de l'écriture droite.

Ce n'est pas notre avis.

Dans un pays aussi fortement centralisé que la France, le pouvoir central ne doit agir qu'avec une extrême modération, et la Direction de l'Enseignement primaire a bien fait en se bornant, tout d'abord, à *autoriser* l'écriture droite dans les écoles, nous laissant la tâche de faire partager notre opinion aux maîtres.

C'est pour parvenir à ce résultat que, dix ans plus tard, le 26 janvier 1892, j'ai repris ma thèse à la tribune de l'Académie de Médecine.

Après avoir exposé, en détail, l'état de la question, j'ai terminé mon discours par les paroles suivantes :

« Il me reste à m'excuser d'avoir entretenu l'Académie d'un sujet dont l'importance paraît minime. Je ferai remarquer cependant qu'en cas de guerre, surtout avec les tirs à très longue portée, l'état de la vue des soldats n'est pas sans importance.

« Disraëli a dit au Parlement anglais : « *La puissance appartient au peuple le plus vigoureux, le plus nombreux et le plus instruit* ».

« L'Académie n'a pas à s'occuper de l'instruction populaire; quant au nombre, on n'a pas perdu le souvenir de la discussion sur la dépopulation que j'ai provoquée à la suite de la lecture d'un mémoire de M. Lagneau. Aujourd'hui, j'ai voulu appeler l'attention sur une question d'aptitude physique, dont l'importance ne sera certainement pas méconnue par ceux de nos confrères qui appartiennent à l'armée et surtout à la marine. »

Cette communication fut le point de départ d'une observation qui fut faite à l'Académie de Médecine par mon illustre collègue, le baron Larrey, à la séance suivante, et, à la

Chicago Public Schools — Elementary
Pupil Ethel Gleason. Age 14 — Grade 7

Butterflies

One day I noticed a num-ber of butterflies in a field I think they are the most beautiful insects They are easily recognized by the brightness of their colors The prettiest part of the butterfly is its wings They have four wings two large ones and two small ones and they are colored on both sides. The wings of the butterfly are separated from each other they do not fold up. The wings are covered with a kind of dust or powder and if you look under the microscope at the butterfly you will see that the powder or dust that is on the butterfly is made

Fig. 75.

tribune de la même Compagnie ; je revins à plusieurs reprises sur le même sujet (séances des 2 février 1892, 29 août 1893, 6 mars 1894, et 27 août 1895).

A la suite d'un vote de l'Académie, le Ministre de l'Instruction publique prit, en novembre 1893, un arrêté par lequel l'écriture droite est acceptée pour l'examen du certificat d'études et du brevet de capacité.

Ainsi qu'on le voit d'autre part, d'après la figure (*Fig. 75*), qui m'est obligeamment fournie par M. Baudrillard, l'écriture droite a fait son chemin en Amérique et, sans chercher aussi loin, dans le XV⁰ arrondissement de Paris, sous l'impulsion de M. Baudrillard, l'écriture droite est enseignée depuis plusieurs années dans toutes les écoles.

Il en est de même à l'Ecole normale primaire du département de la Seine (rue Molitor).

CONCLUSION. — Actuellement, les expériences faites en France et à l'étranger sont suffisamment probantes pour justifier un arrêté du Ministre qui rendrait l'écriture droite obligatoire pour les épreuves du certificat d'études primaires.

Enfin, au moment de donner le bon à tirer de la présente feuille, on me signale une série de cahiers d'écriture droite qui viennent d'obtenir un gros tirage (1), et qui sont inscrits sur les listes de la Ville de Paris et d'un grand nombre de départements.

(1) *L'écriture droite. Méthode nouvelle en 4 cahiers, modèles, établie d'après les prescriptions hygiéniques,* par M. G. Bergougnan, Paris, Cornély et Cie éditeurs, 101, rue de Vaugirard.

CHAPITRE XIX.

ENSEIGNEMENT DE L'ÉCRITURE.

L'enseignement de l'écriture doit se fonder d'une part sur
la tradition, qui impose la forme des lettres, et, d'autre part,
sur les principes de physiologie qui sont à la base du mécanisme par lequel nous écrivons. S'il en est ainsi, l'enseignement de l'écriture peut se partager en deux parties : celle qui
consiste à inculquer aux enfants la forme des lettres, et celle,
infiniment plus pénible, par laquelle on leur enseigne successivement l'écriture à main posée et l'écriture expédiée.

Le *premier temps* de l'enseignement de l'écriture consiste
à faire tracer à l'enfant des lettres lisibles, et comme il ne
faut pas lui imposer plusieurs préoccupations à la fois, ainsi
que le remarquait dès l'an VIII François (de Neufchâteau) dont il sera question dans le chapitre suivant, le
mieux me paraît être de faire exercer les élèves sur des
tableaux noirs garnissant tout le tour de la classe, ce qui
permet au maître de les surveiller d'un seul coup d'œil.

Il faut éviter, le plus possible, l'emploi des ardoises, qui
conduit à crisper les doigts, habitude qu'il est difficile de
combattre plus tard.

C'est pour la même raison que, lorsqu'on recourt à l'écriture au crayon, sur papier, il faut éviter des crayons durs ;
d'ailleurs, l'écriture au crayon est un intermédiaire fâcheux
sous le rapport de la conservation des yeux, et fâcheux aussi
en ce que la tenue du crayon, qui est arbitraire, est loin de
préparer à une bonne tenue de la plume.

Quand les enfants apprennent à écrire avec de l'encre sur
papier, il faut bien se garder, comme on le fait trop souvent,
de leur faire tracer des lettres de grandes dimensions, tout
à fait hors de proportion avec leurs petits doigts ; une hauteur de quatre millimètres pour les lettres courtes, autant
pour les queues, constitue un maximum dont la pratique
est favorisée par l'énorme diffusion du papier quadrillé de
quatre millimètres.

Il faut, sans trop tarder, passer à une écriture plus fine,

tracée au moyen de plumes à bec large, et, dès que l'enfan⟩
commence à écrire rapidement, lui enseigner, par des exercices spéciaux, tels que les recommandent Grimal et Taupier,
la combinaison des mouvements du poignet avec ceux des
doigts.

Pour l'écriture extrêmement rapide, puisque l'illisibilité
provient très souvent de ce que, dans la rapidité, l'écrivain ne fait aucune différence entre les jambages d'*u* et les
jambages d'*n*, rien ne serait plus simple d'adopter, pour une
de ces lettres, un signe qui ne prêtât pas à confusion tout en
étant d'une exécution rapide : supposons, par exemple, la
substitution d'*e* renversé (ə) aux *n*, on ne pourra plus lire *Cha-
lon* au lieu de *Chatou, nuage* au lieu d'*image.*

D'après les conclusions de la Commission d'hygiène des
écoles primaires, l'écriture droite devrait être la seule enseignée, dans les cours élémentaire et moyen, c'est-à-dire
pour l'immense majorité des écoliers.

A quel degré d'instruction faut-il opérer la transformation
de l'écriture droite en écriture penchée? Je crois que le plus
simple est de s'en fier à la nature, et, retournant les termes
de la décision ministérielle, citée à la fin de l'article précédent, je me bornerai à désirer que l'écriture penchée ne soit
pas interdite pour les copies des candidats aux examens.

Je possède une assez nombreuse collection de modèles
d'écriture droite de tous pays. Pour chercher un peu loin,
je reproduis ici une ligne (*Fig. 76*) des modèles d'écriture de

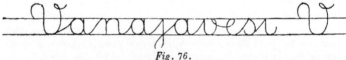

Fig. 76.

Mademoiselle Sophie Mœler, qui ont eu du succès dans les
pays scandinaves. Je ne puis résister à la tentation d'insérer
le *fac-simile* de deux feuillets de modèles (*Fig. 77* et *78*) que
j'ai tracés pour être joints à ma méthode d'enseignement de.
la lecture par l'écriture.

En traçant ces modèles, j'avais l'idée de retourner au type
que Dessalle enseignait au Dauphin, fils de Louis XVI
(Voir ci-dessus, page 238) et qui n'a pas été publié; cette
écriture, que d'autres amélioreront, je la dédie à nos écoliers,
et, pour caractériser son emploi, je propose le nom d'*Ecriture des Enfants de France.*

Exercices de calligraphie

Corps droit. Papier tenu droit. Quadrillage· quatre millimètres.

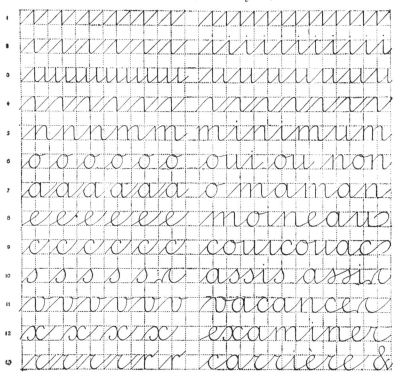

Faire usage de plumes a bec large, afin que les pleins soient obtenus sans exercer de pression.

Exiger que, pour tracer les déliés ascendants inclinés à 45 degrés, la main tout entière se déplace vivement, en glissant sur les ongles des deux derniers doigts. Par ce moyen, dès qu'il se sert d'une plume, l'élève s'habitue à exécuter les mouvements du bras et du poignet qui sont nécessaires pour écrire vite.

Pour transformer l'écriture ci-dessus en une anglaise expédiée, il suffit d'incliner le papier vers la gauche et d'allonger les boucles des lettres longues.

Fig. 77.

Suite des exercices de calligraphie.

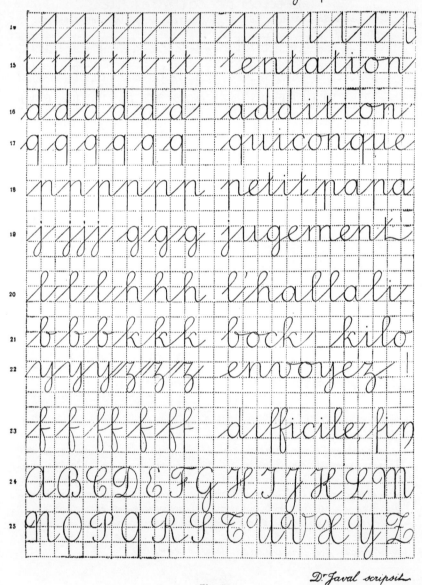

Fig. 78.

CHAPITRE XX.

LA LECTURE ENSEIGNÉE PAR L'ÉCRITURE.

L'idée d'enseigner la lecture par l'écriture n'est pas nouvelle, puisqu'elle a été préconisée, dès l'an VIII, par François (de Neufchâteau). Cet homme remarquable, plus connu comme l'organisateur de la première exposition industrielle et aussi par son projet de loi pour la destruction des insectes nuisibles à l'agriculture, avait trouvé le temps, étant à la tête du ministère de l'Intérieur (dont ressortissait l'Instruction publique), de composer un manuel d'enseignement de l'écriture par la lecture.

Le principal avantage de ce système est de donner satisfaction au besoin que les enfants ont d'agir par eux-mêmes. Aussi, l'enseignement de la lecture par l'écriture est-il très répandu en Allemagne.

Mais les méthodes allemandes et les méthodes similaires employées en France ont souvent un effet fâcheux sur la vue des enfants, car elles reposent sur l'usage d'une écriture penchée ; et cet inconvénient est si considérable que l'emploi de ces méthodes, malgré leur supériorité pédagogique, devrait être rigoureusement interdit, au nom de l'hygiène.

Il m'a donc paru intéressant de combiner une méthode d'enseignement de la lecture fondée sur les mêmes principes, mais faisant usage d'une écriture droite, compatible avec une bonne attitude des élèves.

Je reproduis ci-contre une page de cette méthode (Voir *Fig. 79*).

Voici, sur cette méthode, quelques appréciations dues à des auteurs d'une compétence reconnue.

M. Gaston Tissandier, dans la *Nature*, s'exprime ainsi :

« Il est d'un intérêt national de rendre aussi rapide que possible l'apprentissage de la lecture, pour laisser aux maîtres

Toto m'a donné six numéros de loterie. — Tu apporteras le rôti de porc sur le plat doré. — Léo a détruit une masse énorme d'orties parmi nos tomates. — Une armée de dix mille hommes a été détruite par nos soldats. — Si Léopold passe par notre rue, il sonnera à la porte. — Le matelot a salé plus de mille morues.

Arthur

Arthur adore la pâtisserie; sa petite amie Marie lui a apporté une tarte.

Marie a pris une petite part.

Arthur a pris une part énorme; alors, il a été malade : Arthur a été sot.

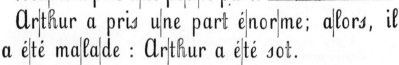

Le dos, le mot, le repos, une tortue, la mort, le marmot, la porte, la propreté, le piano, l'os, le homard, une note, la pelote, la propriété, la pommade, la méthode.

Fig. 79.

de nos écoles primaires le temps d'enseigner d'autres matières aux enfants qui, pour la plupart, terminent leurs études à douze ans.

La méthode que nous allons faire connaître et qui est due à M. le Dr Javal, le savant spécialiste, réalise à la fois plusieurs perfectionnements.

François (de Neufchâteau), ministre de l'Intérieur en 1800, se fondant sur le besoin d'agir, si naturel à l'enfant, recommandait déjà d'enseigner la lecture *par* l'écriture ; ce principe excellent, largement appliqué en Allemagne, devait être adopté.

La logique, qui demande toujours à voir le même son représenté par le même signe, logique si violemment blessée par notre orthographe, a été respectée, dans la mesure du possible, en adoptant des caractères d'une forme voisine de celle des caractères typographiques et cependant faciles à tracer pour la main de l'enfant. Rien n'a été livré au hasard dans la gravure des caractères spéciaux, majuscules et minuscules.

De plus, par l'aspect spécial des lettres muettes, par certains signes qui font connaître les lettres sifflantes ou les groupes de lettres destinées à figurer un son unique, la lecture est rendue bien plus facile pour le commençant : il lit sans hésitation des phrases telles que: *nous portions les portions* ou les *poules du couvent couvent.*

L'écriture enseignée est droite ; on sait que le Dr Javal fait une grande propagande en faveur de ce mode d'écriture, qui présente de grands avantages sous le rapport de l'hygiène : il devait nécessairement l'adopter pour la méthode de l'enseignement de la lecture par l'écriture.

Voici maintenant le côté vraiment original de la méthode Javal.

On sait que, pour l'enfant, la lecture devient un plaisir à partir du jour où il lit.des histoires qui l'intéressent. Il est donc important d'arriver le plus tôt possible à ce moment, et voici comment l'auteur y est parvenu.

Il a commencé par classer, au moyen de comptages, les signes phoniques suivant l'ordre de fréquence, et l'étude en est faite, dans la méthode, suivant l'ordre ainsi obtenu et que voici :

r,	a	l	i	e	t	d	s	p	u	m	é	n	o	è	v	en	ou	ai	c,	etc.
1	2	3	4	5	6	7	8	9	10	11	12	13	14	15	16	17	18	19		etc.

On arrive à quarante-trois leçons seulement, grâce à l'introduction simultanée de plusieurs signes dans certaines leçons ; par exemple *on* et *om* font l'objet d'une seule leçon.

Une fois ce tableau obtenu, M. Javal a classé tous les mots usuels de la langue en catégories, la première contenant les mots qui ne se composent que des lettres *r* et *a* ; la seconde, les mots formés des lettres *r*, *a* et *l;* la troisième, ceux qu'on peut écrire avec les seules lettres *r, a, l* et *i;* et ainsi de suite.

Dès que ce vocabulaire l'a permis, il s'en est servi pour composer des phrases, puis des histoires, ce qui a nécessité de grands efforts d'ingéniosité et de patience.

Essayez de changer un seul mot à ces histoires, sans sortir du vocabulaire disponible, et vous vous rendrez compte du travail de patience qu'il a fallu pour composer les récits qui font le mérite de la méthode Javal.

Nous avons voulu montrer les avantages théoriques du petit livret de 32 pages que nous présentons à nos lecteurs. Quant à la pratique, elle a déjà prononcé ; nous avons sous les yeux le rapport d'un officier qui a mis moins d'une journée de son temps à enseigner la lecture et l'écriture à son brosseur ; il lui a suffi en effet de consacrer 43 séances de quelques minutes chacune, à enseigner à cet homme chacun des éléments nouveaux qui s'introduisent à chacune des 43 leçons (Voyez *Fig. 80,* p. 256). Nous avons aussi sous les yeux la lettre d'un instituteur qui a enseigné ainsi à lire à une femme de soixante ans ; enfin, tous les maîtres qui ont expérimenté la méthode s'accordent à dire que, désormais, ils n'en emploieront pas d'autre. Puissent-ils être imités, car l'enseignement rapide de la lecture serait, pour la France, un bienfait de conséquences incalculables.

M. le Dr Javal croit que, par ses procédés, l'enseignement de la lecture devient assez facile pour que la mère, la sœur aînée, un camarade plus âgé, puissent le donner aux jeunes enfants tout aussi bien qu'un maître expérimenté, et il espère qu'un jour viendra où la plupart des enfants entreront à l'école sachant déjà lire ».

Gaston TISSANDIER.
(La Nature).

Voici maintenant la fin d'un article de M. Francisque Sarcey :

« Il y a des parties qui m'ont paru curieuses dans cette méthode. M. Javal, au lieu de prendre l'alphabet et de suivre les lettres dans l'ordre où il les a présentées, les a rangées selon la fréquence de leur retour dans les mots. Il commence par enseigner aux enfants les lettres et combinaisons de lettres qui reviennent le plus souvent.

Et alors... c'est le côté original de la méthode... il compose des exercices où n'entrent rigoureusement que les lettres et combinaisons de lettres déjà connues : il part de cette idée, qui est fort juste, que l'enfant ne goûte vraiment le plaisir de lire et ne se passionne pour la lecture que lorsqu'il commence à pouvoir lire, sans soutien et sans guide, les petites histoires qui l'intéressent. Le docteur Javal a pris soin de lui en écrire à la portée de son âge, d'où sont exclues les lettres qu'il ne connaît pas encore.

Si bien que, dès la seconde ou la troisième leçon, l'enfant

est ravi de lire lui-même, tout seul, et de comprendre ce qu'il lit. Il va ainsi de leçon en leçon, et à chaque fois il conquiert de nouvelles combinaisons de lettres, qui entrent dans les exercices soigneusement composés pour lui par le docteur Javal.

Il va sans dire que toute la méthode ne consiste pas dans cet unique changement aux vieilles façons d'enseigner la lecture. J'en parle ici parce que c'est celui qui m'a le plus frappé ».

Francisque SARCEY.

(*Echo de Paris*).

Enfin, M. Paul Robin, qui était directeur de l'Orphelinat de la Seine, à Cempuis, et dont il a été question dans le Chapitre IV, à propos de l'enseignement de la lecture par la sténographie, a écrit ce qui suit :

« M. le Dr Javal, à qui la science est redevable de travaux de la plus haute importance, aujourd'hui répandus dans le monde entier, sur l'ophtalmologie, n'a pas dédaigné de consacrer plusieurs années de son temps précieux à la rédaction d'une méthode de lecture.

Réduire au minimum le temps des expériences fatigantes, nécessaires pour déterminer l'état précis de la vision d'un malade était le but de ses recherches scientifiques, réduire de même le temps assez fastidieux que les petits doivent consacrer à l'acquisition de la partie mécanique de la lecture fut l'objectif du savant et du pédagogue.

Nous avons reçu et étudié autrefois l'épreuve provisoire autographiée de sa méthode ; nous avons eu la bonne fortune d'examiner l'épreuve finale imprimée de l'ouvrage, et nous le croyons appelé au plus grand et plus légitime succès.

Insistons sur quelques-uns des articles ingénieux dont nous parlions : choix judicieux de mots ne présentant pas de difficultés de lecture, et, le plus tôt possible, formation, avec les mots, de petites phrases ayant au moins le sens commun, chose si souvent négligée, mais plus encore instructives et amusantes ; caractères à ne pas prononcer, *évidés ;* lettres prononcées autrement que de la manière normale, marquées d'un petit signe ; liaison des lettres qui, réunies, figurent un son unique, tel que *ou, on ;* introduction graduelle, faite de la manière la plus judicieuse, des difficultés de l'orthographe, jusqu'à la dernière étape où l'enfant lit comme tout le monde.

Nous pouvons dire en vérité que l'ouvrage du savant docteur atteint les 19/20 de la perfection, nous en aurons dit plus qu'on n'en peut dire, hélas! de la plupart des ouvrages ».

P. ROBIN,

Inspecteur primaire,
Directeur de l'Orphelinat Prévost, à Cempuis.

Pour plus de détails, je renvoie à la préface magistrale que M. I. Carré, inspecteur général de l'Université, a bien voulu mettre en tête du premier livret (Picard et Kaan, éditeurs, 11, rue Soufflot, Paris. Prix 0 fr. 30, franco). — Voir aussi la *Revue pédagogique* de juin 1890, page 573.

Comme exemple des résultats obtenus au moyen de la *méthode,* voici le fac-similé du livre de compte tenu par un jeune artilleur illettré à son entrée au service, dont il a été question dans l'article ci-dessus de M. Tissandier (p. 254).

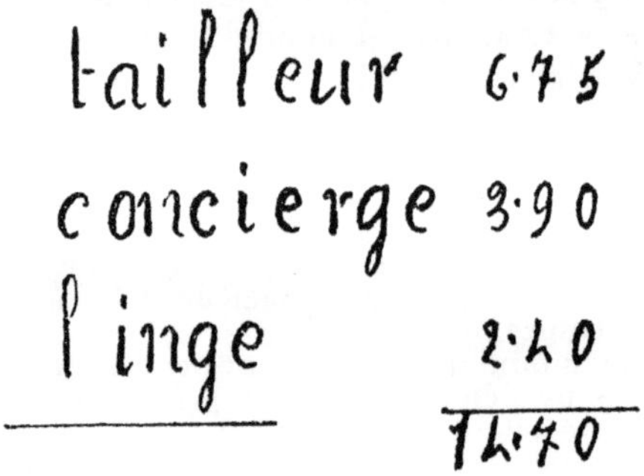
tailleur 6·75
concierge 3·90
linge 2·40
14·70

Fig. 80.

CHAPITRE XXI.

PLANCHETTE A ÉCRIRE DES AVEUGLES.

Aussitôt après la perte de ma vue, je me préoccupai de me procurer un appareil qui me permît d'écrire comme par le passé. Parmi les nombreux systèmes parvenus à ma connaissance, et dont j'expérimentai plusieurs, aucun ne me donnait satisfaction, car aucun ne laisse à la main et aux doigts la pleine liberté de leurs mouvements. Le guidage, quel qu'il soit, est un continuel obstacle qui ralentit ou déforme l'écriture, et qui est une cause de préoccupation empiétant sur la liberté d'esprit de l'écrivain.

Je fis alors construire la *planchette scotographique* représentée par la *Fig. 81*, et qui est fondée sur les principes de physiologie de l'écriture que j'ai exposés plus haut, Chap. XIII, p. 145 (1). La pièce caractéristique de ce petit appareil est une sorte de talon où vient se loger le coude de l'écrivain. Pivotant dans un plan horizontal, l'avant-bras fait décrire à la pointe de la plume un arc

Fig. 81.

(1) Voir aussi : *Sur l'écriture. Société de Biologie*, 24 novembre 1883 (distinction entre les mouvements isochrones du poignet et les mouvements des doigts).

de cercle de grand rayon, et cet arc de cercle donne la forme générale de la ligne d'écriture.

Si la largeur du papier est modérée, les lignes ainsi tracées se présentent avec une courbure très faible et d'autant moins choquante qu'on rencontre une courbure pareille dans bon nombre d'écritures.

Un second organe de mon instrument est une crémaillère qui sert à remonter le papier d'un centimètre, chaque fois que l'écrivain passe d'une ligne à la suivante.

Enfin, je me sers exclusivement d'une de ces plumes à réservoir, si commodes, qui nous viennent d'Amérique. Il me paraît bien mieux d'écrire à l'encre qu'au crayon, car il est fort difficile à l'aveugle de se rendre compte de l'état de la pointe du crayon, afin de le tourner entre ses doigts pour éviter la formation d'un méplat, qui élargit à son insu les traits et peut rendre l'écriture indéchiffrable (1).

Dans les premiers temps, les plumes à réservoir étant moins parfaites qu'aujourd'hui, il m'est arrivé, résultat navrant, après avoir cru écrire une page, de n'avoir devant moi que du papier blanc. Pour éviter cet inconvénient,

Fig. 82.

(1) Si l'on tient à écrire au crayon, employer de préférence le crayon « Koh-i-Noor » qui marque bien noir tout en étant très dur. Il porte l'indication : « *British graphite drawing pencil, compressed lead. Made by L. et C. Hardtmuth in Austria* ».

je me servais d'une bande étroite de papier non collé, analogue au papier des copies de lettres. Pour savoir si ma plume marchait bien, il suffisait de tracer un trait en travers cette bandelette. Si l'encre coulait bien, elle humectait le papier, ce qui diminuait sa résistance à la rupture. Quand ce papier se rompait sous un très faible effort, on était sûr que la plume avait fonctionné.

On a pu voir à la page précédente *(Fig. 82)* un *fac-simile* de mon écriture obtenu au moyen de la planchette.

Toutes les fois que je dispose d'une personne pour me relire, je lui laisse le soin d'ajouter les points sur les i, les accents et les barres des t. Cet artifice, très recommandable, me permet d'écrire à la fois plus vite et plus régulièrement.

La planchette est fabriquée par M. Cornet, 66, rue de Rennes.

Quand j'ai à écrire une lettre hors de chez moi, je procède par un système analogue à celui qui est réalisé dans ma planchette. Après avoir choisi pour mon coude un emplacement, qu'il ne doit pas quitter, je commence par poser mon papier de telle sorte que son angle supérieur gauche coïncide exactement avec un coin de la table. Toutes les fois que j'ai écrit une ligne, la main gauche fait remonter le papier qui déborde de plus en plus par en haut. Il va sans dire qu'en procédant ainsi, les lignes sont moins régulièrement espacées qu'avec le secours de la planchette, et que la manœuvre exige un peu plus d'adresse.

CHAPITRE XXII.

DÉCHIFFREMENT DES MAUVAISES ÉCRITURES.

Vers le milieu du siècle dernier, on mettait encore entre les mains des enfants, pour les exercer à lire toutes les écritures, des recueils *ad hoc*, parmi lesquels on me signale une édition des sonnets de Pibrac. A ce genre d'exercice purement empirique, il me paraîtrait intéressant de substituer, à l'usage des personnes telles que les typographes qui ont souvent à lire de mauvaises écritures, un procédé d'instruction méthodique. Si je suis bien renseigné (et à cet effet, je me suis adressé à M. Prou, professeur à l'Ecole des Chartes), il n'existe aucun manuel répondant à ce but. Les circonstances m'ont amené à penser qu'il y avait à faire quelque chose dans ce sens. En effet, obligé de recourir aux yeux d'autrui pour prendre connaissance des lettres qui me sont adressées, j'ai réussi rapidement à faire l'éducation de la personne qui me prête ses yeux, et cela en me fondant, d'une part, sur les notions exposées plus haut (Chap. XIII) sur le mécanisme de l'écriture, et, d'autre part, sur la connaissance de l'ordre de fréquence des lettres qui, pour le français, est *r, a, l, i, e muet, t, d*, etc.

Je commence par me faire donner quelques indications générales sur l'écriture à déchiffrer. L'écrivain fait-il une différence entre les *u* et les *n*? Les queues des lettres, les inférieures surtout, sont-elles assez longues pour qu'il n'y ait jamais confusion, par exemple, entre les *p* les *n*? Les *t* sont-ils barrés? L'écrivain laisse-t-il de larges espaces entre les mots? etc. — Cela fait, on commence à lire, en passant les mots trop difficiles à déchiffrer et, dans les mots lus, je fais remarquer la forme des lettres fréquentes, à mesure qu'on les rencontre. Comment est déformé l'*r*? L'*a* ressemble-t-il à un *u* ou à l'assemblage d'un *e* et d'un *i*? L'*l* est-il bien distinct

du *t* par sa boucle et par l'absence de barre? L'*i* est-il suivi
d'une levée de plume, habituelle aux écrivains qui mettent
les points sur les *i* avant de tracer les lettres suivantes? Ou
bien l'écrivain, ne faisant pas de levées de plume après les *i*,
ne met-il pas les points trop à droite, c'est-à-dire au-dessus
de la lettre suivante? Pour le *t*, question analogue, afin de
savoir si la barre est faite aussitôt après le *t* ou après terminaison du mot? Le *d* est-il semblable au *d* typographique et,
dans ce cas, subit-il une déformation analogue à celles qui
ont été mentionnées plus haut pour l'*a*, ou bien est-il à volute
et lié à la lettre suivante?

Exemple : Un père reçoit de sa fille une lettre lui deman-
dant de lui envoyer une *pipe* pour monter à cheval. L'écriture était superbe, à cela près qu'en écrivant le mot *jupe*, le
point destiné au *j* était allé se placer sur le second jambage
de l'*u*.

Autre exemple: Une personne qui ne fait aucune différence
entre les *u* et les *n*, qui ne barre pas les *t* et les fait légèrement bouclés, et qui enfin oublie souvent de mettre les points
des *i*, adresse à Chatou-sur-Seine une lettre que la poste, très
légitimement, dirige sur Chalon-sur-Saône.

CHAPITRE XXIII.

GRAPHOLOGIE.

D'après l'apparition sensationnelle d'un livre médiocre, qui a fait la gloire de l'abbé Michon, on désigne sous le nom de *Graphologie* l'art de reconnaître les caractères des personnes d'après leur écriture. Le plan du présent livre comportait nécessairement un chapitre consacré à la graphologie, et j'avais fait la tentative de réunir, sur ce sujet, quelques indications que je soumis au jugement autorisé de M. Moriaud, professeur à l'Université de Genève. Mon correspondant eut la bonté de m'éclairer sur ma parfaite incompétence en la matière, et de redresser mon scepticisme qui était fondé sur les supercheries dont j'avais été le témoin de la part de graphologues extra-lucides. Je me bornerai donc à renvoyer, sans avoir eu le temps de le lire moi-même, au livre de M. Crépieux-Jamin (1), dont on me signale tout particulièrement l'introduction.

D'autre part, M. Alfred Binet, le très perspicace directeur du laboratoire de psychologie physiologique, à la Sorbonne, procède actuellement à une enquête expérimentale sur les mérites de la graphologie et, grâce à lui, la question paraît devoir s'éclaircir prochainement. Il se propose de la développer plus longuement dans un livre qu'il prépare sur les *Révélations de l'écriture*, et qui paraîtra chez Alcan.

(1) L'*Écriture et le caractère*. 3ᵉ édition. 1895 (Paris, F. Alcan).

CHAPITRE XXIV.

EXPERTISES EN ÉCRITURE.

Sauf un article du Dr Héricourt relatif aux écritures dextrogyres et sinistrogyres, je ne crois pas qu'aucune publication ait jamais été faite sur l'application de la physiologie aux expertises en écriture, applications nombreuses pour qui voudra les rechercher. Le plus estimé des traités d'expertises, dont l'auteur est un américain, M. Frazer, est muet sur ce point, et l'édition française de son livre, dans aucune des annotations du traducteur, ne porte trace d'une pareille pensée.

Si les experts en écriture savaient leur métier, ils ne manqueraient pas de s'entourer des lumières que peut donner la physiologie.

Puisqu'il n'existe, à ma connaissance, aucune école où puissent se former les experts en écriture, les tribunaux s'adressent à des archivistes, à des graphologues (1), ou même à des personnes quelconques dont l'incompétence est souvent notoire.

Depuis 1570, époque où Hamon, secrétaire de Charles IX, fut pendu, soit pour cause de protestantisme, soit pour avoir été accusé d'avoir contrefait la signature du roi, les experts en écriture ne sont pas en odeur de sainteté (2). D'ailleurs, dans son très intéressant mémoire paru dans la *Revue scientifique* en décembre 1897 et janvier 1898, M. Alphonse Bertillon nous dit qu'ils sont recrutés un peu au

(1) On a vu plus haut que la graphologie, souvent pratiquée par les chiromanciennes, est l'art de deviner les caractères des personnes d'après l'aspect de leur écriture.
(2) Relativement à Hamon, voir un manuscrit de Poujade, intitulé : *Essai d'une Histoire de la Calligraphie en Europe*, volume grand format de 302 pages, conservé au Musée pédagogique sous la cote : manuscrits, n° 51.

hasard. Il ajoute que sauf le Dr Héricourt et l'auteur du présent livre, personne n'a étudié sérieusement la physiologie de l'écriture.

Dans une certaine mesure, les législateurs d'il y a cent ans subissaient l'influence de l'utilitarisme de Bentham. Ils ont compris que, l'utilité sociale étant la seule raison d'être des mesures répressives, il importe que les peines soient appliquées *très probablement* et *très rapidement* pour n'avoir pas besoin de le faire *très sévèrement,* ces deux premières conditions ayant pour but de prévenir les crimes et délits sans recourir à la crainte de peines trop cruelles.

Les jurés n'étant pas imprégnés des idées d'Helvétius, de Beccaria, de Bentham et de Spencer, leur mentalité les conduit à des acquittements mal fondés, par crainte soit d'erreur, soit d'application de peines qui leur paraissent excessives, d'où la tendance du parquet à « correctionnaliser » les affaires de faux. Tout ce désordre disparaîtrait si une bonne éducation professionnelle des experts, assurant une répression *probable* et *rapide*, permettait au législateur d'édicter des peines *moins excessives.*

L'incertitude et la lenteur des jugements fondés sur les expertises en écriture ont eu pour contrecoup la sévérité de la peine : il y a quelques années encore, les billets de la Banque de France portaient cette mention que : « La loi punit de mort le contrefacteur ». Les pénalités excessives dont on frappe le faussaire n'ont pour excuse que l'inanité des expertises, d'où résulte la rareté et la lenteur des condamnations. C'est à cette fâcheuse situation que pourrait remédier un vrai enseignement de l'expertise fondé sur des données scientifiques.

*
* *

Dans une écriture, on peut distinguer deux éléments : les éléments *voulus* et les éléments *involontaires.* Ces derniers seuls constituant le *graphisme,* sont à considérer par l'expert en écriture.

Le même aphorisme peut s'exprimer encore en disant que ce n'est pas par la disposition des lignes, des mots et des lettres, ni même par la forme de ces dernières, toutes choses assez faciles à copier, qu'on peut reconnaître « *la main* » d'un écrivain, mais bien par l'étude des éléments involontaires de l'écriture, éléments qui découlent de la tenue de la plume et de la part contributive des doigts, du poignet et du bras à l'exécution du manuscrit. En d'autres termes encore, on peut distinguer la *topographie*, la *morphologie* et le *graphisme*.

C'est ainsi qu'en Amérique, au moment de la grande vogue des plumes stylographiques, les banques furent conduites à refuser les chèques signés au moyen de ces plumes dont la pointe inflexible trace des traits d'épaisseur invariable, tels que rien ne permet plus de reconnaître le *graphisme* du signataire (Voir *Fig.* 75, p. 245, une écriture tracée au stylographe).

Un exemple fera peut-être mieux ressortir l'importance capitale de la distinction entre les parties voulues et les parties involontaires, ou *graphisme*, de l'écriture.

Une dame veut faire autographier une lettre de quête, avec reproduction aussi parfaite que possible de son écriture. — Admettons que, pour plus de sûreté, elle écrive deux exemplaires de cette lettre : chacun sait que ces deux exemplaires ne peuvent pas être superposables exactement ; les mettant l'un sur l'autre et les éclairant par transparence, pas une ligne, pas un mot ne se révèleront identiques : la *topographie* sera différente, mais il y aura identité de graphisme.

En même temps que les exemplaires, tirés à la presse lithographique, le fournisseur lui rend celui des deux modèles qu'il a employé : la reproduction est servile jusque dans les moindres accidents. La dame, sans savoir pourquoi, dit que ce n'est pas son écriture, et cependant, posant sur un carreau de fenêtre, l'un couvrant l'autre, le modèle et l'un des exemplaires livrés, la superposition est irréprochable ligne sur ligne, mot sur mot, lettre sur lettre.

Que s'est-il passé ?

L'ouvrier a calqué le modèle en le dessinant sur papier pelure avec une encre spéciale, il a couché la page ainsi écrite sur une pierre lithographique préparée, à laquelle l'encre spéciale a adhéré, si bien qu'après avoir retiré le papier pelure, il n'y a eu qu'à employer cette pierre pour faire le tirage lithographique.

Si comme je l'ai supposé, le *fac-simile* est mauvais, c'est que le dessinateur n'a pas su reproduire le *coup de plume* du modèle. La *topographie* est parfaite, les mots, les lettres, sont bien en place, mais un œil profane reconnaît que cette écriture n'est pas de « *la main* » qui a tracé l'original, et le professionnel voit, à l'œil nu, que la répartition des pleins et des déliés n'est pas pareille à celle qui sort naturellement de la plume de l'auteur. L'autographiste malhabile a altéré le *graphisme* de l'écriture en la calquant.

La dame s'adresse à un autographiste plus habile : celui-ci prend son temps, et, au lieu de tracer son calque rapidement, il le dessine, trait par trait, s'y prenant à plusieurs reprises pour amener les pleins à la grosseur voulue : son travail donne pleine satisfaction à la cliente.

Si l'on examine cette épreuve avec le secours d'une bonne loupe, il n'est pas difficile d'apercevoir, de place en place, des reprises qui démontrent avec évidence la nature du procédé mis en œuvre par l'autographiste.

Supposons maintenant que des intérêts considérables exigent une reproduction du modèle qui soit exempte des défauts inhérents aux deux reproductions que je viens de critiquer. Le faussaire commencera par se rendre compte du *mécanisme* de la personne qui a écrit le modèle : il parviendra plus ou moins facilement, par induction, à savoir si cette personne tient son papier droit ou obliquement, si elle laisse son coude immobile ou si elle déplace son bras en totalité de gauche à droite, si les mouvements du poignet interviennent, si le haut du porte-plume est dirigé plus ou moins latéralement, etc. Après s'être approprié l'attitude du scripteur, il s'exercera, pendant des semaines, s'il le faut, à s'assimiler son *graphisme*. Alors, seulement, il sera en mesure de rivaliser avec les fameux auteurs du faux testament de M. de la Boussinière.

Voici d'après une note due à la plume de M. Alphonse Bertillon (*Revue scientifique*, 18 décembre 1897, page 779), la très curieuse histoire de ce faux.

« On peut dire, avec toute l'apparence de la vérité, que c'est cette célèbre affaire qui nous a servi de guide latent et que nous avons essayée de schématiser en la présente étude.

Aussi, croyons-nous devoir en rappeler succinctement les principales péripéties au point de vue graphique.

Judiciairement validé, au début, sur un rapport de M. Gobert, expert en écriture de la Banque de France, le faux testament de la Boussinière a occupé toute la hiérarchie de nos tribunaux pendant plus de cinq ans. Sa confection, une merveille du genre, avait été obtenue au moyen du calquage de mots et de parties de mots minutieusement et patiemment ajustés côte à côte, en prenant comme modèle graphique et littéraire une volumineuse correspondance laissée par le défunt, M. de la Boussinière.

Sa véritable originalité au point de vue technique consistait en ce que, pour permettre l'effacement des retouches et des corrections, et donner à l'écriture un aspect fluide et rapide, le calque une fois terminé et soigneusement revu avait été reporté sur une pierre lithographique. Le manuscrit testamentaire lui-même n'était autre qu'une épreuve de ce report intentionnellement tirée très pâle, au moyen de sous-carbonate de plomb dit blanc d'argent, qu'un autographiste professionnel très habile avait repassée à la plume avec de l'encre ordinaire.

Quant au texte, il avait été rédigé par le propre notaire de M. de la Boussinière. Non seulement il était inattaquable, au point de vue juridique, dans les dispositions testamentaires qu'il attribuait faussement au défunt, mais il était en même temps, sous le rapport psychologique et littéraire, un merveilleux pastiche du style et des pensées très élevées, quoique un peu surannées, du vieillard.

Ainsi, pour réussir ce chef-d'œuvre, il n'avait pas fallu moins de trois associés de spécialité professionnelle différente, savoir : un lithographe, un autographiste et un notaire. Cette complicité, cause de leur réussite initiale, par un juste retour, occasionna leur perte : le testament une fois validé et la fortune encaissée, ils ne tardèrent pas à se faire chanter les uns les autres... puis à se dénoncer.

Seul, le notaire fut condamné aux travaux forcés, le lithographe ayant été écarté des poursuites, tandis que, grâce à l'éloquence de Mᵉ Demange (23 mai 1892), l'autographiste, cheville ouvrière de la forgerie, était acquitté.

Il devait mourir dans la misère quelques mois après. Mais le souvenir de son œuvre lui survit. Le faux testament de la Boussinière est resté et restera longtemps encore, espérons-le, le cheval de bataille, l'argument suprême, que tout défenseur dans une affaire d'écriture garde en réserve pour sa péroraison ».

En dernière analyse, le faux testament de M. de la Boussinière a été tracé en repassant un modèle très pâle, préparé à loisir, l'écrivain faisant usage d'un mouvement suffisamment lent pour pouvoir suivre le modèle et cependant

assez rapide pour éviter les reprises de plume et l'indécision.

Heureusement, une performance analogue à celle qui
vient d'être décrite est d'une exécution si laborieuse que, si
les experts savaient un peu les théories qui président au
mécanisme de l'écriture, les faussaires seraient, devant
eux, en état d'infériorité. A mon avis, en matière de faux :

La critique est aisée et l'art est difficile.

En résumé, le discrédit, très mérité, dans lequel sont
tombés les experts en écriture tient tout simplement à l'igno-
rance extraordinaire dont ils font preuve à chaque instant.
Aussi, dans le mémoire déjà cité de M. Alphonse Bertillon,
peut-on relever les phrases suivantes :

« Quand on interroge nos criminalistes, qui font autorité, sur
la façon dont les expertises sont conduites habituellement en
France, ou ils évitent de répondre, ou ils se réfugient en
quelques généralités : « Si vous saviez, répondent-ils, comme
c'est matière peu importante, et le peu de croyance que nous
avons dans la prétendue science des experts en écriture ».

Du côté du barreau, ce peu de croyance devient de
l'athéisme, et il n'y a pas de plaisanteries et de légendes que
l'on ne débite au Palais sur le compte des experts en écriture
qui, à en croire les avocats d'assises, en connaîtraient sur
leur spécialité moins que le premier venu.

Au fond, magistrats comme avocats, qui ont recours aux
experts en écriture, s'accordent à ne leur reconnaître, pour
ainsi dire, aucune connaissance spéciale.

Ainsi le savoir et l'expérience professionnels de l'expert
consiste à savoir avant tout qu'il ne sait rien ou plutôt pas
grand'chose, soit dit en bonne part ; sa supériorité, son utilité
vraies résident en cette connaissance qu'il a de lui et de ses
capacités ».

D'après ces citations, j'admettrais assez volontiers que,
sur notre terre de France, la plupart des experts en écriture
ne valent pas la corde, dont j'ai parlé plus haut, qui servit à
pendre Hamon, en l'an de grâce 1570.
Dans cet état de choses, le juge a pour devoir de ne tenir
aucun compte de l'opinion de l'expert dont le rôle, pour
bien des années encore, devra se borner à signaler au tribunal les circonstances qui lui paraissent dignes d'attention ;

en effet, il n'en va pas ici comme dans certaines expertises, chimiques par exemple, où le juge ne peut vérifier par lui-même les assertions de l'expert consulté.

On ne conçoit pas un tribunal chargé de décider sur de graves intérêts, matériels ou moraux, qui mettrait sa conscience à l'abri derrière celle d'un expert en écriture.

*
* *

EXPERTISE DES ÉCRITURES PATHOLOGIQUES.

Des circonstances de force majeure ne m'ont pas permis de réunir et de comparer des spécimens d'écritures pathologiques. Cette étude aurait fourni la matière d'un important chapitre dont la place était tout indiquée dans la seconde partie de ce volume, étude qui eût pu être utilisée dans un certain nombre de cas contentieux.

Je me bornerai à consigner ici, grâce à la complaisance de M. Monpillard, des indications sur un cas particulier. Le testament d'un ataxique était attaqué par les héritiers naturels. Le malade, pour pouvoir écrire avec moins de secousses, avait pris la précaution de tracer préalablement le texte au crayon pour le repasser ensuite à l'encre, comme font des enfants sur des modèles d'écriture. Le cas était assez complexe, en ce sens qu'il s'agissait d'une écriture à la fois pathologique et artificielle. Cette écriture était plus lourde et plus régulière que l'écriture naturelle du testateur.

M. Monpillard fit écrire devant lui un certain nombre d'autres ataxiques, successivement en écriture courante, puis en faisant usage du procédé employé par le testateur.

Si l'on examine l'écriture d'un ataxique, on constate que, suivant l'état physique du sujet, l'aspect général de cette écriture se modifie dans des proportions considérables : tantôt elle est régulière, les lignes sont droites, les lettres d'égales dimensions ; tantôt au contraire, elle est extrêmement irrégulière, les lignes droites alternant avec des lignes montantes, descendantes ou sinueuses, les mots et les lettres étant de dimensions et d'aspect très variables.

On constate même souvent que deux mots écrits à quelques secondes d'intervalle ne semblent pas avoir été tracés par la même main, tant les différences dans l'aspect du graphisme sont évidentes.

Le cas devient très complexe quand il s'agit d'écritures appliquées et surtout quand elles ont été exécutées dans les conditions mentionnées tout à l'heure.

La comparaison d'un document ainsi obtenu, et de pièces écrites par le même malade, au courant de la plume, devient extrêmement difficile.

En effet, les exemples que M. Monpillard me permet de reproduire ici, montrent que le graphisme se trouve être profondément modifié quant à son aspect général.

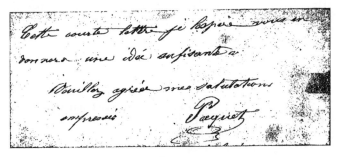

Fig. 83.

L'écriture courante du malade Paquet (*Fig. 83*) et celle

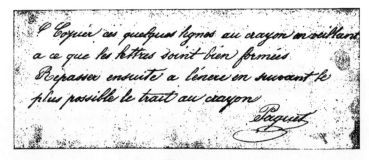

Fig. 84.

exécutée sur un modèle tracé (*Fig. 84*) présentent des différences telles qu'il semble inadmissible *a priori* qu'elles soient du même auteur.

Dans la *Fig. 84*, les lettres à l'encre sont régulières, le graphisme plus lourd. L'écriture tenant du dessin, aurait

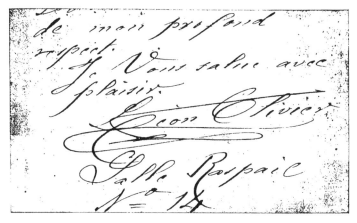

Fig. 85.

l'apparence d'un faux aux yeux d'un observateur non prévenu.

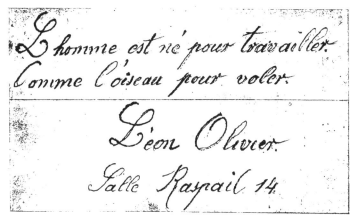

Fig. 86.

Il en est de même pour les spécimens d'écriture du malade Olivier (*Fig. 85* et *86*).

En effet, le graphisme de l'ataxique est caractérisé principalement par les manifestations d'un spasme, ayant pour effet de faire dévier la plume de gauche à droite. Dans l'écriture appliquée, il arrive que ces déviations soient presque invisibles à l'œil nu, mais elles peuvent être nettement décelées par un examen à la loupe et rendues évidentes pour les magistrats au moyen d'épreuves agrandies photographiquement.

J'espère que les remarques que M. Monpillard a bien voulu me communiquer suffiront pour attirer désormais l'attention des experts sur le genre particulier de difficultés que présente l'identification d'écritures pathologiques.

CHAPITRE XXV.

MOYENS D'ACCÉLÉRER LA LECTURE DES AVEUGLES.

Dans les écoles spéciales d'aveugles, l'écriture en points, connue sous le nom d'écriture Braille, est la pierre angulaire de l'instruction.

La lecture du Braille n'est qu'un pis aller à cause de son excessive lenteur. Très restreint est le nombre des aveugles capables de lire à haute voix un texte en Braille avec une rapidité suffisante pour que l'audition de cette lecture soit tolérable.

Tous mes correspondants instruits, sauf ceux qui ont perdu la vue de très bonne heure, sont unanimes à réduire au minimum, à cause de leur lenteur, l'emploi de l'écriture et surtout de la lecture en points. Pour n'en citer qu'un seul, j'extrais ce qui suit d'une lettre de M. Riggenbach :

« J'ai appris à lire et à écrire le Braille presque aussitôt après avoir perdu la vue, mais je m'en suis très peu servi. La lecture et l'écriture en points demandent trop de temps et sont trop énervantes pour être d'un emploi fréquent quand on a la possibilité de se faire faire la lecture et de dicter. *Devenu aveugle à l'âge de quinze ans,* je n'avais pas, pour écrire en noir, la rapidité dont jouissent les personnes plus âgées. Aussi suis-je resté vingt-six ans sans écrire. Il y a quelques mois, j'ai fait l'acquisition d'une machine à écrire... »

La lenteur de lecture du Braille se fait sentir encore plus péniblement quand il s'agit de lectures d'agrément, pour les livres qu'on voudrait se borner à parcourir ou à feuilleter.

Elle provient de ce que le doigt ne peut jamais toucher qu'une seule lettre à la fois tandis que le voyant perçoit au moins dix lettres à chacun des mouvements que font les yeux quand le regard se déplace le long des lignes imprimées. La lecture par le doigt est donc, pour des raisons physiologiques, au moins dix fois plus lente que la lecture par les yeux (Voy. Chapitres XI, XII et XIV).

Mais, vous dira-t-on, il existe, dans chaque langue, un *abrégé orthographique* du Braille. Pour ne parler que de l'abrégé français, le gain est tout au plus d'un tiers pour la rapidité de l'écriture. Pour la lecture, l'expérience enseigne que l'augmentation de vitesse est nulle.

Si l'écriture Braille est critiquable, elle partage ce sort avec l'écriture usuelle, avec les caractères typographiques et avec la portée musicale. Cela n'est pas douteux, mais ces diverses notations employées par les clairvoyants sont protégées par une routine séculaire, routine si invétérée qu'il serait téméraire de s'y attaquer.

Pour l'écriture des aveugles, la situation est tout autre, car le nombre des livres imprimés en Braille est extrêmement petit. Si donc l'on adoptait une écriture plus rationnelle, le sacrifice des livres existants devrait peser d'un poids bien léger dans la balance.

C'est principalement pour les langues dont l'orthographe est bizarre, telles que l'anglais et le français, que la plupart des indications qui vont suivre présentent de l'utilité.

Rendre la lecture plus rapide, tel est le but principal de mes remarques. On verra, chemin faisant, que les moyens propres à accélérer la lecture auraient pour conséquence accessoire de diminuer la grosseur de nos livres, et d'abréger le premier enseignement de la lecture et de l'écriture.

Il est clair que, pour que nous puissions lire avec moins de lenteur, il faudrait, d'une part, nous offrir des caractères plus faciles à reconnaître, et, d'autre part, diminuer le nombre des caractères dont les mots sont composés. La première de ces deux améliorations est surtout du ressort de la typographie et ne comporte que de brèves indications, tandis que la seconde est un problème très compliqué, dont l'étude exige la connaissance préalable des divers systèmes de sténographie.

I. — Réforme typographique.

Les parvenus de la cécité sont peut-être mieux en état de connaître les difficultés que présente la lecture des caractères en points. Ceux qui lisent du Braille depuis leur

enfance ne se rendent plus compte, par exemple, de la difficulté de lecture occasionnée par l'entassement de caractères
formés de cinq ou six points, ni de la confusion résultant,
dans la lecture de l'abrégé, de l'accumulation de signes formés d'un très petit nombre de points. Ils ont oublié l'embarras que peut causer le signe *majuscule*, signe que les
étrangers et les espérantistes ont raison de supprimer.

Le signe *italique*, et le signe analogue à ce dernier, qui
se trouve au milieu de certaines locutions abrégées, sont
également une cause d'indécision. Si, comme à l'imprimerie
de l'*Institution* de Paris, on fait usage de caractères mobiles,
rien n'empêche d'en avoir qui soient formés de points plus
gros et plus saillants pour les majuscules, et qu'on em-
ploierait également pour les mots qui, en noir, sont
imprimés en italique.

D'autres difficultés de lecture seraient évitées en remplaçant certains groupes de points par des assemblages de
petits traits formant la même figure (1). Par exemple, le *b*
serait un petit trait vertical, le *c* un trait horizontal, le *d* une
figure angulaire, l'*e* un trait oblique, etc. Au premier
abord, pour le toucher, des caractères ainsi constitués sont
à peine différents des assemblages de points ; mais, pour les
cas douteux, la lisibilité est meilleure.

Autre exemple : les intervalles entre les lettres étant un
peu plus grands que la largeur des lettres, une série de lettres *c* prend l'aspect *(Fig. 87)* •• •• •• ••. Sous le doigt,
la différence de distance entre ces divers points n'est pas
très sensible, et l'hésitation du lecteur serait moindre si
l'on remplaçait les deux points de chaque *c* par un petit trait
continu. Alors le mot *acacia* s'imprimerait comme suit
(Fig. 88) • ⎯ • ⎯ •• • et continuerait encore à s'écrire
comme suit *(Fig. 89)* • ••. • •• •• •

De même, la confusion que le doigt établit trop facilement
entre l'*s* et le *t* se produirait moins si, dans cette dernière
lettre, les points 2 et 5 étaient remplacés par un petit trait
horizontal, etc...

En procédant comme il vient d'être indiqué, ceux qui impriment nos livres ne manqueraient pas de respect à la

---

(1) Voir ci-dessus Chapitre XI, page 125.

mémoire de Barbier et de Braille, car, si ces hommes ont employé exclusivement des points, c'était pour ne pas compliquer l'écriture à la main, et non par des raisons de lisibilité.

Il est tout naturel que, pendant des années, notre typographie soit restée identique à notre écriture manuscrite : la même chose s'était produite à l'origine de la typographie en noir. Gutenberg copia servilement les caractères usités de son temps, si bien que les premiers volumes sortis de ses presses se vendirent pour des manuscrits.

Puisqu'un caractère de forme plus compliquée n'occasionne aucun surcroît de travail pour l'imprimeur, le moment n'est pas éloigné où les caractères en relief servant à imprimer nos livres subiront d'utiles modifications.

Il va sans dire qu'en tout pays on s'applique à donner aux caractères ponctués la dimension la plus petite qui soit compatible avec une facile lisibilité. Cette diminution est surtout opportune pour les livres imprimés, dont l'exécution est plus régulière que celle des meilleurs manuscrits. La dimension la plus favorable n'est évidemment pas la même pour tous les aveugles : pour chaque lecteur, il existe une dimension préférable. Trop grands, les signes excèdent la dimension de la surface la plus sensible du doigt ; trop petits, ils sont difficilement perçus. Comme l'*abrégé* prête plus à confusion que le *toutes lettres*, il serait logique d'écrire le *toutes lettres* plus fin que l'abrégé.

Il me semble que la lisibilité est à peu près la même pour le *toutes lettres* écrit sur un rayage haut de 2^{mm}, usuel en Belgique, que pour l'abrégé orthographique écrit sur le rayage de $2^{mm}5$, employé en France.

L'économie de superficie, obtenue en substituant du rayage de 2^{mm} à celui de 2^{mm} 1/2, est supérieure à un quart parce qu'on gagne également sur la largeur des lettres. Si donc mon appréciation est exacte, la possibilité d'écrire plus fin quand on emploie le *toutes lettres* procure une économie de surface au moins égale à celle produite par l'*abrégé*. Le seul avantage de l'*abrégé* serait de rendre plus rapide l'écriture des personnes qui en font un usage quotidien.

Il faut donc méconseiller fortement aux personnes charitables, qui consacrent leurs loisirs à enrichir notre bibliothèque, l'emploi de l'abrégé, plus difficile à bien connaître et donnant lieu à beaucoup plus d'erreurs d'écriture. Ce qui vient d'être dit ne s'applique peut-être pas aux abrégés des langues autres que la française, car je ne connais les abrégés étrangers que trop superficiellement pour me permettre de les apprécier sainement ; mais, en ce qui concerne le français, la diminution d'espace résultant, pour le *toutes lettres*, de la diminution de grandeur des caractères, présente cet avantage de se répartir sur tout, y compris les noms propres et les espaces entre les mots, tandis que l'*abrégé orthographique* raccourcit principalement les mots courts. Donc, la diminution que je préconise fait économiser un peu sur les blancs qui finissent les lignes et diminue le nombre des mots coupés.

Enfin, un caractère plus petit comporte des points moins saillants, ce qui produit un effet considérable sur l'épaisseur des livres.

II. — Diminution du nombre des signes.

C'est surtout à la diminution du nombre des signes qu'on doit s'appliquer pour rendre la lecture plus rapide, car on a vu (Chap. XII, page 129) que, tandis que l'œil du clairvoyant procède par saccades et lit, en moyenne, dix lettres à chaque coup, notre doigt ne possède rien d'analogue à la vision indirecte, laquelle donne au champ de vision une étendue dont on profite pour lire rapidement. Quelque exercé que soit le lecteur aveugle, il y a, pour la rapidité de mouvement de son index, une limite au delà de laquelle tout se brouille, de même que pour les yeux il est impossible de discerner des objets dont la succession est trop rapide (rayons de roues de voiture, etc.).

La diminution du nombre des caractères peut s'obtenir, d'une part, par la suppression de ceux qui représentent soit des lettres muettes, soit des lettres faciles à deviner, d'autre part, par l'emploi de signes qui représentent des groupes de sons. Nous sommes donc conduits à employer des procédés analogues à ceux de la sténographie.

Examinons d'abord, en y intercalant un peu d'historique, l'état actuel des écritures en points saillants.

Barbier et Braille. — Tout comme Minerve sortit tout

armée du cerveau de Jupiter, notre écriture en points saillants, avec ses procédés d'exécution, a jailli du cerveau de Charles Barbier. Pour plus de détails, je renvoie aux deux ouvrages de cet auteur déjà cités au Chap. VI de ce volume. Ces courtes brochures sont à lire et à méditer ; et quand on voit qu'à lui seul, Barbier a trouvé le principe, admis universellement, de la sensibilité plus grande du doigt pour les points que pour les lignes, qu'il a compris la nécessité de grouper les points régulièrement, qu'il a créé l'outillage dont on se sert encore aujourd'hui : poinçon, rayure et tablettes perforées, on aurait dû se demander s'il n'aurait pas mieux valu respecter aussi les idées de Barbier sur la phonographie qui ont été exposées plus haut (Chap. XIV).

Je crois que la raison commande de reprendre l'écriture ponctuée au moment où fut adoptée la cellule de six points, et de marcher droit dans le chemin que Barbier avait tracé, et dont se sont écartés successivement Braille avec son écriture orthographique, et Ballu avec sa sténographie.

C'est peut-être plutôt au milieu ambiant qu'à Braille lui-même qu'il faut imputer l'abandon de la phonographie, tandis que c'est bien à lui qu'il faut attribuer le mérite d'avoir pris, pour les chiffres et pour l'alphabet, sa ligne type de dix signes, tels que chacun, y compris les trois premiers, reste lisible isolément, puisque les trois signes flottants (1) qu'il a choisis ne peuvent pas se confondre entre eux. C'est une très heureuse combinaison, surtout pour la représentation des nombres, celle qui a permis d'inscrire dans le carré supérieur dix caractères impossibles à confondre. C'est probablement la joie de cette trouvaille qui a conduit Braille à ne mettre que dix colonnes dans son tableau alphabétique, d'où l'inconvénient de laisser treize signes en dehors de ce tableau, gaspillage que Barbier n'aurait pas commis.

Une autre erreur de Braille fut, par respect de l'ordre alphabétique traditionnel, de ne pas conserver les dérivations logiques de Barbier, lequel a bien soin, par exemple,

---

(1) On appelle signes flottants des signes tels qu'ils peuvent être confondus entre eux, quand ils ne sont pas repérés par rapport aux bords de la cellule : c'est ainsi que les signes que Braille emploie pour *a*, *b* et *c* sont flottants. Parmi les signes flottants, il faut distinguer les signes minces, tels que *k* et *l*, qui sont formés de points d'une même colonne, et les signes courts, tels que *c* et *g*, qui ne sont déplaçables que de haut en bas dans la cellule.

de placer *de* sous *te*, *an* sous *a*, etc. Ces dérivations logiques ont le petit avantage de faciliter l'étude du système et le grand mérite d'être extrêmement profitables à la lisibilité. Comme le fait justement remarquer M. Dechaux, il est très avantageux que des signes peu différents représentent des sons analogues; c'est ce que M. de la Sizeranne a eu le grand mérite de faire pour l'abrégé orthographique, où *an* et *ar* rappellent *à*, où *in* procède d'*i*, etc. Au contraire, dans l'alphabet de Braille, il n'y a aucune parenté réelle entre les sons exprimés par la ligne type et ceux qui en dérivent. La manière de procéder de Braille, en réduisant la ligne type à dix signes au lieu de quinze et un blanc, et en introduisant une masse de lettres accentuées sans grande utilité pour le français et au détriment de l'application aux autres langues, a encombré son tableau en noir. Il est arrivé ainsi que la réduction du nombre des signes à cinquante et l'accumulation des lettres accentuées ont fermé la porte aux dérivations dont on verra plus loin la grande utilité.

On ne me fera jamais croire que, dans notre indigence de signes, il fallait en affecter un à la représentation de l'*ù*, qui sert uniquement dans le mot *où*, lequel se prononce exactement comme *ou*, etc.

Abrégé orthographique. — La lenteur d'exécution de l'écriture orthographique de Braille fit surgir divers abrégés, tous illogiques, puisqu'ils entamaient l'orthographe. Pour être conséquents avec eux-mêmes, les aveugles devaient créer un abrégé orthographique, et cette création récente, puisqu'elle ne remonte qu'à 1882, fut, en grande partie, l'œuvre de M. Maurice de la Sizeranne et du Dr Armitage. Ces abrégés remplissent le but modeste qu'on s'était proposé, qui est d'écrire en économisant du temps et du papier, mais sans entamer l'orthographe. Notons ce dernier point. Voilà donc une écriture passablement rapide, qui traîne avec elle un bagage de lettres muettes.

Tout cet immense effort d'ingéniosité réussit, nous l'avons déjà dit, à abréger l'écriture d'*un quart ou d'un tiers*, mais sans aucun profit pour la rapidité de la lecture.

Ce système est jugé sévèrement par M. Ballu (1), qui dit

(1) *Compte rendu du Congrès de Bruxelles* de 1902, p. 152.

que « c'est une misère greffée sur une iniquité, notre bizarre orthographe », jugement dont l'amertume s'explique puisqu'il émane de l'auteur d'une sténographie.

Si l'abrégé orthographique paraît rentrer dans notre programme, en diminuant le nombre des caractères, il n'atteint cependant pas le but que nous nous sommes proposé puisque, de l'avis presque unanime des intéressés, la lecture de l'abrégé n'est pas plus rapide que celle du *toutes lettres*.

Sténographie du frère Isidore Clé. — Ce n'est pas réellement une sténographie, c'est un abrégé de l'abrégé. Pour ceux dont la préoccupation, tout autre que la mienne, était de rendre l'écriture plus rapide, la. tentation était grande d'abréger méthodiquement l'abrégé orthographique. C'est ce qu'a fait le frère Isidore Clé, avec un succès dont il a été lui-même consterné.

En effet, il enseigna sa sténographie dans la classe qu'il dirige avec autant d'intelligence que de dévouement, à Woluwe-Saint-Lambert, près de Bruxelles (1), et les enfants s'y mirent et s'y perfectionnèrent avec un tel plaisir qu'il devint très difficile de les contraindre à écrire leurs devoirs en abrégé orthographique. C'est la désolation, car c'est la perte de l'orthographe et, pour en arriver là, ce n'était pas la peine de passer par tant de détours au lieu de s'en tenir à une phonographie plus ou moins abrégée.

Dans l'état actuel des choses, car il est partisan de la réforme orthographique la plus étendue à l'usage des voyants, le frère Isidore Clé propose de cacher sa sténographie aux élèves, mais d'en faire part aux adultes dont l'orthographe est bien immuablement solide. Son conseil me paraît excellent, et cette sténographie me semble infiniment précieuse pour un très petit nombre de jeunes gens qui, habitués à l'abrégé orthographique, entreprennent de fortes études.

Remarquons que ce serait une entreprise folle de vouloir apprendre d'emblée la sténographie Isidore Clé, sans avoir passé par l'orthographique et l'abrégé orthographique. Les renseignements font défaut sur la rapidité de lecture de cette sténographie.

(1) *Compte rendu du Congrès de Bruxelles* de 1902, p. 156.

Utilité de la sténographie pour les aveugles. — Avant d'aller plus loin, il est nécessaire de bien définir la nature des services que les aveugles peuvent attendre de la sténographie. Il est présumable qu'ils ne deviendront pas aisément des sténographes professionnels, car il leur est difficile de percevoir les circonstances extérieures qui constituent une partie importante des discussions que le sténographe recueille sur le papier. D'autre part, l'aveugle ne peut pas transcrire rapidement en dactylographie des notes prises en sténographie ponctuée, cette transcription exigeant, au minimum, l'emploi de trois mains. Il est vrai que le plus souvent les sténographes professionnels dictent la transcription à un dactylographe, et rien n'empêcherait un sténographe aveugle de procéder de même. On conçoit donc parfaitement l'association de deux aveugles pour faire de la sténographie et pour la transcrire.

Pour les aveugles, la principale utilité de la sténographie serait, peut-être, de rendre plus rapides les correspondances entre aveugles sachant une même sténographie, ainsi que cela se pratique entre M. de la Sizeranne et quelques autres adeptes de la sténographie Ballu, et aussi, de permettre à quelques étudiants de prendre des notes en suivant des cours. Or, si l'étudiant est astreint à copier ces notes après coup, pour les conserver plus lisibles qu'en sténographie, le but est complètement manqué, car ce serait un travail supplémentaire excessif que celui qui consisterait à transcrire la sténographie. Pour l'étudiant, il suffit d'avoir une sténographie dont la vitesse soit au moins égale à celle de l'écriture ordinaire des clairvoyants, et qui soit facilement lisible. D'ailleurs, comme rien n'empêche d'employer la machine pour écrire en abrégé ou en sténographie, on voit que le problème d'une écriture en relief suffisamment rapide est amplement résolu.

En 1902, au Congrès de Bruxelles, M. Monnier a demandé qu'on mît à l'étude une sténographie internationale à l'usage des aveugles. Cette proposition porte en elle-même la preuve que la sténographie désirée par les intellectuels devrait être facilement lisible, non seulement pour celui qui l'a tracée, mais pour tous les aveugles doués d'une instruction étendue.

J'espère que ce desideratum sera pris en considération

par l'homme de France qui est le plus au courant des choses de la sténographie ponctuée, j'ai nommé M. Deschaux,
de Montluçon, qui, avant de perdre la vue, connaissait la
sténographie Duployé, et qui, depuis, après avoir étudié à
fond la sténographie et l'écriture rapide de Ballu, la sténographie Flageul, dérivée du Duployé, la sténographie pratiquée en Belgique par le frère Isidore Clé et la sténographie
Prévost-Delaunay, consacre toute son ingéniosité à la construction d'une sténographie qu'il a la sagesse de perfection-
ner patiemment avant de la proposer au jugement des personnes compétentes.

A mon avis, dans le choix des caractères sténographiques,
il convient de tenir le plus grand compte des besoins de la
phonographie ; il me semble que, réciproquement, l'adoption d'un système phonographique doit être subordonnée,
dans une certaine mesure, à la transformation de ce système en sténographie. Je dis « dans une certaine mesure »,
car il serait fâcheux que la considération d'une sténographie
rapide, dont les adeptes seront toujours en nombre infime,
nuisît à la bonne ordonnance d'une phonographie destinée
à l'immense majorité des aveugles.

Sténographie Ballu. — Dans sa très ingénieuse sténographie, Ballu a eu le tort de ne pas tenir compte des nécessités des langues étrangères. Il ne paraît pas avoir connu les
meilleures méthodes de sténographie en noir, et le principal
avantage de son système devient presque illusoire depuis
l'invention de la machine Hall.

Ballu eut la pensée toute naturelle de représenter les
lettres les plus fréquentes par les signes les plus simples,
c'est-à-dire formés du plus petit nombre de points possible.

Malgré l'introduction de la machine Hall, cet avantage
subsiste encore quand l'aveugle, réduit au poinçon, veut
prendre des notes à un cours.

La fréquence des diverses lettres et contractions étant loin
d'être la même dans toutes les langues, les étrangers n'ont
pas pu songer à adopter le système Ballu, qui n'est appliqué
que par M. de la Sizeranne et les aveugles de son entourage
immédiat.

La sténographie Ballu, purement empirique, est si difficile à retenir que des aveugles qui l'ont sue ont absolument renoncé à son emploi.

Adaptation de la sténographie Aimé Pâris. — J'ai exposé dans « Entre aveugles » les moyens d'adapter à l'écriture Braille la sténographie Aimé Pâris en la combinant avec la mnémotechnie du même auteur. Cette tentative conduit à une écriture phonétique aisément transformable en sténographie rapide, mais cette adaptation m'a donné une phonographie d'une lisibilité médiocre, parce qu'elle faisait un emploi peu judicieux des signes minces, définis dans la note de la page 280.

On ne peut pas faire le même reproche au système que je vais exposer, et qui est une adaptation de la cellule de 6 points à la phonographie de Barbier.

Cette adaptation diffère un peu de celle que j'ai décrite ailleurs.

Adaptation et extension de la phonographie de Barbier. — La lenteur de lecture de la phonographie de Barbier résulte de la hauteur trop grande de ses colonnes de six points. Pour comprendre ce qui suit, il est indispensable de bien se pénétrer du système de Barbier, tel qu'il a été exposé plus haut (p. 55) et de comprendre que, dans ce système, les colonnes de points servent à désigner, par deux *numéros d'ordre*, chacune des trente-six cases de son tableau en noir, reproduit ci-après.

Tableau de Ch. Barbier.

1re ligne.	a	i	o	u	é	è
2e ligne.	an	in	on	un	eu	ou
3e ligne.	b	d	g	j	v	z
4e ligne.	p	t	q	ch	f	s
5e ligne.	l	m	n	r	gn	ll (mouillé).
6e ligne.	oi	oin	ian	ien	ion	ieu

Fig. 90.

Pour la désignation de ces deux *numéros d'ordre*, nous ferons usage des deux colonnes (hautes de trois points seulement), qui constituent notre cellule moderne. Chacune de ces colonnes, par la combinaison de ses points et du blanc, peut fournir huit combinaisons.

On voit en effet, en jetant un regard soit sur la première ligne horizontale, soit sur la première colonne verticale de la *Figure 91*, qu'avec une hauteur de trois points, on peut compter jusqu'à huit, alors qu'avec six points de haut, Barbier ne comptait que jusqu'à six.

Voici maintenant le tableau complet des 63 signes.

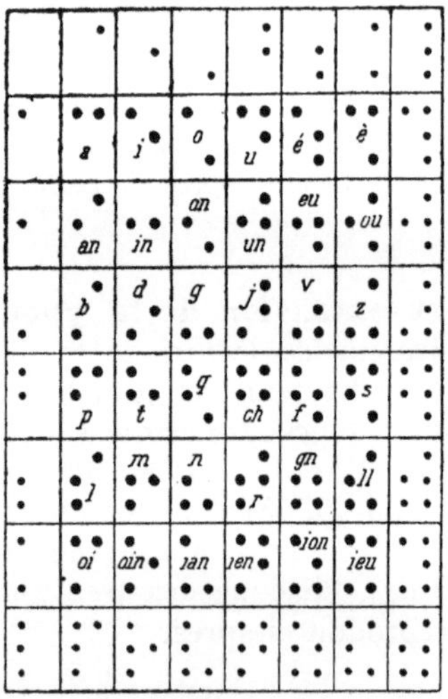

Fig. 91.

On remarquera que, dans ce tableau, les points de la ligne supérieure, de la ligne inférieure, de la première colonne et de la dernière sont plus maigres que ceux des 36 signes qui occupent le milieu du tableau. Ces 36 signes, qui nous importent seuls pour le moment, sont représentatifs des articulations du tableau en noir. Ce tableau en points s'apprend par cœur en quelques minutes : il suffit de le regarder. La *Figure 91* représente la superposition du tableau en noir de Barbier, sur le milieu du tableau complet en points, de 63 signes.

La *Figure 92* représente la phrase de Barbier, de la page 55, écrite à l'aide du tableau de la *Figure 91*. Cette écriture est, à tous égards, préférable à celle de Braille.

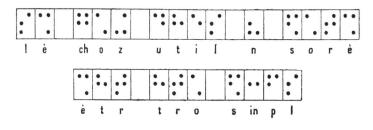

Fig. 92.

1° Elle est plus facile à apprendre ;

2° N'employant aucun signe mince, elle est d'une lecture plus facile, surtout pour les commençants ;

3° Elle économise du temps à l'écrivain par la suppression des lettres muettes, par l'emploi de signes qui représentent plusieurs lettres, et par cette circonstance qu'aucune lettre n'emploie plus de quatre points ;

4° L'absence de signes minces pour les lettres nous permet de réserver ces signes pour les ponctuations et, la plupart du temps, de se dispenser de mettre des espaces séparatifs entre les mots quand ils sont séparés par un signe de ponctuation, puisque celui-ci apporte avec lui un blanc suffisant.

C'est dans cet ordre d'idées que j'ai ajouté des ponctuations au-dessus de la première ligne et à gauche de la première colonne du tableau de Barbier ci-dessus, ce qui donne la *Figure 93*.

Cette économie d'espace peut être augmentée en typographie, car l'absence de signes minces dans les mots permet de réduire de moitié, sans aucun inconvénient, les espaces entre les mots ;

6° Enfin, et c'est là le point capital, la rapidité de lecture est augmentée, non seulement par la lisibilité meilleure qui résulte de l'absence, à la fois de signes minces et de signes trop chargés de points, mais surtout par la diminution du nombre des signes et des espaces perdus inutilement.

	—	.	'	(	«	*Maj.*	*Ital.*
,	a	i	o	u	é	è	
;	an	in	on	un	eu	ou	
:	b	d	g	j	v	z	
)	p	t	q	ch	f	s	
»	l	m	n	r	gn	ll	
?	oi	oin	ian	ien	ion	ieu	
!							

Fig. 93.

Les 27 signes restés disponibles permettent, après avoir pourvu aux besoins de la ponctuation, d'introduire des abréviations sténographiques.

Transformation de l'écriture de Barbier.— Dans ce procédé, c'est tout à fait arbitrairement que j'ai rangé les combinaisons de points et c'est arbitrairement aussi que (*Fig. 91*) la première ligne a été faite en combinaisons rangées dans le même ordre que celles de la première colonne. Sans sortir du même principe, on pourrait se servir d'autres tableaux en points dérivant tous du tableau théorique suivant (*Fig. 94*).

On peut concevoir un nombre encore beaucoup plus grand de tableaux en noir, puisqu'on a la tâche de remplir 63 cases par des lettres, des groupes de lettres et des signes de ponctuation.

Il est évident que si Barbier pouvait être consulté, il renoncerait instantanément à son tableau en noir, qui avait été conçu en vue de trente-six cases seulement.

Tableau carré théorique.

0	0-1	0-2	0-3	0-4	0-5	0-6	0-7
1-0	1-1	1-2	1-3	1-4	1-5	1-6	1-7
2-0	2-1	2-2	2-3	2-4	2-5	2-6	2-7
3-0	3-1	3-2	3-3	3-4	3-5	3-6	3-7
4-0	4-1	4-2	4-3	4-4	4-5	4-6	4-7
5-0	5-1	5-2	5-3	5-4	5-5	5-6	5-7
6-0	6-1	6-2	6-3	6-4	6-5	6-6	6-7
7-0	7-1	7-2	7-3	7-4	7-5	7-6	7-7

Fig. 94.

En présence du nombre immense des solutions possibles, je vais en exposer deux tirées d'*Entre aveugles*.

Dans le premier exemple, faisant passer au second plan les intérêts de la sténographie, je me suis appliqué à choisir, pour les signes en noir de la phonographie simple, des cases correspondant à des signes en points d'une bonne lisibilité. Lorsque je combinais l'un et l'autre de ces exemples, je n'avais pas encore eu l'idée, exposée tout à l'heure, et qui me paraît pratique, de réserver les signes minces pour la représentation de la ponctuation.

Premier exemple. — Examinons le double tableau suivant :

Tableaux carrés des soixante-trois signes en points et en noir.

	a	i	o	ou	é	eu	u
a	p	b	pr	br	pl	bl	an
i	t	d	tr	dr	.	.	in
o	f	v	fr	vr	fl	vl	on
ou	k	g	cr	gr	cl	gl	r
é	ch	j	.	.	.	.	.
eu	s	z	.	.	.	.	l
u	m	n	.	.	.	.	un

Fig. 95.

Dans ce tableau figurent, en quantité amplement suffisante, des signes représentatifs des sons et articulations de la langue française. La première colonne comprend les sept voyelles a, i, o, ou, é, eu et u; j'ai attribué à cette dernière voyelle le point 2, mauvais à lire et à écrire par égard pour les langues où le son u n'existe pas. L'ordre des voyelles est emprunté à l'Esperanto et à Barbier qui, pour des raisons différentes, ne mettent l'é qu'après les autres voyelles simples. Dans la dernière colonne se trouvent les quatre voyelles nasalées, qui n'existent qu'en français, une case vide, et les consonnes liquides r et l, parce qu'elles ont, dans la formation des mots, un rôle qui les rapproche de celui des voyelles.

La seconde et la troisième colonne contiennent les quatorze consonnes qui, en y joignant r et l, donnent les seize articulations nécessaires en phonographie.

J'ai ajouté dans le tableau phonographique ci-dessus quelques articulations terminées par r et l, qui se transforment aisément en signes métagraphiques.

Dans ce tableau, les signes minces sont rigoureusement exclus de la représentation des consonnes; donc, pour le lecteur, sécurité assez grande, et, pour l'écrivain, avantage d'économiser sur le temps employé à séparer les mots.

Admettons, en effet, que, tandis que les signes représentatifs de voyelles de ma première colonne sont employés à la fin des mots, on les remplace, au commencement des mots, par les sept signes de la première ligne horizontale, ce qui ne peut pas prêter à confusion, il en résultera, entre les mots, une distance d'un ou deux points. On n'aura besoin de séparer les mots que lorsque, de deux mots consécutifs, le premier se termine et le second commence par une consonne. Le seul désagrément de cette manière de faire, c'est que les voyelles qui sont dans le corps des mots simuleront des intervalles de mots, inconvénient à peu près nul en sténographie, car l'écrivain assez pressé pour trouver utile d'escamoter les espaces entre les mots ne manquera sûrement pas de supprimer la plus grande partie des voyelles qui sont dans le corps des mots.

Deuxième exemple. — Quelques-unes des remarques précédentes conservent leur valeur pour l'application du tableau qui va être décrit. Notamment, il est entendu que les signes minces qui occupent la première ligne horizontale ne nous serviront que pour figurer les mêmes voyelles que les signes minces de la première colonne.

Tableaux carrés des soixante-trois signes en points et en noir.

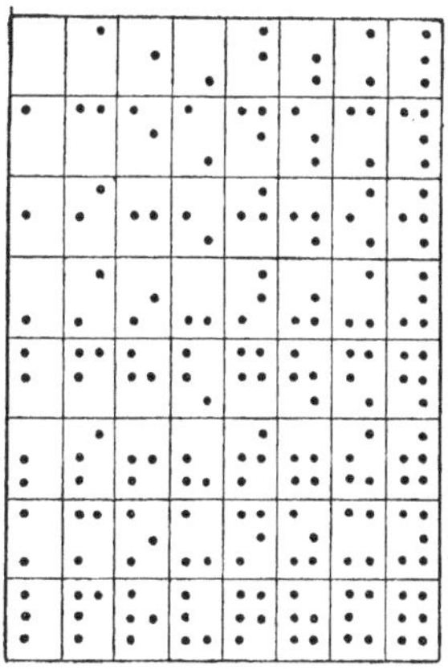

a	u	i	o	ou	é	eu
a	al	an	ar	pl	pr	p b
u	ul	un	ur	tl	tr	t d
i	il	in	ir	fl	fr	f v
o	ol	on	or	kl	kr	k g
ou oul	oun	our	l	r	m n	
é el	en	er	chl	chr	ch j	
eu eul	eun	eur	sl	sr	s z	

Fig. 96.

Phonographie simple.—Il suffit d'apprendre par cœur les sept voyelles de la première colonne, les sept consonnes de l'avant-dernière, les sept consonnes de la dernière, qui découlent des sept précédentes, et enfin de se pénétrer de la forme des lettres *l* et *r*. Cela fait vingt-trois signes qui suffisent pour la plupart des langues européennes. Pour le français, on ajoutera les quatre signes de voyelles nasalées, inscrites en italique dans la troisième colonne, en face, respectivement, de *a, u, i* et *o*. Pour l'allemand, on substituera le *ch* au *j*, etc... Pour l'anglais, l'italien, l'esperanto, etc., on désaffectera le signe de *u*. En somme, il n'est guère de langue pour laquelle les vingt-trois signes sus-indiqués ne fournissent une phonographie suffisante.

Phonographie avec symphones.—Nous appelons signe de symphone tout signe qui exprime plus d'une articulation. Puisque nous avons dépensé vingt-trois signes, il nous en reste quarante, et, sous déduction des signes minces de la première ligne, trente-trois utilisables comme signes de symphones (si nous ne tenons pas compte du gaspillage des quatre signes qui, pour le français seulement, sont employés par les voyelles nasalées). Les lettres *l* et *r* étant liquides, je pense que, dans toutes les langues, elles fournissent plus de symphones que les autres, à cause de leur facile association aux consonnes. C'est pourquoi la seconde, la quatrième, la cinquième et la sixième colonne du tableau sont remplies par les symphones que fournissent ces deux lettres. On retiendra aisément que l'addition de ces lettres à la suite d'une voyelle se fait par l'addition d'un seul point, supérieur pour l'*l* et inférieur pour l'*r*. Une remarque analogue permet de retenir en un instant la figure en points des douze symphones que ces lettres peuvent former à la suite des autres consonnes. Bien qu'une partie de ces symphones n'existe pas en français, ils ont été cependant maintenus à cause de leur existence dans d'autres langues, particulièrement les langues slaves.

***

Sténographie plus complète.— Si les langues slaves nous présentent des mots comme bourrés de consonnes, c'est qu'en réalité, bien souvent, entre des consonnes consécutives, se prononce très légèrement une voyelle qui ne s'écrit pas. Les sténographes usant d'un artifice analogue, ceux des symphones non prononçables du tableau qui nous occupe sont tout prêts pour servir de signes représentatifs de ces abréviations. Il va sans dire aussi qu'en sténographie, les signes de consonnes de notre huitième colonne disparaîtront toutes les fois qu'on devra leur associer l'*l* ou l'*r*, et seront remplacés par les symphones afférents aux consonnes dures correspondantes.

Toutes ces explications n'ont qu'un seul but : montrer, par un exemple concret, la possibilité de concilier la phonographie et la sténographie sans trop nuire à cette dernière ; la lisibilité de la phonographie qui vient d'être esquissée est plutôt augmentée par l'emploi des symphones et n'est guère diminuée par la suppression d'une partie des intervalles entre les mots. Je crois qu'avec de l'exercice, une phonographie de ce type, précisément parce qu'elle occupe moins de longueur, serait d'une lecture plus rapide que le « toutes lettres » et que l'abrégé orthographique.

Emploi simultané de deux doigts. — Puisque la lenteur de lecture provient de la faible étendue de la surface sensible du doigt, il est clair que la vitesse serait à peu près doublée, si l'on pouvait faire usage simultanément de deux doigts. Or, d'après ce qui en a été dit au Chapitre IV (page 43), la machine Lafaurie, qui écrit en deux colonnes parallèles, se prête à une manœuvre de ce genre : on ferait défiler la bande sous l'index et l'annulaire, qui sont de longueur à peu près égale, le *médius* inutilisé étant légèrement soulevé.

Lecture par l'oreille. — Enfin, puisque nous savons que la lecture du Morse par l'oreille est passablement rapide, on conçoit un retour à la vieille idée que voici :

Dès 1856, peu de temps après l'invention de Morse, un haut fonctionnaire des télégraphes français, M. Charles Bourseul, eut l'idée que son alphabet pourrait être employé par les aveugles préférablement au Braille, et il construisit un appareil analogue au manipulateur de Morse, fonctionnant sans mouvement d'horlogerie, et à l'aide duquel on pouvait écrire l'alphabet Morse en relief (1). D'après les nouveaux progrès de la télégraphie, il serait facile de construire un appareil analogue, où les signes seraient remplacés par deux lignes de points perforés, qui permettraient de lire à l'audition les bandes obtenues par l'appareil à inscription.

Le dernier progrès à cet égard paraît être celui obtenu par le photo-télégraphe Siemens et Halske 1904, qui transmet deux mille lettres à la minute, soit vingt mille mots de six lettres par heure. La rapidité du manipulateur qui sert à préparer la bande perforée, destinée à l'appareil expéditeur, est analogue à celle d'une machine à écrire ordinaire.

Aux personnes qui s'intéressent à la création d'un système international de sténographie à l'usage des aveugles, je signale un travail tout à fait récent de M. Knowles (2).

On me communique à l'instant un livre (3), dont l'auteur expose avec une légitime admiration le système d'écriture en relief imaginé par le missionnaire Murray, à l'usage des aveugles chinois. Murray fait usage de 408 combinaisons, pour représenter les 408 articulations employées en Chine. Il paraîtrait que par ce système, des illettrés chinois auraient pu apprendre à lire et à écrire en moins de trois mois, et que l'écriture de l'un d'eux aurait atteint la rapidité tout à fait extraordinaire de plus de vingt-deux mots à la minute.

(1) *Instituteur des aveugles* (Journal de Guadet), T. II, p. 140. Appréciation de Ballu sur l'appareil de Bourseul. *Ibid.*, p. 162.

(2) The « London Point » Systeme of reading for the Blind, with methods of abbreviation for use with the system, being a progressive scheme from simple letters to shorthand ; designed for the Blind of all classes, by the Rev. J. Knowles, author of « oriental Braille, one alphabet for the blind for all oriental languages », approved of by the British and foreign blind Association.

(3) The Inventor of the Numeral-type for China by the use of which illiterate Chinese both blind and sighted can very quickly be taught to read and write fluently by « Constance F. Gordon-Cumming. » Downey et Cº. L.t.d. 12 York Street, Covent Garden, London, 1899.

Tout ce chapitre a été écrit sans tenir compte du *New-York* point dont les caractères ne mesurent que 2 points en hauteur. Ce système qui fournit un plus grand nombre de signes que le Braille me paraît devoir être plus favorable à la rapidité de la lecture.

CONCLUSION A L'USAGE DES PÉDAGOGUES

Imaginons une école où l'on appliquerait les progrès réclamés dans ce livre, et relatifs tant à l'hygiène qu'à l'emploi du *moindre effort.*

1° **Hygiène de la vue.** — L'éclairage des classes sera organisé d'après les indications contenues dans le chapitre XV. Les livres et les cartes murales seront choisis conformément aux préceptes posés dans le chapitre XVI. On n'enseignera, aux jeunes enfants, que l'écriture droite (chapitres XIII, XVIII, XIX). Leur acuité visuelle sera mesurée (chap. VIII), dès qu'ils connaîtront les lettres, et tous ceux qui auraient une acuité insuffisante seraient passés à l'ophtalmomètre (p. 74) par un spécialiste. Le cas échéant, ils seraient munis de verres cylindriques.

Dans ces conditions, la myopie scolaire et la scoliose ne pourraient apparaître que dans le cas où les enfants emporteraient à la maison beaucoup de travail à exécuter dans des conditions d'éclairage défectueuses.

2° **Moindre effort dans l'enseignement de la lecture.** — Les premiers essais d'écriture seront faits en sténographie (chap. IV). En même temps, les enfants apprendront de petits chants et on leur enseignera l'écriture musicale chiffrée (chap. V). Ils apprendront donc, simultanément deux écritures simples et rigoureusement logiques. On a vu que, par ces deux détours, ils apprendront bien plus vite la lecture ordinaire et la lecture musicale sur la portée, que si ces lectures étaient abordées directement.

L'enfant saura donc lire et écrire sans avoir entendu parler d'orthographe et sans avoir fait l'effort exigé pour tracer les caractères de notre alphabet.

Dans les pays à orthographe bizarre, tels que la France et l'Angleterre, je crois que l'on trouvera profit à employer soit ma méthode (chap. XX), soit quelque système analogue, pour le premier enseignement de l'écriture usuelle. L'enfant apprendrait ainsi, presque sans s'en apercevoir, les traits principaux de l'orthographe de sa langue maternelle.

Secours de l'Esperanto. — Tandis que ce que je viens de dire a reçu la sanction de l'expérience, c'est seulement par présomption que je puis parler du secours qu'on pourrait demander à l'enseignement préalable de *l'esperanto,* l'admirable langue auxiliaire internationale construite par le Dʳ Zamenhof (1).

Réunissons dans une classe enfantine des enfants illettrés, et, de préférence, appartenant à des nationalités diverses, et prescrivons à la maîtresse de se conformer rigoureusement au système inauguré par M. I. Carré en pays breton, mis en vogue par M. Berlitz, et qui consiste à faire exclusivement usage de la langue qu'il s'agit d'enseigner : après quelques jours, tout ce petit monde suivra facilement les leçons de choses en esperanto et, après peu de semaines tous parleront couramment.

La langue qu'ils parlent étant rigoureusement phonétique, les enfants n'auront qu'un très faible effort à faire pour savoir l'écrire, d'abord en sténographie, puis en écriture usuelle. Par surcroît, sachant deux langues, *l'esperanto* et la maternelle, ils seront aptes à en apprendre rapidement d'autres.

3° **Pour les Aveugles.** — Dès leur entrée à l'école, il faut les plonger tout entiers dans *l'esperanto,* chose facile avec des internes. La connaissance de cette langue leur est en effet bien plus utile qu'aux clairvoyants. Mais la raison principale d'agir ainsi, c'est de les affranchir, au début, des difficultés orthographiques, tout en les dotant d'une langue à écriture et à lecture rapides, dont ils auront intérêt à se servir, toute leur vie, pour communiquer entre eux par écrit.

Il existe déjà, grâce à M. Cart, un nombre suffisant de livres de classe et de morceaux choisis espérantistes, imprimés ou écrits en points saillants.

(1) Je renvoie les personnes qui savent *l'esperanto* au chapitre XIII pour se convaincre de l'utilité d'écrire cette langue sans lettres accentuées et au chapitre XXII pour étudier la petite modification nécessaire en vue d'éviter la confusion entre les *u* et les *n*, lettres si fréquemment employées dans la langue de Zamenhof.

Le jour où l'on se mettra à publier des livres scolaires en *esperanto,* je pense que les éditeurs de ces livres, et particulièrement des dictionnaires, feraient bien de s'inspirer des types figurés à la fin du chapitre XVII.

FIN

For EU product safety concerns, contact us at Calle de José Abascal, 56–1°,
28003 Madrid, Spain or eugpsr@cambridge.org.

www.ingramcontent.com/pod-product-compliance
Ingram Content Group UK Ltd.
Pitfield, Milton Keynes, MK11 3LW, UK
UKHW010349140625
459647UK00010B/942